再帰的＝反省社会学の地平

矢澤修次郎 編著

東信堂

はじめに

矢澤修次郎

現代社会学において、reflexivityが最初に問題にされたのは、エスノメソドロジストA・V・シクレルによってであり[1]、reflexive sociologyを提唱したのは、A・W・グールドナーが最初である[2]と理解するのが一般的である[3]。

以上のような問題提起は、reflexive sociologyを直接的に発展させようとする試みに加えて様々な研究領域で受け止められ、発展させられた。その代表的な領域は、一つはfeminist sociologyの領域であり[4]、もう一つは科学社会学の領域であり[5]、さらには専門職論、たとえば「教える—教えられる」といった他者関係、社会関係を取り扱う教育社会学のそれのような領域である[6]。

次にreflexivity概念が注目されたのは、U・ベック、A・ギデンズ、S・ラッシュによって展開された「再帰的近代化」論においてであった[7]。この議論においては、reflexive（再帰的）、近代が近代を破壊することが注目されたのであるが、それと同時に、reflexivityとreflectionを区別せず、統一的に捉え、反省的判断（カント）、美的再帰性の重要性を強調した、ラッシュの「もうひとつのモダニティ」論も展開された[8]。

またそれと時を同じくしながらも、それとは独立に、reflexivity 論や reflexive sociology を展開しようとする試みも現れた[9]。P・ブルデューは、グールドナーが個的主体の反省作用のみを強調し、自己反省の社会学を提唱したものの実際にはそれを作らなかったと批判し、自らの反省的社会学を構想した[10]。さらにA・トゥレーヌの流れを汲むA・メルッチは、独自の reflexive sociology とその実践としての調査方法論を提示した[11]。

ところで、reflexivity、reflexive sociology は何をもたらしたのだろうか。この reflexivity の帰結に関しては、最低次の二つの問題に言及しておかなければならない。一つは、科学と社会の関係が大きく変化した問題であり、もう一つは理論における構築主義（constructivism）と実在論の関係とその両者をいかに媒介するかという問題である。

第二のモダニティにおいて、科学は一段と、再帰的に、社会との相互作用を繰り返すようになる。その結果、科学、知識は、コミュニケーション的システム、コミュニケーション的概念になり、究極的には科学は人間コミュニケーション、社会的行為の一形態と考えられるようになっている。科学は、近代においては、社会から自立しており、科学者共同体のためだけにあり、社会をリードする役割を果たしてきたのであるが、今や科学は社会と密接な相互作用を行い、社会から様々なものを学び、社会的文脈、社会制度に責任をもつように変化しているのである。この変化を十分に踏まえて、科学とは何であり、何をなすべきかが見極められなければならない[12]。

この問題とも密接に関係していて注目されなければならない問題は、構築主義と実在論の関係の問題である[13]。reflexivity は実証主義を批判して、社会的に構築されたリアリティの知識を提供する。社会科学が提供する知識は、科学とリアリティが媒介された知識である。問題は両者がいかに媒介されるかである。critical realism は、知識が構築されたものであることを認める一方で、粗野ではない良質のナチュラリズムを認める。つまり、客観的に存在する社会的リアリティ内の「生成メカニズム」を発見することによって、構築と実在を両立させようとするのである。今日では、この批判的実在論の立場に立って、新しい reflexivity 論が展開されつつある[14]。

本書は以上のような問題領域の主要部分をカバーする論集である。

第1章は、再帰的＝自己反省社会学の提唱者の一人であるA・グールドナーの問題提起の構造を明らかにする。

第2章は、A・ギデンズ、U・ベックの再帰的近代化論を批判的に検討し、美的再帰性の重要性を提起することによって、もう一つの modernity、もう一つの合理性の領野を切り開いたS・ラッシュの再帰性論を跡づける。これは、もしもグールドナーが彼自身の批判理論を全面的に展開することになった場合には、ラッシュの様な議論になったかもしれないという思いにも支えられている。

第3章は、独自のリフレクシヴ・ソシオロジーを提唱したP・ブルデューが、「反省性」をどのように考え、「反省性」の認識論的前提を整えると同時に、「反省性」を二様に、すなわち同じ対象に回帰すること、科学的知の産出過程を分析することを通じて、理論と社会調査を同時に彫琢し、科学的知が「真理と価値」両者の探求であることを明らかにしたことを、体系的に論じている。

第4章は、「境界領域」に生きたA・メルッチが、彼の〝多重／多層／多面〟な〝生身のリフレクシヴィティ〟をどのように実践し、それによっていかなるものを生み出していったのかを探求する途を開こうとしたものである。すなわち諸科学の境界領域に生きる「リフレクシヴな知識人」としてのメルッチが、白血病という病を得て転換するとともに、いかにして「リフレクシヴな調査研究を構想」したのかを明らかにしている。メルッチは、社会科学における「行為者の帰還」「リフレクシヴ的転回」（G・デランティ）を担い、リフレクシヴィティと社会転換の関連を解明した主要な社会学者だった。

第5章は、反省社会学とは殆ど関係ないと考えられてきたZ・バウマンの社会学が取り扱われている。バウマンは、実証科学を社会学の基盤として前提していた。その上で、社会学が狭義の実証主義に陥らないために、ユートピアを批判拠点として、未来志向を含む「文化のスタンス」から社会学批判することを必要とした。それと同時にバウマンは、批判の拠点としてのユートピアが「単なる空想」にならないために真理基準を必要とし、オルターナティブな批判社会学を必要とした。その批判的社会学は、実証科学の仮説検証プロセスと共に認証、真正化プロセスをもつ。それは、真理は「歴史的プロセス」のなかで実現されると考える。科学者が真理の問題を「歴史的プロセス」において、社会全体のコミュニケーションのなかで、民衆、社会からの批判を浴びながら考察することを意味する。バウマンの社会学は、さらに社会学的解釈学へと深化したが、このようなバウマンの理論展開は、言葉の本来の意味でのリフレクシヴなプロジェクトであったと言えよう。

第6章は、N・ルーマンの知識社会学を取り扱っている。ルーマンのそれは、ゼマンティク（思想、観念、概念、行動様式等）と社会的条件、とりわけ近代社会のメルクマールとしての機能分化の間の複雑な相互作用を解明する。ルーマンの機能分化論においては、近現代社会は、社会全般に対して一定の働きを提供する自律的な機能領域（政治、経済、法、芸術、マスメディア等）に分化している。そこでルーマンは、各機能領域がその環境に提供する働きを二つに区分する。一つは、機能システムがその環境に提供する働きとしての機能である。もう一つは、各機能システムが社会内のとりわけ他の機能システムに提供する働きとしての遂行である。こうしてルーマンの知識社会学は、ゼマンティクと政治とマスメディアとの間の複雑な相互作用を明らかにすることになる。このような分析は、マートンの知識社会学を越え、発展させて、現実の政治状況を解明するとともに、現代社会が深層において直面している問題状況、同時代の問題状況を把握することを可能にしてくれる。本章は、ポピュリズムを事例として、その可能性を例示する。

おわりには、その重要性にもかかわらず、本書が取り組むことのできなかった様々な課題に関して指摘する。とりわけM・アーチャーのリフレクシヴィティに関する議論、エスノメソドロジーのエスノグラフィー的研究、さらにはH・アーレント等の議論の重要性が課題としてあげられる。

注

1 Cicourel, Aaron, 1964, *Method and Measurement in Sociology*, New York, Basic Books.

2 Gouldner, Alvin, Ward, 1970=1978, *The Coming Crisis of Western Sociology*, New York, Basic Books（=1978 岡田直之・田中義久・矢澤修次郎・矢澤澄子・瀬田明子・杉山光信・山口節郎・栗原彬共訳『社会学の再生を求めて』新曜社）.

3 例えば、Delanty, Gerald. 2005, *Social Science, Second Edition*, Berkshire, Open University Press, pp.119-152.

4 Delanty, Gerald. 2005, *Social Science, Second Edition*, Berkshire, Open University Press, pp.123-126.

5 Woolgar, Steve（ed）, 1988, *Knowledge and reflexivity: New Frontier in the Sociology of Knowledge*, London, Sage Publications. Ashmore , Marcome. 1989, *Reflexive These: Wrightning Sociology of Scientific Knowledge*, Chicago, University of Chicago Press.

6 Schon, Donald, A. 1983=2007. *The Reflective Practitioner: How Professhionals Think in Action*, London, Basic Books（=2007. 柳沢昌一・三輪建仁共訳『省察的実践とは何か―プロフェッショナルの行為と思考』鳳書房）.

7 Beck, Ulrich, Giddens, Anthony and Lash, Scott, 1994=1997, *Reflexive Modernization: Politics, Tradition and Aesthetics in the Modern Social Order*, Stanford, Stanford University Press（=1997 松尾精文・小幡正敏・叶堂隆三訳『再帰的近代化：近現代における政治、伝統、美的原理』而立書房）.

8 Lash, Scott, 1999, *Another Modernity: A Different Rationality*, Oxford, Blackwell.

9 Phillips, Bernard, 2001, *Beyond Sociology's Tower of Babel: reconstructing the Scientific Method*, New York, Aldine De Gruyter. Phillip, Bernard, Kincaid, Harold and Scheff, J., Thomas（eds.）*Toward A Sociological Immagination: Bridging Specialized Fields*, Lanham, University Press of America.

10 Bourdieu, Pierre and Wacquant, Loic, J. D., 1992=2007 *An Invitation to Reflexive Sociology*, Chicago, University of Chicago Press（=2007 水島和則訳『リフレクティヴ・ソシオロジーへの招待』藤原書店）. Bourdieu, Pierre, 1997. *Meditations Pascaliennes*, Paris, Editions du

Seuil（=2009 加藤晴久訳『パスカル的省察』藤原書店）.

11 Melucci, Alberto. 1996. *Verso una sociologia riflessiva: Recerca qualitativa e cultura*, Bologna, Il Mulino.

12 Delanty, Gerald. 2005, *Social Science, Second Edition*, Berkshire, Open University Press: pp.153-173.

13 Delanty, Gerald. 2005, *Social Science, Second Edition*, Berkshire, Open University Press: pp.136-152.

14 Archer, Margaret 2012, *Reflexive Imperative in Late Modernity*, Cambridge, Cambridge University Press.

再帰的＝反省社会学の地平／目次

再帰的＝反省社会学の地平

1　A・グールドナーの「再帰的＝自己反省の社会学」

矢澤修次郎

一　現代社会学の根本問題

今日「社会学の危機」をめぐっていろいろな議論が展開されつづけているが、その議論の焦点の一つは、この危機が未熟な社会学に絶えずついてまわっている危機の一つに過ぎないものか、あるいは一九世紀末から二〇世紀にかけての、近代社会学の確立という姿をとって現れた知的革命（Intellectual Revolution）に比肩しうるほどの一つの根本的な知的革命の一環に位置づけ得るものなのかどうか、という点にあるように思われる。このような論点に最終的科学的結論を下すことは本章の範囲をはるかに越え出た問題であるけれども、ここではさしあたり、筆者は当為や希望も含めて後者の立場に立つことを仮定的に述べておくことぐらいは許されるであろう。なぜならば、一九六〇年代以降の世界の変貌は、一つの世界史的意味を持つと判断されるからであり、それに対応する知的革命は、遅々として進まないながらも、その現実の変化と歩みをともにしつつ、その革命を完遂する以外に道はないと考えられるからである。

この点でS・N・アイゼンシュタットは、やや文脈は異なるものの、きわめて興味深い議論を展開している。彼によれば、社会学の危機に関する議論は、社会学の弱さ、とくに社会学の発展が不連続的であることと、「社会学とその『外的な』知的、制度的な隣人たちとの関係」(Eisenstadt, S.N. with M. Curelaru 1976: 324) の問題と密接に関係している。なぜ社会学の発展が不連続的であるのか。それは、社会学がどんな重要問題に対してもいくつかの異なった分析的な出発点を持ちながら、しかもそれぞれの分析が余り他の分析に関心を示さないところに起因する。もちろん、このような学問の発展の不連続性は何も社会学に独特なものではない。むしろ他の専門分野の方がそれは著しいかもしれない。しかし、その不連続性を問題として受け止め、しかもその問題を社会学と他の伝統、専門領域の間の関係へと結びつける性向は、社会学に特有のものである。その理由は、「社会学理論が、その出発点から自己検証、自己探求のより広汎な伝統の重要な部分としてあり、人間、社会存在の基本的現象に対する批判的アプローチの延長線上に」(Eisenstadt, S.N. with M. Curelaru 1976: 322) 発展してきたからである。以上のような危機を醸成するための一般的な背景をなす条件に加えて、アイゼンシュタットは三つのより特殊で直接的な条件をあげている。第一の条件は、その時代の中心的な研究問題の再編成と社会学理論やパラダイムにおける変化との間に緊急な関係が有ることであり、第二の条件は、社会学者間にいろいろ異なった役割志向（ラディカル社会学、批判社会学、プラクティカル社会学など）が存在していることであり、そして第三の条件は、以上のような諸々の動きがより広い知的潮流、社会過程、運動と関連づけられているということである。要するに、アイゼンシュタットによれば、社会学理論の重要な転機がもっと広汎な知的運動と密接な連関を持っているときはじめて、社会学者たちは、もっともよく社会学を危機の状態にあると判断する感性を獲得するというのである。一九世紀の後半から二〇世紀にかけて、E・デュルケム、M・ウェーバー、G・ジンメル、F・テンニースなどが輩出した時代は、まさしくこのような状態が現出していた。現在もその状態に類似していると言えないだろうか[1]。というのは、一つの時代の終わりを告げる発言が数多く出されており、社会学においても福祉国家のマーケット・リサーチャーとしての問題設定を脱する動きと同時に、パラダイムの根底的な変化を予想させる以下のような動き[2]が顕著になりつつあるからである。

まず第一にあげられるのは、既成の社会学と同じ「プラグマティズムの社会学」でありながらも、社会学があまりにも技術的に合理化されてゆく過程で片隅に追いやられていた象徴的相互作用論、G・H・ミードの哲学、社会心理学ならびにI・ゴッフマンの社会心理学などである。

第二の流れは、ドイツ現象学の伝統（E・フッサール）に根を持ちながらも、社会学的にはとくにA・シュッツの現象学的社会学、現象学的に解釈されたM・ウェーバーの理解社会学、E・フッサールとともにM・ハイデッガーの影響も強いH・ガーフィンケルのエスノメソドロジーなどである。

第三の流れは、アングロ―サクソン系分析哲学とその社会学的表れである。とりわけヴィトゲンシュタインの影響（たとえばP・ウィンチ（Winch, P. 1958=1977)）、N・チョムスキーの言語哲学の影響ならびに六〇年代以降T・クーンが社会学の分野に与えた広汎な影響は無視できないものである。

次に第四の流れは、世界的な規模で一つのルネッサンスを経験しつつあるマルクス主義であり、欧米においてはこのなかにJ・ハバーマスを中心としたフランクフルト学派の批判的社会理論を数えておく場合も多い。

第五の流れは、I・カントの倫理学やJ・ロック、J・ルソー等の自然法社会理論に代表されるような、近年復活の兆をみせつつある規範的社会理論の流れである。たとえばJ・ロールズの『正義論』などは、この流れなしに考えられない。

第六の流れは、W・ディルタイとその後継者によって提唱された解釈学（hermeneutics）の伝統とその復活である。

今日とりわけ、H・G・ガダマーが「科学的方法論の領域を超えた真理の領域を経験する」ことを目指して解釈学を展開しており（Gadamer, H-G. 1976）、理解が単なる科学の方法へと変質させられてしまっていることへの批判や生世界論などは大きな意義を持っていると言えるだろう。

最後に、構造主義の流れが考えられる[3]。ヨーロッパとりわけフランスを中心として影響力は強く、M・フーコー、レヴィ＝ストロース、J・ピアジェなどによって展開され、その影響は、哲学、文化人類学、心理学、歴史学、社会学、マルクス主義にまで及んでいる。

したがって社会学者たちは、以上のような流れを踏まえて社会学理論の根本的な再検討を行うことによって、一九世紀後半から二〇世紀初頭に起きた知的革命に比肩しうるほどの根底的な知的変革を目指さなければならない。

A・グールドナーの社会学は、こうした課題を十分自覚したものであって詳細な検討に値するものである。A・グールドナーの「再帰＝自己反省の社会学」生成の背景に関しては、相互に切り離しがたく結びついているものの、以下の三つの文脈を分節化し、確認しておくことが必要不可欠であろう。第一は、世界社会学史の文脈である。第二は、アメリカ社会学史並びに彼がおかれたアメリカ社会学の状況である。そして第三は、彼自身の社会学研究の歩みの文脈である。

二　グールドナー社会学の位置

［A］さて、A・グールドナーは以上のような課題を達成するための第一歩として「歴史的脈絡を持つ社会理論の社会学」[4]を展開しようとしている。かつてT・パーソンズは、J・オニールが言うように、「世界資本主義の功利主義

的文化の危機」に直面してそれを理論的に調整することから自らの歩みを始め、そして行為の分析的な一般理論を構築することを目指した。彼の構造―機能主義は、アメリカに依然として根強い実証主義に悩まされながらも結果としてアメリカ社会学の支配的パラダイムの位置を占めてきたと言えよう。しかし一九六〇年代に入ると、その社会学が福祉国家の発展に対して十分に対応できる社会理論を生み出していないこと、社会の管理の平面における行政的要求に応えられないことが明らかになるとともに、資本主義の発展が生み出した新しい世代とその文化の中に新しい共鳴板を発見できないことなどが重なってパーソンズの理論は色褪せたパラダイムと化しつつある。そこでグールドナーは、かつてのパーソンズが意識的に禁欲した方向、つまり功利主義文化とそこから生み出された社会科学を「社会科学」の視点から根源的に再検討する問題を設定したのである。

このようなグールドナーの問題設定は、われわれにE・フッサールの『ヨーロッパ諸学の危機と超越論的現象学』を思い出させてくれる。この著作のなかでフッサールが哲学の分野でなしたことを社会学の分野で果たそうとすること――これこそがグールドナーの基本的問題関心であると思えてならない[5]。

［A］―1　グールドナーは、社会学を一八世紀初頭以降支配的になっていった中産階級を担い手とする功利主義文化に対する対応として理解した[6]。封建制にとっては、中産階級は貴族でも僧侶でも農奴でもないその他の人々を意味していたから社会的には「無」に等しかったが、彼らの実体ではなくて彼らの業績、有用性、功利性の重要性が次第に大きくなってゆき、結果として功利主義文化が支配的な文化になると同時に、それに見合った社会的、階級的変動をもたらしていった。功利的価値はすべての人に受け入れられる価値と考えられたので、功利主義は史上はじめて普遍主義を拡大していった。功利主義は普遍主義を拡大しただけではない。それは、個人の「非人格化」（Gouldner, Alvin W. 1970=1978: 81）をも促進した。公共的な利益を、個人の独自性の側面を捨象して、他者との比較における有用

性の優劣と考えることは、功利主義を個人主義的で、かつまた非人格的なものにしていったのである。当然功利主義は、市場と結びつき、市場経済を拡大し、その発展に資する社会階級の台頭を促進したのである。

それでは功利主義文化は、社会理論の発展にどのような影響を与えるのだろうか。グールドナーによれば、功利主義文化は何よりもまず、理論に「〈実際的な〉問題と明白な社会問題」への「応用」をするように迫る（Gouldner, Alvin, W. 1970=1978: 104）。もっとも理論が実際にこの方向を取るためには、そうしたことに対する適切な報酬が与えられることが必要不可欠であるから、この方向が顕著になるのは、第二次世界大戦以降のことになる。

だが彼は、功利主義文化がそれとは真逆の難解で「一般的なタイプのグランド・セオリー」をもたらすことも見落としてはいない。功利主義文化は、事物の効用や機能に注意を向けるが、それらは文脈的位置によって可変的であるから、対象の「永続的な構造的側面」、対象そのものへの注意をそらしてしまい、究極的には対象を見失わせてしまう。すなわち功利主義文化は、「現実と価値に関する社会的に共有された秩序である既成の文化的対象見取り図」を「弱体化」する傾向にあり、その結果「諸対象の伝統的な定義とか位置づけの諸個人に対する影響力」（Gouldner, Alvin, W. 1970=1978: 106）を減じてしまうのである。このことは人々を不安に陥れるし、他方では因習や常識に囚われずに対象を知覚し、概念化する自由が与えられる。いやこの二つの方向が一つになって、概念化することが強いられるようになり、「無秩序におちいった個人的現実の不安を減ずることのできる包括性と秩序をもった、社会的対象世界の見取り図を提供する」(Gouldner, Alvin, W. 1970=1978: 105)という要請がなされるようになる。その要請を受け入れた社会理論は、社会を研究するだけではなく、それを概念化し、構成し、秩序立てることにまで足を踏み入れることになる。

グールドナーは、もう一つ功利主義的文化が社会理論に与える重要な影響を指摘している。それは、道徳の次元に焦点が当てられて対象世界の定義づけが行われていたものが、力（power）の次元に焦点を当てて定義づけが行われるようになったことである（Gouldner, Alvin, W. 1970=1978: 107）。功利、有用性、結果が重視されることは、設定された目的を達成するための力（power）、潜勢力（potency）が重視されることに繋がり、対象の道徳的次元は背景に退くとともに、認知的判断は力、潜勢力の判断に中心が置かれることになり、知識は権力、力、潜勢力になるのである[7]。

功利主義的文化の影響を受けて社会理論は以下のような二つの課題を抱えることになることを、グールドナーは指摘する。一つは、対象世界における善と権力の次元の不協和を減少させることである。そしてもう一つは、対象世界の伝統的な見取り図に代わる新しい見取り図を提供することである。グールドナーは、グランド・セオリーは、この二つの課題を達成することを意図して提起されたと理解する。すなわちそれは、知識を確立するというよりも、「不協和を減少し、方向付けを与え、意味を構成し、秩序を形成」（Gouldner, Alvin, W. 1970=1978: 109）することを課題としたのである。これとの関連でグールドナーは、中範囲の理論を、実証主義が対象の包括的な定義づけにイデオロギー的に共鳴する方向と「方法論的儀礼主義」（方法を観念の世界やリアリティから切り離して、さらに何か発見する手段というよりも、タブラ・ラサと考える立場[8]）方向に分裂することを回避するために、理論の円周を限定し、部門や専門領域ごとの課題に取り組み、理論の経験的検証可能性を確保する理論であると考える。両者は異なる種類の問題に取り組むものだと理解しているのである（Gouldner, Alvin, W. 1970=1978: 109）。

以上のような功利主義文化と社会理論の関係に関する基本的認識を基盤において、グールドナーは、功利主義文化に対する一つの応答、すなわち個人の功利に焦点を置き、社会的功利を把握することができなかった功利主義を批判し、社会的功利主義を確立しようとして成立した社会学の歴史を、社会学の構造と展開が明らかになるような形で描こうとする。それは既存の社会学を批判し、自らの社会学を構築するために必要不可欠な作業であっただろう。

グールドナーはこれまでの社会学の歴史を次のような四期に分けている[9]。第一期は、社会学的実証主義であり、一九世紀の最初の四半世紀に始まり、その担い手は、サン＝シモン、A・コントである。第二期は、マルクス主義である。一九世紀の中頃に確立された。中心的担い手であるマルクスは、ドイツ観念論とフランス社会主義思想、イギリス古典派経済学を結びつけた。第三期は古典的社会学である。多くの人々によって古典と呼ばれる社会学が展開された、世紀の転換点から第一次世界大戦までの時期であり、E・デュルケム、M・ウェーバー、V・パレートを主なる担い手とする。第四期は、T・パーソンズ派の構造―機能主義である。三〇年代以降展開され、パーソンズとその教え子（R・マートンやK・デービス等）を主要な担い手とする。

第一期の社会学的実証主義は、主要にはサン＝シモンとA・コントによって担われた。サン＝シモンは、功利主義を批判するとともに継承した。彼は経済的有用性の重要性を主張しながら、それに科学、技術を導入し、さらには人間、社会をも導入することによってその拡大に努め、功利主義文化が達成することのできなかった社会的、共同体的有用性を確立することを目指した。いわば功利主義を社会化、中和化、補充することによって功利主義の一つの問題点を克服しようとしたのである。グールドナーは、この彼の試みの中において、既存の科学が「手を付けずに残していたものを完成させる」（Gouldner, Alvin, W. 1970=1978: 111）、N＋1の科学としての社会学を見出している。社会学は、他の諸科学によって研究されていないものに焦点を当て、そこからその当該部門の「全体性」を目指すのである。しかしそのことによって、そのやり方によっては、社会学は諸学の女王のようにもみられたり、社会学がそう主張しているかのようにみられたりして、批判される可能性をもっている。

グールドナーによれば、実証主義の実証（positive）とは、その発端から、人々が提示する対象の新しい見取り図を科学的に、確実なものとして根拠づけることを意味すると同時に、批判的であるばかりではなく、世界がどうあるべきかに関する特定の考えを「是認すべき」ことを意味していた。コントは、啓蒙主義の批判主義を批判しながら、功利主義における個人の功利の力の次元と道徳の次元との矛盾の克服を意図し、対象の新しい全体的な見取り図を実証主義体系と人類教として提示した。しかし人類教が地歩を固められないことが分かると、彼は次第に見取り図に科学的根拠を与える実証主義の方法論への関心を深めていった。

以上のような二人の社会学者の営為を経過し、かつまた産業社会が確立され、さらには社会学が講壇化される中で、社会学はようやく自立的発展が可能になったのである。フランス革命後王政復古がなされた経過の中ではサン＝シモンの弟子であるコントの実証主義体系、人類教の影響力が大きくなっていったが、サン＝シモンのもう一方の後継者B・P・アンファンタンやS・A・バザールらのサン＝シモン主義、科学主義、産業主義の影響・意義も決して無視することはできない。グールドナーは、両者の根本的違いを、後者が「知識形成の過程における仮説、直感、〈素質〉(genius) の積極的にして創造的な役割」を認め、科学を「鏡」としてよりも「灯」(lamps) (Gouldner, Alvin, W. 1970=1978: 130) とみなしたことに求めている。

グールドナーの社会学史理解の特徴の一つは、ロマン主義の意義、重要性を高く評価したことにある。彼は、先のサン＝シモン主義の科学のロマン主義的解釈は、詩や文芸に関するドイツ・ロマン主義的解釈と同期化されたもの、と理解した。とりわけ彼は、サン＝シモン主義が、ドイツのヘーゲル主義、マルクスの師エドワルド・ガンスと結びついていることを重視している。

第二期はそのマルクス主義である。グールドナーはマルクスの理論を、ブルジョアの私欲のための功利、権力のための功利を追求する功利主義ではなくて、人類的欲求、全体としての社会のための功利を達成しようとする社会的、道徳的功利主義であると理解した。そしてマルクス主義の登場以降、社会学は講壇社会学の流れとマルクス主義の流れとに分極化していった。前者は中産階級の基盤に立って、「純粋」社会学を志向したが、後者はいまだ中産階級社会に統合されない階級を基盤として、「理論と実践の統一」を主張したのである。グールドナーは、実証主義を引き継いで機能主義を生み出していった前者の流れと同時に、サン＝シモン主義がロマン主義とヘーゲル主義の下部構造と融合することによって生み出されたマルクス主義の流れにきわめて高い関心を注いでいる。なぜならば、マルクス主義はそれ自身のなかから多くの理論家を輩出したばかりではなく、再びヘーゲル主義と接触することによって、G・ルカーチ、A・グラムシ、さらにはフランクフルト学派に代表されるような批判的社会学をも生み落としていったからである。

この段階における講壇社会学とマルクス主義との両極分解と関連してもう一つ重要なものとして、グールドナーは功利主義文化とロマン主義文化の亀裂にも多大なる注意を払っている。この分裂は、一九世紀の最初の四半世紀にドイツにおいて現れた。それは、これまではR・アロンのように、ドイツ観念論とフランス実証主義の分裂という形で、国別の特徴のように理解されてきたが、グールドナーはそれを功利主義文化とロマン主義文化との亀裂と理解する。なぜならば、ロマン主義は保守的、反動的なものではなくて、マルクス主義などとも結びつき得る革命的潜勢力を持ったものと理解し得るからである。グールドナーは、究極的にはロマン主義は、F・ニーチェ、S・フロイトによって担われ、産業主義、資本主義の基本的価値を根底的に批判するものになっていったと理解するとともに、それは講壇社会学にも大きな影響を与え、その最たる影響はM・ウェーバーにみられると考える。そしてロマン主義の影響は、アメリカに渡って、シカゴ学派、G・H・ミード、C・W・ミルズ、T・パーソンズに引き継がれて今日に至っているると理解しているのである[10]。

第三期は古典的社会学である。この期の社会学は、それぞれの国民国家内部で、相対的に自律的な発展を遂げていった。フランスにおいては、デュルケムが実証主義的社会進化論を脱して、機能主義に基づく比較社会学を展開した。

またドイツにおいては、功利主義に対するドイツ・ロマン主義的対応として、ウェーバーの独自な比較社会学が展開された。さらにイギリスにおいては、人類学を中心として、機能主義が発達していった。それらは、それぞれの独自性を持つとともに、かつての社会学よりは一段と世俗化の度合いを強め、社会学の大学内部への統合の度合いを強めている点では共通性を持っていたと考えられる。

最後の第四期は、パーソンズの構造—機能主義に代表される。グールドナーはそれを、アメリカ中産階級社会の危機の文脈における、その問題解決のための、フランス機能主義とドイツ・ロマン主義の一つの総合として理解している。したがって、グールドナーのパーソンズ論は、グールドナーの個人的、恣意的問題ではなくて、社会学そのものの問題であり、社会学を否定するためのものではなく、社会学の再生のための問題であったことがよくわかる。

［B］　ところで、アメリカにおける社会学の根底的な再構成を目指す「社会学解放運動」が組織的動きをみせ始めたのは、一九六七年のサンフランシスコにおけるアメリカ社会学会大会頃からであったが、「ユダヤ人のラディカル世代」[11]（H・ガンス）に属するグールドナーは、この運動に多大の関心を示していった。この運動のなかでグールドナーは、政治的にはラディカルであっても社会学的理論的にはC・W・ミルズ、K・マンハイム、P・ソローキンにとどまっている、いわば社会学理論としてはラディカルではない多くの若い社会学者を発見した。そこで彼は、以下のような諸々の基礎前提を掲げて、社会学の根本的な再構成を目指すという理論的課題を正面に据えてこの運動に関わっていったのである[12]。

(1)「社会学解放運動」は、量的にも組織的にも知的パフォーマンスの質の点でも前進しているが、他に対する内容のない罵倒を厳につつしみ、ラディカル・ソシオロジーの効果的な国際化、内面化のためにはどうしたらよいかを真剣に考えるべきである。

(2) ラディカル・ソシオロジストは、従来の左翼の政治主義と保守の側にみられる非政治的という美名のもとでの驚くべき政治性とに反対して、政治的実践と認識実践を正しく位置づけ、有機的に両者を統一しなければならない。

(3) ラディカル・ソシオロジーは、(イ)既成の社会体制とのきずなを断ったところから、(ロ)しかも、大学変革の運動から、生み出されたことを確認し、この根源的性向を維持するとともに、さらに根本的な社会変革を志向しなければならない。

(4) ラディカル・ソシオロジーは、従来のアカデミック・ソシオロジーの知的価値やイデオロギー的意味を十分吟味しなければならない。そしてアカデミック・ソシオロジーに伏在している矛盾を発見し、リベラルな伝統や社会変動の源泉となり得る側面を保守的な構造から切り離して、自らの体系内に取り込み止揚しなければならない。

以上のような基礎前提を掲げて意識的に理論中心的に行われたグールドナーの社会学運動は、実践派との間に様々なコンフリクトを起こしたものの、基本的には正しい方向性を持ったものと評価されなければならない。

［C］　一般的に言って「社会学の社会学」は、アメリカにおいては一九五〇年代末頃から徐々に人びとの関心をひくようになったと言われている。その間の事情は、以下の［C］―a、［C］―b二様の文脈で理解される必要がある。

［C］―a　従来からアメリカには知識社会学の体系的な発展がないということが言われてきた。それは「主意主義的な唯名論」が一般化しており、社会学の心理学化が進み、さらにはM・ウェーバーの影響のもとに「価値自由」社

会学が支配的であった状況を眼前にしてみると、ごく当たり前のようにも思えてくる[13]。したがって、知識社会学の下位専門領域として位置づけられる「社会学の社会学」にも、もちろんT・ヴェブレン、S・リンド、G・ミュルダール、F・ズナニエッキなどの伝統はあるものの、ほぼ同じことが言えたのである。

しかし、一九五〇年代末以降アメリカ資本主義の危機が表面化しはじめ、アメリカには多くの社会問題が噴出した。それらは当然、広い意味での社会学者たちにきわめて現実的な対応を迫ることになった。その結果、現実の問題に取り組む過程で、社会学者たちは悩み、苦しみ、「価値自由」社会学に対して疑念をさしはさむようになった。現実の問題を解決しようとして失敗、挫折、絶望するなかから、「社会学とは一体何か」という問が発せられた。もちろん、自分たちの失敗を意識の「低い」他者のせいにするのは簡単であろう。だがそれでは何の問題解決にもならない。そこで知識人としての自己、生活者としての自己、社会学者としての自己の分析に帰って[14]、自分たちの生活、制度、職業、理論の再吟味に帰ってそこから再出発する道がとられた。こうして生まれてきたのが「社会学の社会学」である。

［C］—b　第二の文脈は、文脈［C］—aとも密接に関連しながらも、社会学の専門職業化、社会学の制度化にその焦点を置くものである。一九五〇年代を通じて社会学は急速に発展し、T・パーソンズらが「社会学の時代」を唱えるまでになった。そこで、専門職業、制度として確立された社会学を専門職業、制度それ自体として問題にし〝分析〟することが必要不可欠になり、そこから現れたのが「社会学の社会学」である。

グールドナーの「再帰＝自己反省の社会学」は、文脈［C］—aを中心に置きながら、ややもすると理論志向派と実践志向派に分裂しがちな「社会学解放運動」の要の位置を占めようとしているのであるが、それと同時に文脈［C］—bにも意を用いることを忘れない。したがって彼の「再帰＝自己反省の社会学」は、従来の知識社会学に職業社会学や科学社会学をプラスしたものに他ならない。そして、存在論のレベルから出発した彼の社会学は、認識論のレベルに焦点を当てたR・W・フリードリックスの「弁証法社会学」の試み[15]と並んで、もっとも可能性に富んだ試みと言えるだろう。

［D］ さて、グールドナー自身が語っているように、世界の社会学界に論争の嵐を巻き起こした『迫りくる西欧社会学の危機』の根本問題の一つは、理論と実践の問題である。典型的なブルジョア文化としてのアメリカ文化には、本源的に理論や知識人を軽視する傾向が内在しており、それに加えて、一九五〇―六〇年代に社会学が通俗文化の一部として確立され社会理論が支配文化の一部であると感じられたことが重なって、社会変革運動にとって理論と実践の分裂は一つの極限状態にまで追い込まれているように思われた。そこでグールドナーは、「新しい社会の理論をふくめ、総体的対抗文化の構築にいますぐに着手すること」（Gouldner, Alvin, W. 1970=1978: 5-6）を自らの課題に選んだ。この課題は決して特殊なものではありえない。いやむしろ、社会学のオーソドックスな伝統に深く根をおろしたものではなかろうか。たとえばA・コントを例にとってみよう。彼は社会再組織の名のもとに新しい文化創造を企図し、科学をもその中に位置づけているように思われる。

理論と実践の問題、社会学と社会の関連の問題という、もっとも重要な問題であるが故にきわめて難解な問題に対して、グールドナーはどこにその問題解決の糸口を見出したのだろうか。彼は、それを理論と実践、社会学と社会を媒介する社会学者とその組織に見出した。したがって彼の社会学は、「社会学者を変換させて、かれの日常生活および仕事に深く降り立たせ、新しい感受性をもたらし、社会学者の自覚を新しい歴史的水準にまで引き上げる」（Gouldner, Alvin, W. 1970=1978: 669）という線に沿って展開された。すなわち、社会理論の個人的諸次元を考え、それらがどのように合理性（理論とイデオロギー）と関係しているのかを検討し、つづいて社会理論家の集団が運動などに媒介されてどのように社会や歴史へとつながってゆくのかを明らかにすること、これがグールドナーの社会学の基本問題になったわけである。

三　「自己反省の社会学」の構造

［A］　グールドナーは、社会学とは何か（あるいは社会学の性格）を探求する場合の出発点を「人間と社会に関するもっとも奥底の仮説をみきわめる」（Gouldner, Alvin, W. 1970=1978: 35）ことに求めている。

社会理論は、明示的に定式化された仮説＝「公準」と自明のこととして仮定されず明示もされぬ一連の仮説「背後仮説」の二つの要素からなると考えられる。円錐になぞらえて説明すれば、最長の円周を持つ「背後仮説」（S・ペパーのいう「世界仮説」）は、時には形而上学とも呼ばれ、それよりも下方に位置する円周の短い「背後仮説」を限定、左右する準拠枠となり、究極的には人間と社会に関する適用範囲のもっとも限定された「背後仮説」すなわち「領域仮説」になる。「背後仮説」は、「ある特定文化への社会化の初期過程で発展し、性格構造の内奥に組み込まれる情緒を負荷された認知的道具」（Gouldner, Alvin, W. 1970=1978: 40）であって、言葉→範疇→存在的背後仮説・規範的背後仮説というプロセスを経て形成されるものである。そしてこの「領域仮説」は、理論を彫琢し、感情の焦点を与える。

［B］　つづいてグールドナーは、領域仮説の周辺に組織され、それによって焦点を与えられている感情の次元を問題にする。まず領域仮説が文化のなかで学習され、その文化的に標準化された仮説が、社会構造の異なる諸部分での経験によって分化される。そしてその経験が、特殊な感情を生み出し、究極的にはパーソナルなリアリティの一部を

構成するようになるというのである。この考え方によれば、理論の妥当性は経験の共有性と感情の共有性とによって決められるのであって、古びた理論の内部に全く新しい感情が蓄積されている現状は、その感情に見合った理論を構築することによって打開されていかなければならない。

［C］　グールドナーによれば､社会学者が取り組まなければならない現実には二種類のものがある。第一の現実は｢個人的現実」（パーソナル・リアリティ）であり、これは社会学者が「個人的に見聞し、ひとから教えられ、あるいは読書したことがらにもとづいて｣社会的世界に意味を付与し得られた諸現実である。第二の現実は｢役割上の現実｣と呼ばれ、社会学者として学ぶことがらから、あるいはさきだつ諸研究から生まれた「事実」に他ならない。この二つの現実は、実際には相互に浸透しあい相互に影響しあうが､両者によって得られる「意味づけられる現実」はパラダイム（範例）として扱われ、理論はそれによって形成されやすい。これまでのアメリカ社会学は、主としてT・パーソンズの影響のもとに、研究の組織化にあたって理論の占める重要性を強調する（したがって、知覚の選択性、研究の焦点は、社会学者の理論的立場によって決められると考える）流れと、データと調査研究の第一次的価値を力説する方法論的経験主義の流れとが争ってきた。だがこの二つの流れとも共通の部分的な誤りをおかしてきた。なぜならば「意味づけられる現実がその社会学者の知覚を構造化し、以後の理論化と調査研究を形づくるのに特別の力を持っていることを両者ともに見そこなった」（Gouldner, Alvin, W. 1970=1978: 55）からである。

［D］　以上のようにグールドナーは、個人的経験によってデフォルメされるとともにもっと広範な文化と社会によって形成される準理論的レベルの領域仮説や感情が、あらゆる社会理論に影響を及ぼし社会理論の性格を規定すること

を明らかにし、この準理論的レベルを「下部構造」と命名した。下部構造に関心を持つことは、理論を心理学化することではない。それは個人と社会構造とのあいだを往復できる分析手段であり、社会理論を社会的世界にもっとしっかりと結びつけるための分析手段なのである。

さて、個人的現実、感情、領域仮説に深く関わりを持った社会理論は、感情が「公的、政治的行動の予期されるコースを抑制したり促進したりする」経験を提供するような仕方で、また領域仮説が「世界において実行可能なことがら、変革可能なことがらに関するインプリケーション」(Gouldner, Alvin, W. 1970=1978: 60) を与えるようなやり方で、社会的現実のイデオロギー化を行う。社会学のイデオロギー化は、社会学の始祖たちに固有の問題ではありえず、きわめて現代的な問題でもある。従来純技術的なことがらとみなされがちであった方法論も、イデオロギーに共鳴する諸仮説を含んでいるから、イデオロギーとしての方法論という文脈で考察される必要があるだろう。

それでは、イデオロギーとは何か。グールドナーは、それを言語社会学の観点から解明しようとしている。イデオロギーは、「社会再組織の公的なプロジェクトを正当化したり可動化したりするのに役立つ象徴体系」(Gouldner, Alvin, W. 1976: 54-55) であり、「理論と実践の統一」を要求する『深層構造』を持った合理的な象徴体系」(Gouldner, Alvin, W. 1976: 55) である。したがって、それは人びとのノーマル・ルーティン、日常生活[16]、日常言語を超えた「意識」を前提にする。

しかし、イデオロギーは意識全体ではない。それは意識の部分である。イデオロギーは、意識の特殊な、間主観的な部分であり、意識のある側面を選択し他の側面を拒否したりすることによって、意識全体を再組織したものである。またイデオロギーは、シンボリック・アーティキュレーションや「意識の共鳴」等によって社会をも変換し得ることを前提としている。つまりイデオロギーは、公的な談合において個々の意識の選択的な構成要素が他の人びとと共有されるようになってはじめて、個人と社会、人間と集団等々を連関させることができるのである。したがって、イデオロギーは、個々の人間の下部構造にその基盤を持つと同時に、社会的集合体、共同性、言語の次元にも基盤を持つのである。

つづいてグールドナーは、利害（interests）を問題にする。彼はバージニア・ヘルド（Virginia Held）にしたがって、利害を私的願望（desires）の間にあるものと考える。他者が受容し得ない全くの私的願望の場合には、コミュニケーションなど問題外であり、あらゆる人びとが問題なく認めている権利の場合には、議論など全く必要がない。そのどちらでもない、まさに両者の間に位置する——したがって人間と人間のあいだに位置する——利害は、アンビバレントな構造を持ち、その構造が議論を涵養し、コミュニケーションを要求する。そして利害に内在した、利害に起因した公的コミュニケーションは、アンビバレントな構造の一方の側——つまり普遍的で他者にも有益な性格——だけを強調し、もう一方の側——私的で利己的な側面——を抑圧する特徴を持っており、ここからイデオロギーが発生してくるのである。

利害は、日常生活における公的な行為を評価する二つの基準の基礎を構成する。二つの基準とは、一つがパラダイムであり、一つがイデオロギーである。パラダイムという概念は、T・クーンのそれとはやや異なって、グールドナーが「全体としての生活の意味を啓示すると考えられる決定的な基礎経験」[17]を表わすK・マンハイムの「パラダイム的経験」(生活経験のパラダイム）から導き出したものであり、何が求められ要求されているかに関する比較的具体的なイメージのことである。

イデオロギーは、パラダイムを抽象化、一般化して、その適用範囲を拡大したものである。パラダイムは、特殊、具体的な一連の経験にその基盤を持ち、その経験を共有した者だけがパラダイムを共有することができる性質のもの

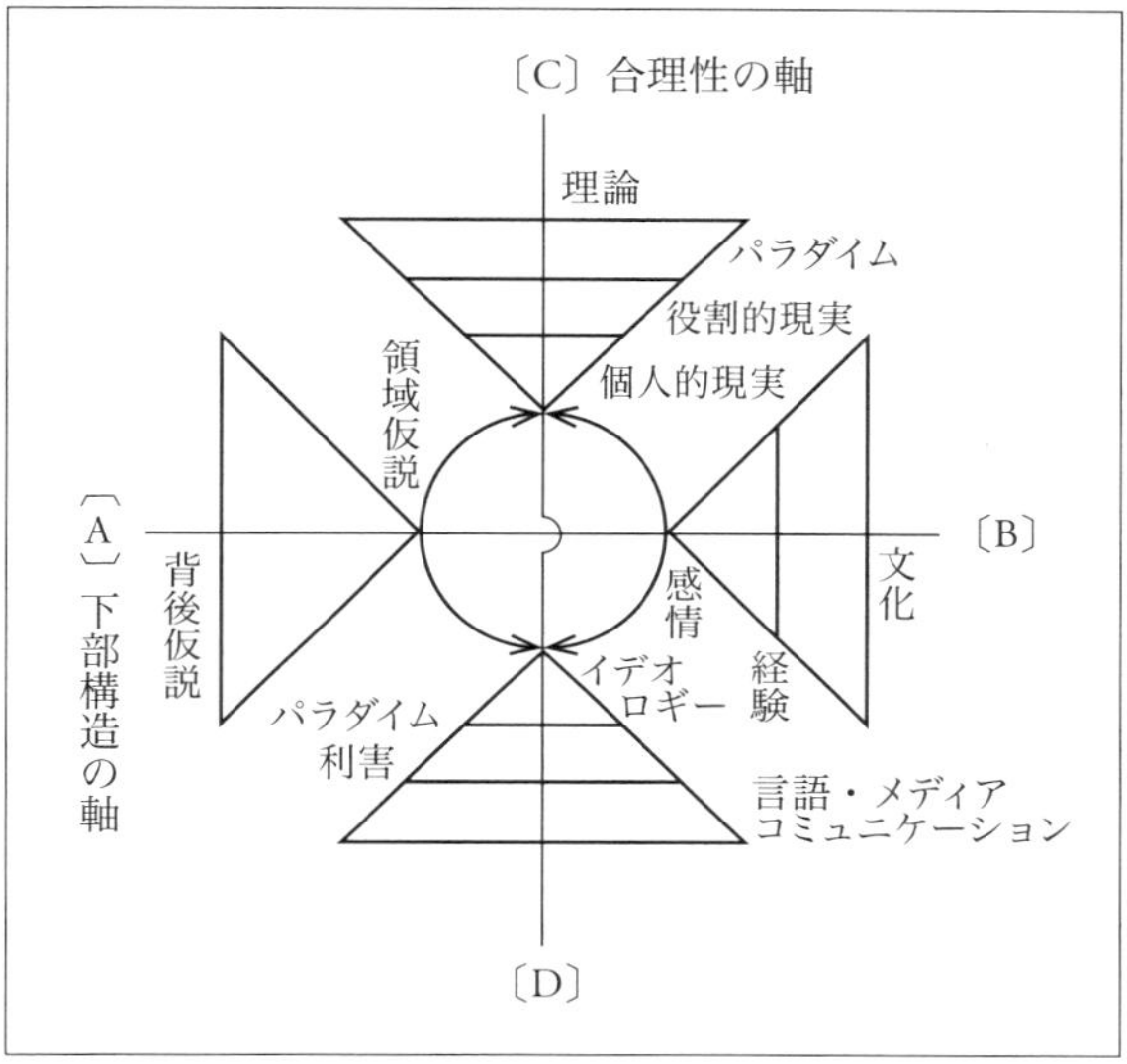

図1　「自己反省の社会学」の構造

である。つまりパラダイムは、特殊な文脈からあまり独立しておらず、その文脈を共有しない人びとにはコミュニケーションすることが難しい。それに対してイデオロギーは、もっと抽象化され、一般化され、特殊な文脈から自由なものであり、パラダイムを越えた適用範囲を持ち、パラダイムよりもラディカルなプログラムを提示する。イデオロギーはパラダイムを共有していない人びとの間に同盟と理解を作り上げるために不可欠である。しかし、イデオロギーによって作り上げられた同盟は、その構成メンバーのパラダイムが達成されることによって、そのイデオロギーが代表している統一的な一般的な価値が達成される以前に壊れる傾向にあり、したがってイデオロギーは常に「神話」と背中あわせの関係にある。

以上の議論をまとめて図示すれば**図1**のようになるだろう。

このような「再帰的=自己反省の社会学」の構造の観点から、グールドナーは科学主義が何であるかを説明している。人間が社会を自ら作ったと思っていたのにそれを統制できなくなり逆に社会から疎外されてしまったという感情と、社会構造の自律性という領域仮説、この両者によって理論の下部構造が形成され、その上に方法論が個人的現実やイデオロギーから独立して、純技術的に考えられるとき、そこに得られるものは言葉の本来の意味での科学主義である。したがって、科学主義の範囲内で「客観性」を要求することは、疎外への順応を主張しているようにも解釈することができるのである。

科学主義批判に加えて、グールドナーは「再帰的＝自己反省の社会学」の立場から従来の理論形成の地平が強―弱、善―悪という二つの座標軸によって区分された社会的世界内にあることを明らかにし、「リベラル」社会学は善―悪軸上に、「価値自由」社会学（社会学におけるマキャベリズム）は強―弱軸上に、そして多くの講壇社会学は何とかして強と善の均衡回復を目指そうと努力している（その手段が道徳であり宗教であり科学である）のだと主張した。したがって「再帰的＝自己反省の社会学」の努力は、これとは別の理論形成の地平をみつけることである。その別の地平をグールドナーは、「人びとの生の全体性を通して実践によって生まれ、かれらの営む生活によって形づくられる」（Gouldner, Alvin, W. 1970=1978: 660）理論と表現する。換言すれば、理論は、実証主義の伝統以来の客観的「情報」としての知識を増大させることを目指すのではなくて、功利主義批判の伝統のなかから登場してきた「人間自身の時とともに変化してゆく関心、希望、価値にかかわりのある知識」「たんに世界を『コントロール』することを容易にするための知識で〔も〕なく、社会的世界における自分の『位置』についての人間の明識を高めるような知識」（Gouldner, Alvin, W. 1970=1978: 674）を増大させるよう努めなければならない。グールドナーの目指す社会学は、自己自身に対する明識、歴史的進化に対する明識、社会のなかの自分の位置に関する明識を高めるための歴史への感性を備えた社会学であろう。

四　「再帰的＝自己反省の社会学」の範囲

グールドナーの「再帰的＝自己反省の社会学」が以上のような構造を持つとすれば、つづいて彼の「再帰的＝自己反省の社会学」の範囲、全体像は如何なるものであろうか。筆者はそれを**図II**のように把握しているが、この図を参考にしながらこの問題を考えておくことにしよう。

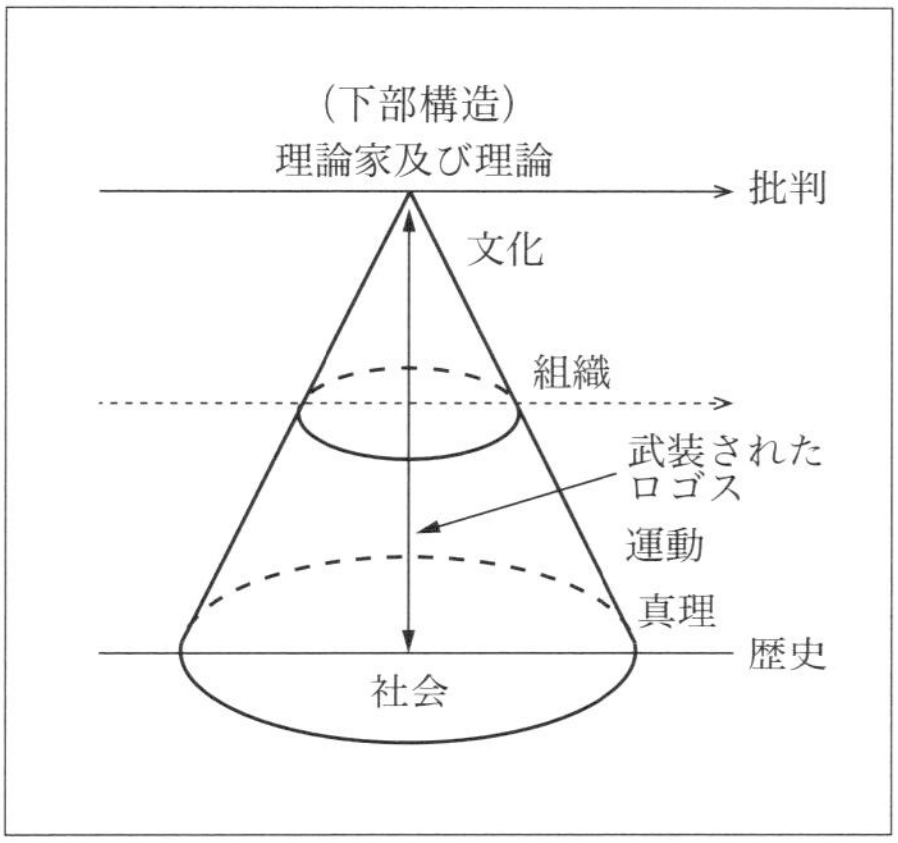

図II　「自己反省の社会学」の範囲

［A］　下部構造の分析。下部構造、つまり領域仮説、感情、個人的現実、これらのものが理論家の理論を形成する仕方を「再帰的＝自己反省の社会学」は分析する。現在までのところ、「再帰的＝自己反省の社会学」はおもに、このレベルに関わっており、またこのレベルでそれなりに評価されてきている。

［B］　理論の批判。批判の対象は、講壇社会学とくに「価値自由」社会学とそれとは全く正反対の「何々に奉仕する」型の社会学、マルクス主義、批判理論などである。批判は対象の論理内在的な批判にとどまらず、理論の潜在的な次元にまで及び、客観主義的社会科学観の批判を中心として、対象の持つ社会観やその理論がブルジョア社会において占める位置の確定をも含んでいる。ただ

し批判は、社会学の打倒を目的とするものではなく、社会学のなかから「解放的次元」を取り出し、新しい社会理論形成の準備をすることである。

［C］　組織。新しい社会理論の形成は、単に個人が理論的宣言や方法論的プログラムを提示するだけでは不可能である。グールドナーは、新しい社会理論形成の現代的特徴は社会理論がむしろしっかりした組織的基盤を持つことであると主張する。彼はそれを社会理論家たちのコレクティヴの形成（学際研究は超えられなければならない）と表現しているが、ここに組織論者としてのグールドナーの面目が表れているのだろう。

現在、T・クーンらの「科学革命」論も刺激になって、社会科学の集団、組織的次元が重要なものとしてクローズ・アップされつつある。グールドナーもその認識を強化するものの一人である。彼はG・ルカーチの組織論に刺激されながら、組織を理論と実践を媒介するものと把握する。われわれが今必要としているのは、もう一人のマルクスやニュートンではない。必要なのはレーニンのような人物である。とはいうものの、レーニンの前衛主義がそのまま受け継がれるのをよしとするのではない。グールドナーの目指すものは、コント的な禁欲主義とレーニン的な党実践とを同時に止揚する第三のもののように思われる。そして現在のところ理論家の集合体が共有する関心と価値は、社会解放、実践理性、具体的全体性の把握、歴史性、言語性、哲学性、経験性、解釈学、世界との関わり＝理論と実践の問題、体系性（講壇社会学とマルクス主義の存在論が収斂するところ）などである[18]。

［D］　武装されたロゴス。理論家たちは、自己自身とその社会を変革することなしには、「何であるか」を知ることができない。そこでロゴスは必然的に武装されなければならないのであるが、武装されたロゴスはロゴスそのものに

とって様々な問題を投げかけることになる。したがって、武装されたロゴスを歴史的、批判的にみることが不可欠の課題になる。とくに「何であるか」を自分たちは知っていると信じ、その知識を他者に伝達しようとし、その知識で世界を変革しようとするエリート主義的態度は厳に批判されなければならない。

［E］運動。社会学と運動の関連、社会学と社会主義の関連、ラディカルな知識人の問題、もっと一般的には理論と実践の問題は、社会学における究極的な問題である。グールドナーは、R・フラックス（Richard Flacks）の議論を素材にしながら、社会学者と運動の関連を、運動に対してその目標達成のために有益な情報等を提供するテクニシャン型と、運動にとっては決して良くない「悪いニーズ」にする運動内部の明識を作り出すのに貢献する臨床医型の二つに分け、前者が後者に従属させられる必要性を強調した（Gouldner, Alvin, W. 1973: 106-114）。しかし、いずれの場合にも従来広汎にみられた病理学的現象を阻止することはできないのであるから、この社会学と運動の関係の問題は、今後のグールドナー社会学いや社会学全体の課題として残されているものである。

五　グールドナー社会学の方向

グールドナーは、『迫りくる西欧社会学の危機』の出版後、一九七三年には論文集『社会学のために』を公刊し、つづいて一九七六年には『イデオロギーとテクノロジーの弁証法』を世に問い、今「革命的知識人」の問題を取り扱った『新しい階級に関するプロジェクト』（The New Class Project）の原稿を完成し、引きつづいてマルクス主義批判を主題にした『二つのマルクス主義』及びイデオロギー論のより一層の展開を試みることになるであろう『認知の社会学について』(On the Sociology of Cognition) の上梓を予定していた。しかしグールドナーは、『二つのマルクス主義』を上梓した後、一九八〇年突然心臓発作に見舞われ、帰らぬ人になってしまった。

このようなグールドナー社会学の展開を一言にして表すと、ある論者が言っているように、「知識人論にもとづいたイデオロギー論」[19]の構築と総括することができるし、より本章に即した言い方をすれば、下部構造の検討から合理性の軸の社会学的検討[20]へと向かっているものと言い表わせるであろう。いずれにしろ今後のグールドナー社会学の展開に期待したい。

おわりに

本章は、一九七九年に書かれた拙稿「グールドナーの自己反省の社会学」『現代社会学』11、Vol.6, No.1 に今日的視点から必要な修正を施したものである。なぜ旧稿に加筆訂正したのかその理由は、この論文が再帰的＝自己反省社会学の成立の文脈、そのインパクト、思考様式の特徴、その後の再帰的＝自己反省社会学の展開との関係などを理解するのに適していると考えたからである。

グールドナーは、構造・機能主義の社会学に代わる新たなラディカルな社会学を構築する第一歩として、プラトンにまで立ちかえり、「社会と知識」「社会と社会学」の関連を解明するとともに、そこから現代社会に相応しい社会学を構想する起点として、再帰的＝自己反省の社会学を構想した。

彼の再帰的＝自己反省社会学の提唱は、問題意識ばかりが先走るものになってしまったかもしれない。それでもそれは、構造主義、言語論、記号論、科学論、現象学、解釈学、マルクス主義、批判理論、プラグマティズム、ニーチェ、ハイデガーなどの検討を踏まえて行われたものだった。その提唱のインパクトは、表面的には大きなものだった。世界中の社会学者が彼の主著『西欧社会学の迫りくる危機』を読んだ。しかし実際には、アメリカ社会学の中枢を占める人々にとっては、その問題提起は社会学を破壊するものと受け取られ、周辺に追いやられてしまった。このアメリカ社会学の文脈をより多様な潮流に、より世界に開かせることに失敗してしまったことは、その後の社会学の発展を今に至るまで制約している。彼自身も、その後マルクス、マルクス主義の再帰的＝自己反省社会学的分析をやったものの、自分なりの批判理論を構築するという課題を達成することなく、芸術家をモデルにした主体の理論（Lemert, Charles and Piccone, Paul 1982）を提示しただけで、突然死してしまったのである。それにもかかわらず、その後展開された再帰的＝自己反省社会学の視点からすれば、彼の再帰的＝自己反省の社会学は、成熟した再帰的＝自己反省社会学の芽をすべて含み持っていたことが分かるだろう。彼はその後、ラッシュのような仕事をしたかったのではなかろうか。あるいはブルデュー社会学のようなものを展開しただろうか。アメリカでは、今ようやくブルデューとグールドナーの比較研究が現れ始めている（Chris, J., James 2015）。

注

1　たとえば、「ブルジョア世界観の終焉」（D・ベル）、「オーソリティのたそがれ」（R・ニスベット）、「国家の正統性の危機」（A・ウルフ）、「正当性の危機」（J・ハバーマス）、「モダニティの終焉」（R・ベラー）など。

2　以下の動きに関しては、次の論文を参照されたい。Skinner, Quentin, "The Flight from Positivism," The New York Review of Books, June 15, 1978.

3　構造主義の社会科学に対するインパクトに関しては、さしあたり次の書を参照のこと。Gardner, Howard, 1972=1975, *The Quest for Mind: Piaget, Levi-Strauss and the Structuralist Movement*, Alfred A. Knopf (=1975 波多野完治・入江良平訳『ピアジェとレヴィ・ストロース：社会科学と精神の探究』誠信書房).

4　この最初の成果が *Enter Plato: Classical Greece and the Origins of Social Theory*, New York, Basic Books, 1965. であった。この著作の検討は重要であるが、他日を期したい。

5　このようなグールドナー社会学の意図は理解されたとは言いがたい。グールドナー自身もその意図をうまく表わせてはいない。批判の嵐のなかで次の論文は、グールドナーの意図をある程度肯定的に読み取っている。O'Neil, John, "Reflexive Sociology or the Advent of Alvin W. Gouldner," in *Sociology As a Skin Trade: Essays toward a Reflexive Sociology*, New York, Harper Torchbooks, 1972, pp. 209-220.（=1984.「自己反省の社会学あるいはアルヴィン・グールドナーの降臨」須田朗・財津理・宮武昭訳『言語・身体・社会』新曜社、270-286）. また以下の論文も参照のこと。Piccone Paul, "Review of A. Gouldner's For Sociology," *Telos*, No. 24, 1974.

6　以下におけるグールドナーの功利主義と社会学の関係に関する考察は、Gouldner, Alvin, W., 1970=1978, *The Coming Crisis of Western Sociology*, New York, Basic Books（=1978, 岡田直之・田中義久・矢澤修次郎・矢澤澄子・瀬田明子・杉山光信・山口節郎・栗原彬訳『社会学の再生を求めて』新曜社、一九七八年）第三章「功利主義文化と社会学」（Gouldner, Alvin, W. 1978, 78-220）に依る。

7　Gouldner, Alvin, W., 1976=1978. では power は「力量」という訳語があてられているが、ここでは「権力」の訳語を採用している。

8　この方法論的儀礼主義の定義は、以下の文献に依る。Gellner Ernest, 1973, *Selected Philosophical Themes, Volume1, Cause and Meaning in Social Sciences*, London, Routledge, p. 207.

9　以下の社会学史の記述は、Gouldner, Alvin, W., 1976=1978.「第四章　社会学の展開過程／ひとつの構造発達史モデル」（111-220）に依拠している。

10　グールドナーの社会学とロマン主義の関係に関しては、以下の論文を参照のこと。Gouldner, Alvin, W., "Romanticism and Classicism: Deep Structure in Social Science," Gouldner, Alvin, W., 1975, *For Sociology: Renewal and Critique in Sociology Today*, London, Penguin Books,（First published by Allen Lane, 1973）323-366.

11　この視角からするグールドナーの位置づけに関しては、さしあたり拙稿「現代思想とアメリカ社会学」『現代思想』第四巻三号、一九七六年三月を参照されたい。

12　Gouldner, Alvin, W. "Toward the Radical Reconstruction of Sociology," *Social Policy*, May/June, 1970.

13　Curtis, James, E. and John W. Petras, "The Sociology of Sociology: Some Lines of Inquiry in the Study of the Discipline," *The Sociological Quarterly*, 13, 1972, pp. 197-209., ditto, "The Sociology of Knowledge in American Sociology: Origins, Development, and Future," *Kansas*

Journal of Sociology, vol. VIII, 2, 1972.

14　この間の事情に関しては、高橋徹「『ラディカル社会学』運動」『思想』五八七号、一九七三年五月参照。

15　Friedrichs, Robert W., "Dialectical Sociology: Toward a Resolution of the Current 'Crisis' in Western Sociology," *British Journal of Sociology*, vol. XXIII, No. 3, 1972.

16　グールドナーの日常生活論については、次の文献を参照のこと。Gouldner, Alvin, W. "Sociology and the Everyday Life," Coser Lewis A. (ed.), *The Idea of Social Structure*, New York, Harcourt Brace Jovanovich, 1975, pp. 417-432.

17　Mannheim, K., 1943, *Diagnosis of Our Time: Wartime Essay of a Sociologist*, London, Routledge (=1954 高橋徹・青井和夫訳『現代の診断』みすず書房、一八三～一九三頁).

18　グールドナーが『迫りくる西欧社会学の危機』以降どこに向かおうとしていたのか、は、粗削りながら、彼がその出版以降行った大学院演習のアウトラインと読まれるべき文献目録を示した *Outline of Sociology 458: Sociological Theory　Logos Armed: The Metapolitics of the Mind*（no place, no date）が大変参考になる。

19　Morrow, Ray, "Review of A. Gouldner's The Dialectic of Ideology and Technology," *Telos*, No. 32, 1977.

20　この点に関しては以下の論文で若干検討しておいた。拙稿「社会学の社会的機能―合理性の社会学をめざして」『社会学 研究』一九七九年四月。なお、この論文は本論文とほぼ同時に書かれたものである。

引用参考文献

Chris, J., James, 2015, *Confronting Gouldner*, Leiden, Brill.

Curtis, James, E. and Petras, John, W., 1972,"The Sociology of Sociology: Some Lines of Inquiry in the Study of the Discipline," *The Sociological Quarterly*, 13, pp. 197-209.

Curtis, James, E. and Petras, John, W., 1972,"The Sociology of Knowledge in American Sociology: Origins, Development, and Future, *Kansas Journal of Sociology*, vol. VIII, 2,

Eisenstadt, S.N. with Curelaru, M., 1976, *The Form of Sociology-Paradigms and Crises*, Hoboken, New Jersey, John Wiley and Sons.

Friedrichs, Robert W., 1972,"Dialectical Sociology: Toward a Resolution of the Current 'Crisis' in Western Sociology," *British Journal of Sociology*, vol. XXIII, No. 3.

Gadamer, H.G., 1976, *Philosophical Hermeneutics*, Berkeley, University of California Press.

Gardner, Howard, 1972=1975, *The Quest for Mind: Piaget, Lévi-Strauss and the Structuralist Movement*, Alfred A. Knopf（=1975 波多野完治・入江良平訳『ピアジェとレヴィ・ストロース：社会科学と精神の探究』誠信書房）.

Gellner, Ernest, 1973, *Selected Philosophical Themes, Volume1, Cause and Meaning in Social Sciences*, London, Routledge.

Gouldner, Alvin, W., 1965, *Enter Plato*：*Classical Greece and the Origins of Social Theory*, New York, Basic Books.

Gouldner, Alvin, W., 1970, "Toward the Radical Reconstruction of Sociology," *Social Policy*, May/June.

Gouldner, Alvin, W., 1970=1978, *The Coming Crisis of Western Sociology*, New York, Basic Books（=1978, 岡田直之・田中義久・矢澤修次郎・矢澤澄子・瀬田明子・杉山光信・山口節郎・栗原彬訳『社会学の再生を求めて』新曜社、一九七八年）.

Gouldner, Alvin, W., 1970-1971, *Outline of Sociology 458: Sociological Theory, Logos Armed: The Metapolitics of the Mind*, Washington University, no date（ただし一九七〇年か七一年）.

Gouldner, Alvin, W., 1975, "Romanticism and Classicism: Deep Structure in Social Science" Gouldner, Alvin, W., *For Sociology: Renewal and Critique in Sociology Today*, London, Penguin Books,（First published by Allen Lane, 1973）.

Gouldner, Alvin, W., 1975, "Sociology and the Everyday Life," Coser Lewis A. (ed.), *The Idea of Social Structure*, New York, Harcourt Brace Jovanovich, pp. 417-432.

Gouldner, Alvin, W., 1976, *The Dialectic of Ideology and Technology, The Origins, Grammar, and Future of Ideology*, New York, The Seabury Press.

Lemert, Charles and Piccone, Paul, 1982, "Gouldner's Theoretical Method and Reflexive Sociology" *Theory and Society*, Vol. 11, No. 6.

Mannheim, K. 1943=1954, *Diagnosis of Our Time: Wartime Essay of a Sociologist*, London, Routledge(=1954 高橋徹・青井和夫訳『現代の診断』みすず書房）.

Morrow, Ray, 1977, "Review of A. Gouldner's The Dialectic of Ideology and Technology," *Telos*, No. 32.

O'Neil, John, 1972=1984, "Reflexive Sociology or the Advent of Alvin W. Gouldner," in Sociology As a Skin Trade: Essays toward a Reflexive Sociology, New York, Harper Torchbooks, 1972, pp. 209-220（=1984.「自己反省の社会学あるいはアルヴィン・グールドナーの降臨」須田朗・財津理・宮武昭訳『言語・身体・社会』新曜社、270-286）.

Piccone, Paul, 1974, "Review of A. Gouldner's For Sociology," *Telos*, No. 24.

Skinner, Quentin, 1978, "The Flight from Positivism," *The New York Review of Books*, June 15, 1978.

高橋徹, 1973,「『ラディカル社会学』運動」『思想』五八七号, 一九七三年五月.
Winch, Peter, 1958=1977, *The Idea of a Social Science and its Relation to Philosophy*, London, Routledge and Kegan Paul, 1958（=1977, 森川真規雄訳『社会科学の理念』新曜社）.
矢澤修次郎, 1976,「現代思想とアメリカ社会学」『現代思想』第四巻一三号、一九七六年一二月.
矢澤修次郎, 1979,「社会学の社会的機能―合理性の社会学をめざして」『社会学研究』一九七九年四月.
矢澤修次郎, 1979,「グールドナーの自己反省の社会学」『現代社会学』11, Vol. 6, No. 1.

2 S・ラッシュにおける再帰性
——再帰的近代化論批判からもう一つのモダニティ論へ

矢澤修次郎

一 様々な再帰性と再帰的近代化論

U・ベック、A・ギデンズ、S・ラッシュの共著『再帰的近代化』(一九九四)は、リフレクシヴ社会学を語る際には欠かすことのできない問題作である。本書の「はじめに」によれば、reflexivityの概念と脱伝統遵守の概念、それにエコロジー問題が三者の収斂点であるという。とりわけ最初の概念が三者を結びつけたと言って良いのではないだろうか。ただしそれが収斂点ではあると言っても、三者が同じreflexivityの理解に立っていたわけではない。

本書においてベックは、reflexivityを「通常の自立した近代化の結果が、また、政治と経済の秩序に一切影響を及ぼさずに、内密に、無計画に進行する工業社会の変動こそが、工業社会の諸前提と輪郭を解体し、もう一つ別のモダニティへの途を切りひらくモダニティの〈徹底化〉」(Beck, Ulrich, Giddens, Anthony and Lash, Scott 1994=1997: 12-13) を意味するものと規定し、「近代化における……知識の増大や科学原理の適用」(Beck, Ulrich, Giddens, Anthony and Lash, Scott 1994=1997:

13）という意味での「自己省察」（reflection）と区別する。近代化の基盤と近代化の帰結を対決させること、あるいはその基盤を破壊すること、「自己との対決」「自己破壊」がreflexivityであり、それは「自己省察」（reflection）とは区別されると言うのである。彼によれば、グールドナーがやってきたのはこの省察の方であって、自己との対決、再帰性ではないと主張する。このベックの理解を採用するならば、reflexivityは再帰性、reflectionは自己反省性と訳すのが妥当であろう。

三者の間で再帰性の概念が少しずつずれていることにも注意しておいた方が良いかもしれない。ベックは、科学を中心として、モダニティの自己破壊と自己加害によって、リスク社会が成立し、その観点からすべての社会現象が理解されるべきことを明らかにすることが意図されていたがために、省察と再帰性を明確に区別しようとした。一方ギデンズは、個人の再帰性よりも、専門家システムの役割を重視するところから、制度的再帰性を中心に置こうとしている。

これに対して「再帰的近代化理論の解釈学的再構築」（Beck, Ulrich, Giddens, Anthony and Lash, Scott 1994=1997: 208）を目指すラッシュは、「行為作用がその行為作用の社会的存在条件に反映し影響を及ぼしてゆく」（Beck, Ulrich, Giddens, Anthony and Lash, Scott 1994=1997: 215）制度的再帰性と「行為作用がみずからに対して影響を及ぼしてゆく」自己再帰性とを区別し、再帰性に認識の次元だけではなく美的次元を加えるとともに、自己再帰性と制度的再帰性の関連に目配りをしている。

ラッシュは、ギデンズとベックの理論の異同を以下のように整理する。ギデンズの場合、制度的再帰性は社会学が根幹を形成する専門家システムを介して、自己再帰性は、心理学や精神分析学が中枢を占める専門家システムを介して生じ、したがって専門家システムへの信頼の問題がカギを握ることになる。これに対してベックの理論は、専門家システムが重視されている点ではギデンズの理論と近似的であるが、専門家システムからの解放と批判が再帰性にとって重要であるとする点では、ギデンズのそれと対照的である。

またラッシュは、ギデンズの理論が社会秩序を重視する立場から、存在論的不安を専門家システムを介して解決する方向を取ったのに対して、ベックは社会変動を重視する立場から、個人化によって可能になった再帰性によって不安や危険を解消し、社会変動を進める方向を選択している、との対照も行っている（Beck, Ulrich, Giddens, Anthony and Lash, Scot 1994=1997: 215-221）。

以上の理解に基づいてラッシュは、再帰的近代化とは何を意味するのかを掘り下げる作業に取り掛かる。その出発点は、再帰的近代化の基本命題、行為作用を構造から「自由にする」をどのように理解するかである。ラッシュはこの命題を、フォーディズムの規則に縛られた行為作用から自らを解放し自由に働くことが再帰的蓄積を可能にすることを事例に取り、その過程は特化する消費、それに対応する弾力的な生産方法、その生産方法を生み出す「融通のきく専門分化」によって可能になると理解する。すなわち企業とその従業員がイノベーションすることがそれを可能にする。そしてイノベーションの普及に対応する形で、知識集約が行われ、知識集約は再帰性を含んでいるから、「異質な労働者の規則によるモニタリングが労働者の自己監視によって取って代わられる」（Beck, Ulrich, Giddens, Anthony and Lash, Scott 1994=1997: 222）という形で自己再帰性がもたらされると同時に、ショップフロアの規則や資源（後者には生産手段も含まれる）が、もはや労働者をコントロールするのではなくて、行為作用にとっての省察の対象になるという意味で、「構造的再帰性」を結果するのである（Beck, Ulrich, Giddens, Anthony and Lash, Scott 1994=1997: 119=222）。

再帰的近代化のこのような理解に立って、次にラッシュは、ギデンズやベックが提起していない、再帰性の構造的条件の問題を提起する。彼は、その条件として、情報コミュニケーション構造という概念を導入する。それは、「全地球的規模に拡がる（情報　挿入筆者）ネットワークと局域的なネットワークが接合された網状組織」（Beck, Ulrich,

Giddens, Anthony and Lash, Scott 1994=1997: 224）のことである[1]。その構造に対する主体のアクセスと、その構造における主体の位置が、再帰性の勝者と敗者を規定するというのである。再帰性の勝者からは、新中間階級が、再帰性の敗者からはアンダークラスが作られてくる。

さてこの情報コミュニケーション構造を通じて流れるのは、知識だけではない。ラッシュは、概念的象徴だけではなく、空間におけるその他のすべての記号（イメージ、音声、ナラティブ）もそこを通じて流れてゆくと考える。したがって、記号の経済が、ミメーシス的象徴の経済が再帰性のもう一つの構造条件と考えられ、彼はこの構造によって支えられる再帰性を美的再帰性と名づけ、認知的再帰性とは区別している。ミメーシス的象徴は、文化産業の知的財産であると同時に、支配的な知識／権力複合体に対する美的批判が普及してゆくヴァーチャルな、またリアルな空間を切り開いてゆく。美的再帰性は、啓蒙主義の流れというよりはモダニズムの伝統に属し、現代社会の「表現的個人主義」の基本原理をなすものであるという（Beck, Ulrich, Giddens, Anthony and Lash, Scott 1994=1997: 248）。

ラッシュは、美的再帰性を提唱するに当たって、認知的、制度的再帰性と区別して美的再帰性を提起することが可能なのかとの疑問（ギデンズ）を想定して、その必要性、重要性を、アートや美的感受性がリフレクシヴになる対象を議論することによって証明しようとした。彼は、生活世界とシステムによる生活世界の植民地化を議論の対象とするが、この問題を考える際に、プラトン主義とは反対に、概念よりもミメーシスを重視したニーチェ、さらにはアドルノの理論に依拠する。とりわけ個別的なものによる普遍的なものに対する批判、「客体」による「主体」の批判を重視するとともに、概念的媒介、抽象的媒介よりもミメーシス的、近似的媒介を重視し、構造と行為作用の複雑な弁証法を重視するアドルノの理論こそ、ラッシュの受け継ごうとするものである。その理論によれば、美的なものは個別的なものの位置にあり、ミメーシス的、近似的媒介であり、「客体のなかに主体の契機を維持している」（Beck,

Ulrich, Giddens, Anthony and Lash, Scott 1994: 137）ものである。こうした理論に基づくアドルノの文化産業、ポピュラー文化分析は、それが単に支配のために役立つものではなくて、抵抗のためにも役立つことを示している。

こうしてラッシュは、認知的再帰性と美的再帰性の異同を以下のようにまとめている。

(1)　再帰性の理論は、日常の経験と関係するかぎり、どのようなものでも再帰的である。

(2)　再帰性の理論は、省察の対象がシステムに向けられる場合のみ、批判的な理論になる。

(3)　美的再帰性は、文化形態に関するものであれ、個人に関するものであれ、ミメーシス的なものである。

(4)　美的再帰性は、日常の経験に対してミメーシス的に作用していく限りにおいて再帰的である。

(5)　美的再帰性は、ミメーシス的媒介の準拠点が「システム」になってゆく場合のみ、批判的になる。

(6)　認知的再帰性は、本来的に批判的にはなっていない。

このまとめは、ラッシュが認知的再帰性と美的再帰性を区別する理由並びに認知的再帰性の理論に批判的であることを良く表している。（Beck, Ulrich, Giddens, Anthony and Lash, Scott 1994=1997: 247-256）

このような形で、認知的再帰性とは異なる美的再帰性の次元を取り出したラッシュは、今度は認知的再帰性、美的再帰性の問題点の摘出に向かう。ラッシュによれば、認知的再帰性の理論は、個人化を前提にして初めて成り立つものであってみれば、その理論が取り扱うリスクは、個人にとってのリスクであり、個人が自分自身で対処するしかないものである。それでは美的再帰性の理論はどうか。美的なものを重視し、美的モダニズムに類似したもう一つのモダニティを考察したバウマンのアレゴリー論、脱構築論も、詳細に検討してみると、カントの『判断力批判』に依拠しながらも美的倫理は、倫理の判断に対する勝利、「主体に対する客体の復讐、つまり、同一性に対する差異の報復」(Beck, Ulrich, Giddens, Anthony and Lash Scott 1994=1997: 262) に終わっており、美的個人主義を脱することができていない。それらの理論においては共通の意味が無視され、「われわれ」に接近することができず、「共同体」の観念に重大な欠陥があると言わざるを得ない。

ここでラッシュが言おうとしていることは、概念のミメーシス的批判、美的再帰性によっては、「われわれ」に至ることはできない、ということである。ラッシュによれば、それに至るには、抽象的な美的主観性から離れること、解釈学の提唱する「真理」を採用し、脱構築主義の方法を拒否することである。認知的再帰性は、計算する主体―コンティンジェンシー、概念―ミメーシス、といったヒエラルヒーを作ったが、美的再帰性はそのヒエラルヒーを作り変え、コンティンジェンシーとミメーシスを包摂したものの、依然として両者は形而上学の宇宙に留まっている (Beck, Ulrich, Giddens, Anthony and Lash, Scott 1994=1997: 268-281)。それでは、そこから脱出するためにはどうしたらよいのか。ラッシュは、行為作用対構造、主体対客体、統制対コンティンジェンシー、概念的なもの対ミメーシス的なもの、といった概念を脱構築するのではなくて、解釈学的に解釈する方途を模索する。こうした解釈は、「『しきたり』、習慣、認知的個人主義、美的個人主義の背景にある実践、の存在論的基盤に接近することを可能にしてくれ、同時に共同体の共有された意味の理解」(Beck, Ulrich, Giddens, Anthony and Lash, Scott 1994: 114) をわれわれに与えてくれるのではないか。

ラッシュは、「私」から「われわれ」を導き出し、個人から共同体を導き出そうとしたハバーマスやチャールズ・テーラーの試みを詳細に検討した。しかしこれらの試みはいずれも、出発点にあったのと同じ「アトム化された抽象的現象」(Beck, Ulrich, Giddens, Anthony and Lash, Scott 1994=1997: 281) に行きついただけで失敗に終わってしまった。その原因はどこにあるのか。ラッシュは、それは問いの中にあるのではなくて、問題の解決のためには「背景的実践のマトリックスの内部に既に位置している自己」(Beck, Ulrich, Giddens, Anthony and Lash, Scott 1994: 153) から議論をはじめる必要があると考えた。ここからラッシュは、ピエール・ブルデューのハビトゥス論に着目する。

ラッシュはまず、ブルデューの再帰性概念を検討する。ブルデューの再帰性は、より意識的、社会学的な実践の前提である「無思想的カテゴリーの覆いを取り去って、体系的に明らかにする」(Beck, Ulrich, Giddens, Anthony and Lash, Scott, 1994: 154)ことである。すなわち、省察を社会構造、制度的ルールに向けるのではなくて、「無思想的カテゴリー」(unthought categories) に向けることである。そうすることによって得られるものは、主体と客体の間のモニタリング関係でも原因―結果の関係でもない、解釈学的に解釈された関係であり、この無思想カテゴリーは、実践的意識の存在論的基盤でもある。この再帰性は、解釈学的再帰性と呼び得るものであろう。またラッシュは、この「無思想的カテゴリー」とは何かを探究し、それがデュルケム＝モースの言う分類的カテゴリーであり、カントの美的判断の視点からすれば「嗜好カテゴリー」(taste categories) であることを明らかにしている。しかもその嗜好は、狭い意味でのそれではなくて、最も直接的な習慣と実践の全領域を含む、「身体に刻み込まれているけれども無思想的な」カテゴリーである。

さらにラッシュは、ブルデューがこの無思想的なものをさらにより一層徹底的に解釈したことを見逃さなかった。彼は、ブルデューが、ハビトゥスを解釈学的カテゴリーではなくて、より一層直接的な解釈学的図式 (schemata) から解釈したことをみて取った。その結果ブルデューは、ハビトゥス、解釈学的図式を、さらに直接的な「性向」(predisposition)、「志向」(orientation) と捉えたことを理解したのである。

こうしてラッシュは、ブルデューの再帰的社会学、解釈学的再帰性が認知的再帰性、美的再帰性が住む形而上学の外に出ていること、主体が生活世界の内部に位置していること、そして真理は概念的でもミメーシス的でもなく、他者のハビトゥスを通じて学ぶもの、共有された実践を通じて明らかになるものであることを確認したのである (Beck,

Ulrich, Giddens, Anthony and Lash, Scott 1994: 155-156)。

かくしてラッシュは、今までの議論を再帰的共同体と自己との関係を検討することによってまとめている。共同体とは、利害や特性やライフスタイルを共有したものを言うのではなくて、意味を共有したものである。再帰的共同体は、人が共同体のなかに生まれたり、それに投げ入れられたりするのではなくて、自らを共同体のなかに投げ入れるものである。それは、抽象的な時空間を超えて拡大してゆくものである。さらにそれは、共同体の創造と再創造という課題を自らに課してゆくものである。そしてそれは、共同体の用具や産物が物質的なものよりは、抽象的、文化的なものになる傾向を持つものである（Beck, Ulrich, Giddens, Anthony and Lash, Scott 1994: 157-163）。

人は、時空間の拡大によって意味が失われている今日、再帰的共同体は可能なのか疑いを持つことであろう。意味の獲得はどのように可能なのか。ラッシュは、この問いに対する回答を与える手がかりを美的次元に求めている。次第に意味を失ってゆく社会的なものという外的領域に代わって、人生を豊かにし意味を作り出そうとする内的領域（G・ジンメル）への着目である。ラッシュは、S・ベンハビブに倣って、「配慮」（care, sorge）に基盤を置く、習俗規範に硬く状況づけられた倫理が、自己を生成すると同時に再帰的共同体を可能にするのではないかと考えている（Beck, Ulrich, Giddens, Anthony and Lash, Scott 1994: 163-168）。

二　もう一つのモダニティ論基礎視角

ベック、ギデンズの再帰的近代化論を批判して、自らの再帰的近代化論の基本的な立場を提示したラッシュの次の仕事は、それを全面的に展開して、従来の再帰的近代化論とは異なるもう一つの近代化論、もう一つの包括的なモダニティ像を描くことであった。それは彼の主著 *Another Modernity, a Different Rationality* (1999) で行われた。この仕事は、「美的再帰性といったものが存在するのであろうか？　私はじつのところそうは思わない」(Beck, Ulrich, Giddens, Anthony and Lash, Scott 1994=1997: 358) といったギデンズに代表される疑問を払拭するためにも、必要不可欠なものであった。

ラッシュは、彼の試みは社会、生活形態を無視する文化理論、文化にほとんど注意を向けない社会学、両者に対する批判であると同時に、その二つに架橋する試みであると言う。

彼は社会学におけるモダニティ論を、モダニティを啓蒙（Enlightenment）から受け継いだデカルト空間―ニュートン時間における合理性の視点から理解し、したがってモダニティを啓蒙主義（Enlightenment）のハイモダニティと捉えていると総括する。他方彼は、文化理論は支配的な人間科学、社会科学のモダニティが「同じもの」(the same) の合理性に内属していて、あらゆる「他なるもの」(otherness) を外部に排除して、それを客体として処理していると理解していることを明らかにしている。換言すれば、文化理論はモダニティを脱構築することによって、「同じもの」の合理性を拒絶して「他なるもの」の反合理性を通してモダニティを理解しているというのである (Lash, Scott 1999: 1)。ラッシュは、以上のような対照的な二つの途を取るのではなく、第三の途、もう一つのモダニティ、異なった合理性に関して語る途を選択している。

次にこの第三の途を進めるために、ラッシュは二つの議論の流れから、それぞれ第三のモダニティのエッセンスを把捉するアイデアを取り出す作業に取り掛かる。

社会学においては、彼によれば、啓蒙主義（Enlightenment）の流れを汲む「同じもの」の合理性、カントの純粋理性に基づく、個別的なものを普遍的なもの、「同じもの」の論理学のアプリオリなカテゴリーに包摂する純粋理性、規定的判断、手段的合理性が支配的である。しかしそのことを踏まえながらも、ラッシュは、ミシェル・フーコーの考察に促されながら[2]、大文字の啓蒙ではないもう一つの啓蒙、小文字の啓蒙（enlightenment）の流れを汲む再帰的、美的判断、つまりあらかじめ決められた規則に従う判断ではなく、省察を行い自ら規則を発見する判断をカントが同様に重視していたことを注視した。そして二つの合理性、二つのモダニティを区別するとともに、再帰性を通じてモダニティのエッセンスを把握することの重要性を指摘している。

ラッシュは､社会学において再帰性が占める位置を､文化理論においては差異(difference)が占めていることを指摘する。彼によれば（Lash, Scott 1999: 4）、差異はアイデンティティ（同一性）と対立的なものと捉えてはならない。それは、現前（presence）と不在（absence）、「同じもの」と「他なるもの」、内部と外部、を媒介する第三項であり、カントの第三批判、判断力批判に属している。当初カントは、第一批判、純粋理性による批判は、「同じもの」の領域を自然科学を用いて、カントの第二批判、道徳的・実践的批判は、「他なるもの」の領域を「まったく不確定なルール」「自由」をもって取り扱うと考えていた。しかし彼は、第三批判、判断力批判、美的判断に至って、完全に規定的なものと全く不確定なものとの二項対立的な理解の不十分さ、全く不確定なルールを用いることの困難さに気づき、判断力批判、美的判断における差異（difference）を前二者を媒介するものとしたのである。それは、非合理性でも反合理性でもない、もう一つの合理性なのである。

以上のようにしてラッシュは、第二のモダニティは社会学的には再帰性であり、文化としては差異であり、それらはすべてがアンビバレントであらかじめ決定することのできない中間的な空間であることを確認した（Lash, Scott 1999: 4）。しかしラッシュはそれと同時に、これだけでは何か足りない、確定的なものが解体され揮発してしまって、それ以上議論が進まないことにも気づいていた。社会学は､既存の社会学の基盤(foundation)を徹底的に批判しつづけてきた。また文化の理論は、ハイモダニティの基盤を徹底的に脱構築してきた。したがって両者がアンビバレンス、不決定性に行きつくのは良く分かる。そこで見失われたものは何なのか。

ラッシュは、この第二のモダニティの見失われた次元を、グラウンド、基礎づけ、根付かせること（ground）の次元と理解する（Lash, Scott 1999: 5）。このグラウンドからみれば、モダニティは、十分ファウンデーショナルではないということになる。たとえばロマン主義においては、コミュニティ、ゲマインシャフトのグラウンドからの批判として様々な議論が展開される。ここでは、「ハイモダンなゲゼルシャフトの空虚な規範は、コミュニティの十分に基礎づけられた、実質的な実践ではない」（Lash, Scott 1999: 5）として拒否される。ここではゲゼルシャフト（社会的なもの）は、あまりにも基礎づけられていない、抽象的なものとみられているのである。かくして、「ニュートン的時間は、出来事のより一層抽象的なもの、グラウンドを欠いたものへと解体・解消されるのではなくて、歴史における過去、伝統、自然の循環的時間の中に再配置される」と考えられる。したがってラッシュは、第二のもう一つ別のモダニティは、伝統的ではなくてモダンなのだが、そこにおいてはじめて「伝統、コミュニティ、場所とは距離を十分にとることができるようになり、議論の中に十分意味ある形で、伝統を取り入れることが可能になった」（Lash, Scott 1999: 5）と考える。

したがってラッシュは、他のもう一つ別のモダニティを明らかにする本書の試みは、コミュニティ、伝統、生活世界、習俗、生活形態、ハビトゥス、身体などの形をとるグラウンドに注目し、それを回復、回収することだと主張する。すなわちモダニティの運命は、永遠に脱構築することと永遠に回復・回収することを同時に行うことであり、他のもう一つのモダニティは、脱構築されてグラウンドを喪失すると同時にグラウンドを回復するという意味で、グラウンドレス・グラウンド（groundless ground）に他ならない。

三　経験の領域の社会哲学的考察

つづいてラッシュは、様々な領域において第二のモダニティの痕跡を発見し、groundless groundを回復・回収する作業に取り掛かる。ラッシュの選択した領域は、空間、社会、経験、判断、客体の五つである。どの領域も興味深く、もう一つ別のモダニティを解明するのに必要なものであるが、ここでは再帰性に最も直接的に関係する経験の領域を中心にして以下みてゆくことにする。はじめにラッシュは、『再帰的近代化』において彼がやったことを次のように説明する。再帰的近代化というアイデアは、再帰性による社会過程の社会的秩序化という契機と、その同じ社会過程がコントロールを通り抜けて秩序化の論理から脱落してしまうという契機、その両者を持ったものであるが、ベックとギデンズは秩序化の契機を過度に強調しすぎている。再帰的近代化は、デュルケムの社会学的実証主義の社会工学的発想とは異なり、アンビバレンス、コンティンジェンシー、脱構築の契機に焦点を置く必要がある（Lash, Scott 1999: 137）。

さてラッシュが経験の領域で行うことは、経験と判断力の理論に関する社会哲学的な考察である。その両者において、再帰性が問題の焦点になる。ここでラッシュの言う経験とは、第二のモダニティに特徴的な思想様式のことである。それは、第一のモダニティの古い「主体—客体」思想様式から根本的に断絶している。第一のモダニティにおける思想が「認知」に基礎を置き、「認識論的」であるとすれば、第二のモダニティの思想は経験に基礎を置き、存在論的である（Lash, Scott 1999: 138）そして「主体—客体」的思想が特殊と普遍の関係を問題にすれば、経験の主体は「単独性」(singular) になる。すなわち「第一のモダニティの普遍的な主体は、特殊を『包摂している』のに対して、単独的な主体性は、特殊を経験し、それと出会うのである」（Lash, Scott 1999: 138）。主体性が単独的であると同時に経験するようになると、それとともに認識論から存在論への移行が起こる。認識論的主体は、古典的な論理学のカテゴリーに従って物それ自体を理解する。それに対して経験する主体は、物それ自体に適切な存在論的構造の視点から物を知ることになるのである。最後にラッシュは、以上のような変化に即して、時間性（temporality）の変化が起こることを指摘する。認識論的主体は、時間と空間の外側にある。その主体は、「均質的なニュートン的時間における原因―結果に従う客体とインターフェースする」（Lash, Scot 1999: 139）。経験する主体は、流れる不安定な時間のなかで働くことになり、経験の主体は、不安定で、移ろいやすく「変成する」（becoming）ものになる。

さて以上のような経験に関して具体的には、アルフレッド・シュッツ（Alfred Schutz）の現象学とポール・リクール（Paul Ricouer）が、また差異を脱構築とは異なるものと理解したジャック・デリダ（Jacques Derida）の哲学が検討される。ラッシュは、現象学において再帰的であるということは存在論に関わることであるのと同様に、デリダが脱構築することによって実証性の外側に出ることは同時に、存在の意味に関わることであり、差異は常に存在論的である（Lash, Scott 1999: 139）、と理解している。

改めて指摘するまでもなく、シュッツの生活世界の現象学はウェーバーの有意味的な行為の理論の再検討をすることを目指したものであった。ウェーバーは、行為の四類型論において、手段的に合理的な目的合理的行為と価値合理的行為の二つを合理的なものと判断し、伝統的行為、情緒的行為を合理的なものとはしなかった。この議論をシュッツなりに言い換えれば、目的合理的な行為と価値合理的行為は再帰的な行為であり、その他の自然的行為とは区別されるということである。ウェーバーにとっては合理的であることによって有意味であるが、シュッツにとっては再帰的であることによって有意味である。二人にとっては、合理性は再帰性と相互互換的であったのである（Lash, Scott,

1999: 140)。

シュッツは、合理的で科学的な観察者を仮定するところから出発していない。彼は直接的な経験から出発し、再帰性すなわち現象学的超越論的還元を働かせることによって、「再帰的態度」、意味に至ろうとする。「直接的な生きられた経験の流れ」は「自然的態度」と呼ばれる。自然的態度において、客体と経験は「不明瞭でぼんやりした影の流れ」のなかで出会い、そこにおいては意味はないか、漠然とした意味しかない。再帰的態度においてはじめて、意味が可能になるのである。このような議論からラッシュは、シュッツがH・ベルグソンやG・ジンメルと同じ伝統に立ちながらも生命というよりも思想の側に立ち、「何故」を問い、原因―結果の関係を明らかにする実証主義の伝統の外側に出て、物それ自体が何であるか「解明」、理解する立場にある、と位置づけている (Lash, Scott 1999: 141)。

もっともラッシュが注意を促しているように、シュッツの還元は科学的方法でも哲学的方法でもない。それは「日常生活における複雑性を縮減して意味を構成する方法」(Lash, Scott, 1999 141) である。自然的態度は、「強い『エゴロジー』、非常に強いエゴの観念」(Lash, Scott 1999: 141) を前提にしている。ここではエゴは、経験から分析的に区別された、すでに経験を構成している「志向的である」ものとして理解されている。すなわち「志向性」においては、すでに志向的に客体に関係づけられていない主体は考えられない。「前再帰的な自然的態度においてさえも、エゴは経験の客体を構成する」(Lash, Scott 1999: 142)。エゴは客体を「アウトライン」「空虚」「印象」「データ」として構成している。エゴはすでに、個別の空間性と時間性をもったI (アイ) なのである。

だとするならば、再帰的態度は一体これに何を付け加えるのだろうか。ラッシュはこの問いに対して、再帰的態度は意味をもたらすと答える。「再帰性の行為が経験を流れの中から救い出し、それを『固定』する」(Lash, Scott 1999: 142)。シュッツによって(もちろんフッサールに従う形で)有意味的な経験を構成するということに対して使われた用語は、

「再帰性」(reflection) ないしは「注目」(attention) である。その上でシュッツは、フッサール現象学の有名な分類法、ノエーシス—ノエマに従って、ノエーシス的再帰的態度とノエマ的再帰的態度とを区別している。前者はエゴが生きられた経験に与える注目の種類（記憶や判断など）であり、後者は経験の客体に向けられる再帰的態度である。

次にラッシュは、現象学において経験の可能性を構成するものが時間性（temporality）であることを明らかにするとともに、再帰性が作動してどのように再帰性が深められてゆくのかそのメカニズムを、シュッツの議論に基づいて解明している。

ハイデッガーと同様に、シュッツは「時間的なアプリオリ」を前提としている。その上で、再帰的一瞥（reflective glance）が経験の意味を他のものからは分離・独立したものとして構成する。すなわち「注目」の「行為」(act) が経験の流れの「諸局面」をはっきりと規定されたもの、したがって意味あるものに変える。さらに言い換えれば、再帰的凝視の横断的な志向性は、経験を不可逆的な流れの持続の中から拾い上げて、「明識」(awareness) を限定する。こうして再帰的凝視によって、凝視の対象と凝視それ自体が分離され、この分離された経験のみが、いつの間にか流れのなかから現れたりそのなかに消えたりすることのない、アイデンティティを持つことを可能にする。シュッツは、「意味はこのような分離された経験によってのみ基礎づけられる」(Lash, Scott 1999: 144) と考えた。もっとも以上のような再帰的凝視は横断的（transverse）なものにはなり得ない。なぜならばそれは、経験の一つのモメント、一つの局面に過ぎないからである。それが横断性を獲得するためには、過去を振り返り、回想し再生産することが必要になる。それができるのは、分離された客体に対してだけである。想起し（remembering）再生産することを通して、凝視は「明識」を精緻なものにしてゆくのである。

ところでラッシュはここで、シュッツがいう経験には、直接的な生きられた経験（Erlebnis）と、媒介された経験

(Erfahrung)の二種類の経験があることに注意を促している。後者は、過去の伝統とか知識によって媒介され、公的なものに他ならない。シュッツはこの二つの経験なしには、いかなる現象学的還元も、現象学的一瞥も、意味も理解も不可能であると考える。媒介された経験なしに、エゴだけでは直接的経験から意味を構成することはできない。エゴは「二重の方向性」を持ち、一方では生きられた経験に注意するとともに、他方では媒介されて経験の構造に注意を向ける。これらが作動することによって、生きられた経験においては、再帰的一瞥が「複数の」印象から「単一の注目」の対象を作り上げてゆく。シュッツは、この綜合によって意味文脈が生み出されると考えた。そしてさらに、多くの多様な行為の経過において、多くの意味文脈の綜合が起こり、それが媒介された経験の客体、「知識のストック」を構成するようになるというのである(Lash, Scott 1999: 147)。

ここでラッシュは、シュッツが「多綜合的な志向性の行為」(polysynthetic intentional act)によって媒介的経験の客体が構成されると考えていることに注目している。なぜならば、そのことはエゴに優位性を与えることを止めて、二つの経験が対峙し間主観的な理解の可能性がある状況から出発すること意味しているからである。シュッツのこれまでの思考は、エゴの現象学から実践の社会学への移行を可能にしている。ラッシュは、シュッツが媒介された経験を「経験のスキーム」(Lash, Scott 1999: 148)と呼んだことを指摘している。それによってエゴは、客体と直接的経験の「解説」(explication)を提供する。それは何故を問題にする説明とは異なり、何(what)を記述することである。この「解説」はシュッツが「理解」(verstehen)を再考する際にテンプレートを提供することになる。

ラッシュは、現象学が理解の問題を解明するアイデアをあまり持っていなかったために、シュッツはW・ディルタイ(Wilhelm Dilthey)の解釈学やM・シェーラー(Max Scheler)に依拠しつつ、それらのアイデアを現象学的に再解釈して、理解の問題を解明しようとしたことを指摘している。問題は、エゴが客体ないしは物をいかにして把握するかという意味の問題ではなくて、エゴが他者といかに関わるかである。この問題には、再帰的態度ではなくて自然的態度が関わり、「記号の非常に強い媒介」（Lash, Scott 1999: 149）が重要になる。

ラッシュによれば、シュッツにとっては「私は、過去における私の生きられた経験を観察できるだけであるが、私はあなたのそれを現在観察することができる」（Lash, Scott 1999: 150）と言う。この同時性こそが、間主観性、理解の最も単純な形態である。ここでシュッツは、直接的な生きられた経験について語るのではない。彼は生きられた経験が「背後知識のわれわれ（we）や媒介された経験のストック」によって先行されていることに注意を向けている。それが解釈学的、記号論的コードになって、私の志向的行為をあなたの生きられた経験へと向かわせる。これは、経験の流れのマッチングではなくて、背後知識、経験のストックや文脈のマッチングである。こうしたマッチングが上手く進めば進むほど、真の理解が得られるとシュッツは考えたのである（Lash, Scott 1999: 150）。

これまでの行論からもわかるように、シュッツの意味や単独のエゴに関する議論においては、記号は全く問題にならなかった。間主観性、理解が問題になると、記号が導入される。なぜならば、間主観性においては「私のエゴによって、私の直接的な経験があなたの直接的経験とマッチされるのではない、そうではなくて、私の直接的な経験と記号に表象された他者の経験がマッチされる」（Lash, Scott 1999: 151）からである。シュッツは他者の経験を象徴的なものとして捉えていた。

ラッシュによれば、シュッツは特別な解釈図式（記号―客体、意味された客体、記号システム）を使用して記号を解釈するとともに、記号の機能に着目して、記号の表示的機能と記号の表出的機能とを区別した。前者は客観的な意味の綜合に奉仕し、後者は主観的意味の綜合に働くものである（Lash, Scott 1999: 151）。間主観性を帰結するのは、原則として主観的意味の方である。それは、他者の経験を私が把握することを言う。「私は私の経験と他者の経験をリンクする多綜合的な行為によって他者の経験の意味を構成する」(Lash, Scott 1999: 152)。ここにおける経験はユニークなものであって、繰り返すことのできないものである。

次にラッシュは、「現象学と構造ないしは秩序の問題を結びつけたものは何か」と問い、それは一九二〇年代から四〇年代にかけてドイツで影響力を持ったシェーラーやA・ゲーレン(Arnold Gehlen)などの哲学的人間学であったとしている。哲学的人間学は、人間の不変の構造を明らかにすることとともに、人間の創造性と秩序形成の可能性の関係を主要問題の一つとしていたからシュッツにとって興味深かったことは想像に難くない。

ラッシュは、シュッツがシェーラーと彼の「社会性」(sociality)の観念に導かれて哲学的人間学に接近したと理解している(Lash, Scott 1999: 153)。この社会性観念は、人間の変わらぬ構造であり、再帰的I(アイ)の条件・基盤であって、創造性をもたらすが、同時に人間の苦悩に対処することを動機として、秩序をも生み出すものである。それはシュッツの「われわれ」(we)に限りなく近い。シュッツは、後にこの社会性を「生活世界」と言い換えた(Lash, Scott 1999: 154)。

ラッシュはシュッツとともに、シェーラーの現象学には、間主観的な経験の現象学的還元が「何故」を問題にすることにとどまり、客観的な意味の実証主義的な解釈に終わってしまう「緊張」、問題があることを見て取った。現象学が「如何に」を取り扱い、経験の主観的意味を解明するところまで至りついていないと言うのである。ラッシュは、現象学のこの緊張、問題を克服するためには、解釈学(hermeneutics)が必要になると主張する。

ラッシュによれば、解釈学は「哲学的人間学によって持ち出された、しかし現象学やブルデュー、H・ガーフィンケルのような『実践』の理論家のヴィトゲンシュタイン的前提によっては看過されてしまったもう一つの次元を開示してくれる」(Lash, Scott 1999: 154)。哲学的人間学は、この問題を「未完の身体」なる概念によって提示した。人間は、未完の身体なるがゆえに、環境に適応するだけでは生きられない。そこで、文化、制度、言語を媒介にして、環境を作り変えざるを得ない。そうすることによって人間は、未完の身体なるがゆえに、今度は作り出された「世界」によって苦しめられ、苦痛を与えられることになる[3]。

これまでの議論から明らかなように、文化や言語は、経験の客観的な意味と経験の主観的な意味を可能にする。しかしラッシュによれば、客観的でも主観的でもない第三の型の意味がある。人間はその身体の未完成によって、その第三の意味に開かれている。ラッシュは、その意味をJ・ジョイス（James Joice）の「閃光《エピファニー》」（Lash, Scott 1999: 155）[4]にあたると考える。それは詩や宗教や政治に現れ、規制的でない概念であると言う。この第三の意味が、解釈学の中心的なイシューに他ならない。

ラッシュは最終的にP・リクールに行きついている。フッサール、ハイデッガーと並んで大きな影響力を持ったヴィトゲンシュタインを検討してみても、理解を十全な形で解明しているとは言えないと判断したためである。フッサール、ハイデッガー、論理実証主義、ヴィトゲンシュタインにしても、何らかの認知の形態を優先してしまっている。その究極的原因は何か。ラッシュは、それを彼らが身体の問題を無視したことにあるとする。リクールだけが身体的なものまで下りて行ったと判断している[5]（Lash, Scott 1999: 158）。

ラッシュは、リクールの有限性の考察が、第一義的には間主観性に向けられず、「世界における我々の個別的な、身体的な存在様式」（Lash, Scott 1999: 158）に置かれていることをみて取った。ここにおいては有限性の身体的なものの極は「知覚」に関わっており、無限性の極の超越的なものは、「意味作用」（signification）に繋がっている。そして知覚の活動においては身体は世界に開かれ、他方意味作用においては、我々は世界に閉じ込められるのである。ラッシュは、リクールの有限性の理論は「実存」（existence）の理論であり、リクールはサルトルの実存観念を作り変えようとしたことを明らかにした。リクールにとっては、フッサールに出会うことによって、実存は生命になり、世界内存在になり、生活形態を問題にする表層解釈学（ヴィトゲンシュタイン）ではなくて、存在の意味を考察する深層解釈学になったというのである（Lash, Scott, 1999: 158）。

ラッシュは、リクールが意味を構成し、意味作用を前面に押し出すために、自然的態度の生命（生活）を否定する、あるいは抽象化することから始めていることを、すなわち強い超越論的志向性に基盤を置いていることを確認する。意味作用は、行為（act）のなかで起こる。行為においては、記号の象徴空間と物とが切り離され、その間に空虚な空間が作られると同時に、記号と物とが関係づけられる。したがって日常生活は、意味作用の無限の行為を含んだものである（Lash, Scott 1999: 159）。そこにおける「記号の象徴空間」にわれわれが入ってゆくためには現象学におけるエポケーに類似したものがなければならない。

要するにわれわれは、我々自身を存在として把握するためには、無限性の位置を取らなければならないのだ。われわれが他者との関係においてわれわれ自身をみるこのアルキメデス点がなければ、われわれは自分自身を有限な存在として捉えることはできない。「物は私に一つの観点から与えられる」ということを、われわれは理解しなければならない。しかし人間は有限な存在であるから、様々な観点によって、物の様々な面が与えられることになる。これだけでは物それ自体を捉えることができない。この問題を解決するためには、われわれは「知覚の志向性」から「意味作用志向性」へと移行しなければならない。リクールは、解釈学は有限性の理論ではあるものの、解釈学が可能であるためには、どこかに無限性の契機がある、と考えたのである（Lash, Scott 1999: 159）。

ラッシュによれば、リクールにとって人間は無限でも有限でもあり、意味を構成することも、経験することもする。しかしわれわれの意味作用する自然、無限は、「有限や前―述語的志向性」から十全に導き出せる（Lash, Scott 1999:

159）ものである。そこでリクールは、フッサールの「転回」を、「現象学的意味作用から解釈学的展開」への変化と捉える。したがって『イデーンI』は、言語学的平面から知覚の平面への変化と捉えられる。換言すれば、現象学的分析は、述語化された客体の記述から前－述語的客体へのエゴ志向性をみることへと転回した。フッサールは客体の意味を、術語の一般的、論理的レベルと特殊な心理的レベル両者を含むものとして考えたのだ。だからそこには、表現の理解、論理的表象だけではなくて、恣意的な表象の展開、解釈が含まれている。

こうしてリクールはフッサールとともに、意味の問題に時間性を導入した。時間性に開かれることは、知覚的イメージの流れ、継起に直面することでもあり、意味を確定するためには、考察の時点で時間を固定し、時間性の流れのなかから「有意味的な述語」を抽象しなければならない。結果として彼は、真理、記述に重きを置く現象学よりも、「自己展開」（self-explication）を重視する現象学に行きついた。現象学的記述は「存在論的展開」になったのである（Lash, Scott 1999: 160）。

つづいてラッシュは、リクールの身体的存在論においては、人間は有限性の極と無限性の極の間に宙づりにされた創造物と考えられ、有限性は身体的存在様式すなわち知覚、無限性は超越的なもの、意味作用と考えられている、ことを明らかにしている。要するにリクールの有限性の理論は、実存の理論であり、実存は生命、生活と捉えられているのである。知覚と意味作用は、身体と世界を媒介する二つの様式に他ならない。身体は意味作用を通じて生産し、知覚を通じて受容する。生産することによって、身体は開かれ、その内部を外部に披瀝する。また受容することによって、身体は抑圧や苦痛にさらされる。また身体は私の意志に一連の力を与える。身体は、内存在の様式、「世界の凶暴性の中に投げ出された自分を発見する様式」（Lash, Scott 1999: 161）である。したがってそれは、ムード、情緒、苦悩だと考えられている。われわれはこの身体を通じて、二様の志向性を持つ。われわれは、何かをする意志であると同時に、生きる有限的な意志である。一方ではここに無いものについて話し、意味を与える力を持つと同時に、他方では特殊なものの現前をみる力を持っている。

ラッシュによれば、リクールの知覚の前―述語的流れは、無意識の経験の流れであり、意味は「欲望のセマンティクス」によって与えられ、「象徴」を通じてアクセスすることができるものである。これらの象徴は、論理的にロゴスによってではなく、アナロジーによって「ビオス」を通じて図像的に意味作用を行う。ここで使われる精神分析は、前―述語的な象徴的客体の分析者と被分析者の間の対話を通じて「展開」を解釈学的に捉えようとする試みである(Lash, Scott 1999: 161)。

ラッシュは、リクールの解釈学の身体の次元は、ハイデッガーの「実存」と同種類のものであるとみなしている。リクールの実存や存在の考え方は、彼のJ・P・サルトルの『存在と無』批判に良く表れていると言う。フッサールの意味作用における有限性の超越が否定の問題であるならば、サルトルの実存主義は、この否定の否定である。ここで注意しなければならないことは、この否定の問題には、否定したものを評価する「価値の問題」が内在していることに留意することであろう。フッサール=デカルトによっては、無限は一つの存在であり、存在における「過誤」と考えられる有限性は、より多くのズブスタンスを持つ無限性よりも少ないズブスタンスしか持っていない。そこでこれを否定するサルトルは、有限性、過誤が無であり、それが自由の領域だと考え、しかも有限性を「抽象的価値に反対するもの」として支持してしまった。結果としてサルトルは、意図に反してあらゆる価値に反対してしまった。こうしたサルトルを批判して、リクールは「私が私の有限性、コンティンジェンシーの苦悩、死を反省する時、第一義的な肯定が、存在を激しく求める形で、私の中に湧き上がるのである」(Lash, Scott 1999: 165) と考えたのである。

四　差異

さて今度は文化理論における差異の問題を検討する番である。ここではジャック・デリダの差異の議論が検討の組上に乗せられている。まずラッシュは、なぜそれが必要不可欠であるかを、本書の議論の構造を再提示する形で、以下のように説明する。第一のモダニティの社会理論は、マルクス、デュルケム、ウェーバー等、いずれにしてもカント的な認識論に捕えられており、実証主義的、客観主義的である。それに対して第二のモダニティにおいては、合理性は再帰性と理解され、社会理論、少なくとも文化理論においては、カント的認識論を超えようとする点で、ポスト・フッサール（Lash, Scott 1999: 169）である。まさにデリダがフッサールとどこまで同じで、どうして、どこから差異、差延の問題に取り組んだのかが吟味されなければならない。

周知のようにフッサールは、あらゆる学の基盤となる理念的客体を、知覚や経験にまで立ち帰って基礎づけ直すことに取り組んだ。しかしこの作業は困難をきわめた。なぜならばフッサールは、有限の全体性を逃れて、「無限の全体性」、根源的な構造に到達しようとしたが、究極的な構造と思われたものは、分析が進むにつれて、もっと根源的な何かによって構成されたものでしかなかったことが明らかになったからである。

デリダの作業は、フッサールのこの過程の確認から始まった。フッサールは、無限性に開かれようとして、構造主義の有限的全体性を批判した。この点ではデリダは完全にフッサールに同意できる[6]。しかしここからフッサールとデリダの間には微妙な差が表れてきた。

ラッシュは、デリダが知識や経験の観念を議論する場合には、「有限な主体のポジションを物質性によって超越する」（Lash, Scott 1999: 175）ことを確認する。すなわちフッサールは、主に「超越論的意識」の活動によって、意味は構成され、その意識の外側においては、何も知ることはできないと考えたのに対して、デリダは「質料」(hyle)、実在的要素(言語、文字)を通じて有限な全体性から脱して真理への道を開くことができると考えたのである。

もちろんこうして到達した真理は、ラッシュがデリダを解釈しながら言うように、物それ自体の知識ではなく、「客体の物質的な側面の」知識である。しかし物の知識であることには間違いはない。それは、物それ自体の「影」「痕跡」であると、デリダは考える。

ラッシュは、デリダが一貫して、フッサールの意識の観念をモデルにして、現前の形而上学の脱構築をやりつづけたと理解する。単純な現前が問題なのではない。デリダが問題にしたのは、現前は常に「自己現前」を、すなわち「意味や感覚が『前―表示的な』形態の知識」(Lash, Scott 1999: 176) をもたらしてしまうからである。そのためにデリダは、超越的なシニフィアンではなくて、超越的なシニフィエに反対しつづけた。前者は世界内在的、日常的なものであり、後者は理念的なものである。後者は、媒介する物質なしに、直接的に表象してしまう。後者においては、「外的世界における客体への準拠がなされる前に、いち早く知識が生産されてしまうのである」(Lash, Scott 1999: 176)。ラッシュは以上のような議論を受けてここでの結論を以下のように下している。デリダとフッサールは「意識の有限性の外側における知識の可能性」という問題を共有し、フッサールはその課題を還元を通じて果たしたと考えたが、デリダはフッサールによってはその課題は果たされてはおらず、現前に捕えられていると判断し、差異こそがそこから脱出する唯一の途と考えた。

そこでラッシュは、脱構築における差異について検討を深めてゆくことになる。ラッシュは、*La Petit Pobert*[7]には differ に焦点を置く項目と defer に焦点を置く項目の二つがあることを見出す。前者は同一性 (identity) の反対語の差異を意味する。後者は同一性の反対語ではなくて、今何かをする、あるいは何かが起こることを意味する。それでは両項目を統一したdifferは何を意味するのか。ラッシュは、それは「同一性にたいする反対というよりも、『現前』に対する反対」(Lash, Scott 1999: 177) すなわち「空間的」現前と時間的現前に対する反対を意味していると判断した。現前も差異も差延の意味では時間性の類型であるが、意味作用の秩序においては、差異は空間的である。

ラッシュは、まず時間的な差異を考察している。それによれば[8]、時間的差異には以下の三つの意味がある。第一の意味は「迂回」である。これは、記号と時間が同時に導入され、「意志」の遂行、現象学的還元が一時延期されることをいう。この迂回は常に記号を通じて行われる。したがって記号は、物それ自体がそこにあるまでは「延期された現前」である。

時間的差異の第二の意味は、「シニフィアンないしはエゴの不透明性が、エゴと客体の間、あるいは一時的にエゴにとっての客体の場所」(Lash, Scott 1999: 178) から来ない場合である。これは記号や痕跡が、プライオリティの問題というよりは歴史的に、エゴや客体の前にあることを示している。ここでは差異は、痕跡の「ネットワーク」あるいは「集合」である。ここでは、言語や様々なコードは、差異の属性として歴史的に構成される。

時間的差異の第三の意味は、「過去性」(pastness) である。これは伝統といった事実の問題ではなくて、「点光源」(source point) といった意味での過去である。たとえばハイデッガーの存在は、そのはるか以前に生成の原点があったはずであるが、それは存在の時代にならないとはっきりと表れなかった。そうした意味で、痕跡=過去性を手掛かりに、フッサールのエゴがみえてくるのである。

ラッシュは、以上のような三つの意味での差異なしには、直接的な現前化 (presentation)、提示はありえても、表象 (re-presentation) はありえないことを確認している。なぜならば、現前化はシニフィアンなしのシニフィエの現前化であって、時間的還元、差異によって、直接的な経験から意識へと到達しなければ、エゴが再帰的に直接的経験を括弧に入れて意識に到達することはありえないからである。そしてラッシュは改めて、フッサールやラカンの意識の哲学は、理念的客体の外側の物質性を欠いており、問題を抱えていることを確認している。すなわちデリダは、痕跡のなかに外的物質性をみて取ろうとしたのである。

以上の理解に基づいてラッシュは、デリダがフッサールの時間論の問題点を徹底的に批判していることを確認する。フッサールは、時間を「『生ける現在』、厚みのある現在、つまり過去把持を伴う運動が未来に次々に進展していくこと」[9]と捉え、過去把持（retention）と回顧（recollection）を区別しているが、そうした区別は成り立たない。あらゆる記憶は過去にあり、それは直接的な現前化には与えられていない。したがって過去把持は「空間的広がり、あるいは物質性を持たない」（Lash, Scott 1999: 180）。実体も持たない。それは、表象の脱構築を経てはじめてアプローチできるものである。これがデリダの生活世界現象学の根底的な批判だった。

つづいてラッシュは、デリダがフッサールの認識論的立場を明らかにするためにフッサールが『幾何学の起源』で行った記号の現象学的還元の過程を取り上げ、それを検討することによって、デリダの差異がいかなるものであるかをより一層明らかにしようとした。

ラッシュによれば、デリダはフッサールの記号の現象学的還元において三種類の記号が区別されていることに着目している。一つは「指標的記号」（indicative sign, Anzeichen）であり、もう一つは「表現的記号」（expressive sign, Ausdruck）であり、三つは「音声的記号」（phonic sign）である。指標的記号は、痕跡、現実存在の印であり、シニフィアンの優位を前提にしており、かつまたいかなる理念的な内容を持たないという意味で無―意味なものである。表現的記号は、現前の意味作用である。音声的記号は、声あるいは会話と結合した記号である（Lash, Scott 1999: 182）。

デリダは、フッサールがこれらの記号をどのように還元しどこに至りついたのかを詳細に読み解いた。ラッシュはその過程を以下のように整理する[10] (Lash, Scott 1999: 183-188)。

(1) フッサールはまず、記号から「指標作用」を還元する。それは世界内の現実存在だからである。

(2) 「指標作用」を還元して得られる「表現」は、しかし、依然として表情や身振りというような「態度」の指標作用に取りつかれている。したがって次に、この指標作用をも還元しなければならない。態度の指標作用は、意志的な意味を欠いており、どうしても指標的にならざるを得ない。

(3) 次にフッサールは、「表現」から「伝達作用」「表明＝告知作用」を還元する。それらは他者との関係を前提にしているために、「他者の経験の現前性が、われわれの根源的直観に対して拒まれ」(林好雄 2002=2006: 329) どうしても指標的にならざるを得ない。

(4) こうして実在的世界と他者との関係を還元した結果、「孤独な心的生活」において、純粋な「表現」の層が現れる。しかしこれは、フッサールの還元の終点ではない。なぜならばこの層は、非生産的な媒体であり、さらにその下層にある「前表現的な層」を反映しているにすぎないと考えられるからである。

(5) フッサールは最終的に、表現の層、記号全体を還元して、もうこれ以上還元することが不可能な「前―表現的な意味の層」にたどり着いた。それは、「客観的で論理的な意味の『自己―触発』的発生の場」(林好雄 2002=2006: 130) と考えられている。

しかしデリダは、フッサールの還元が分析的に以上のような過程として考えられたとしても、記号がそれぞれ表現と指標作用の機能を持つ二つの側面を、経験的にも還元された後にも持ち、それらが「からみ合」(Derrida, Jacque

2003=2005: 189）っているのだとフッサールを批判する。表現と指標作用は還元不可能だと言うのである。フッサールは、記号を「表現の純粋なエッセンス」にまで還元しているのだが、そうすると客体の経験的外部などはありえないことになる。フッサールは、主体間のコミュニケーションよりも「単一のメンタルな生命」―それが還元と意味構成が起こる場所―に特権的地位を与える。デリダは、「単一のメンタルな生命」を批判することによって、いかなる経験的客体もなしに還元が起きるとするフッサールを批判したのである。

こうしてデリダは、「不在と現前のマージン」「表現と指標作用のマージン」（Lash, Scott 1999: 184）にある差異のスペースを切り開いた。それはフッサールよりも経験的であり、大きな成果である。もっとも、デリダは客体の第一義性というよりも記号の第一義性を、主張していることには注意が必要である。デリダは、客体の本質を認めなかった点では確かに経験的であったが、経験的客体というよりも、記号の経験的、物質的側面を重視している。彼は、意味、経験、知識の可能性の条件として、物質の「最も一般的なビット」、痕跡を重視したのである。

ラッシュは、フッサールとデリダが切り開いたこの差異の場を、自然的態度の受動性でも再帰的態度の活動性でもない、両者を媒介する媒介スペース、中間的な声であると結論づけている。

こうしてラッシュはようやく、第二のモダニティにおける経験の問題に結論を下せるところまで到達した（Lash, Scott 1999: 189-193）。ラッシュの結論の第一は、デリダの哲学が差異を超越論的なものと理解するのに対して、社会学者として、「後期近代の経験、主体性、意味の条件」「もう一つのモダニティのパラダイム」（Lash, Scott 1999: 189）として考えたいということである。

ラッシュの結論の第二は、デリダの差異論の重要性は認めたうえで、差異論が現象学的還元以上に超越論的であるということである。ラッシュは、差異論とground の理論を対比し、前者が「上方に」脱出の方途を探したのに対して、後者は「下方に」脱出の方途を求めたと言っている。第一のモダニティにおいて既にgroundの解体が始まっており、groundless groundを探し求めるのが第二のモダニティの課題だと考えたラッシュにとっては、デリダの差異論の到達点は、いささか期待外れのものだったのだろう。

ラッシュの結論の第三は、この差異の領域がグローバルな情報社会の出現によって吹き飛ばされて無差異を作り出してしまったことである。ここから、ラッシュは情報批判論、情報社会における新しい批判理論の構想、新しい文化論の構築という課題を抱え込むことになった。

五　判断

さてラッシュがこれまでやってきたことは、「第一のモダニティにおける主体は原則として認識主体であったが、第二のモダニティにおいてはそれが経験する主体へと変化した」(Lash, Scott 1999: 199) ことを指摘し、その経験とはいかなるものかを明らかにすることだった。しかし第二のモダニティの主体は、経験するだけの主体ではない。それは判断する主体でもある。そこで、ラッシュの次の課題は、この判断する主体の解明でなければならない。

ラッシュがここで最初にやったことは、I・カント (Immanuel Kant) が『判断力批判』で行った「規定的判断」と「反省的判断」の区別に依拠して、認識的主体と判断主体の区別、前者からの後者への移動の問題を明らかにすることであった。

ラッシュは「規定的判断」を「一つの現象を、一つの概念、一つのルールの下に包摂する」(Lash, Scott 1999: 199) ことであり、それに対して「反省的判断」は「客体、出来事、現象が理論的知識のカテゴリーをはみ出してしまう」(Lash,

Scott 1999: 199）場合に行われるものであるとした。後者の場合、ルールはあらかじめ決められたものではなくて、発見されなければならず、そこに「嗜好の美的判断」（aesthetic judgement）が含まれてくるのである。

さらにラッシュは、反省的判断の基本的特徴を規定的判断と対比しながら以下のように明らかにしている。規定的判断は、「同一性思考」、「技術」、「道具的合理性」、第一のモダニティの「抽象的デカルト―ニュートン時空間」と相即的なものである。これに対して反省的判断は、第二のモダニティにおける社会―文化理論のエンブレムであり、その痕跡はアドルノのミメーシス、デリダの差異、ハイデッガーのポエシス、M・ウェーバーの責任倫理、ベルグソンやガダマーにおける時間性を告げるものである。また規定的判断は、生き残りや安全を目指して無限のものを求める人間像を思い起こさせるが、反省的判断は規定的判断の概念的カテゴリーの上方ないしは下方にあり、概念的知識の限界を突き破って不決定性の過剰へ至りついており、そこからグラウンドを攻撃するものである。それは、「一連の基本的で物質的な実践や出来事や経験の構造や特質に対する関心に導入される」場合それ自体グラウンドでもあり、「グラウンドなきグラウンド」とも言える（Lash, Scott 1999: 200）。

ラッシュは、カントが美的批判において意図したことは、架橋することが難しく思われる理論的理性と実践的理性とを架橋ないしは媒介することであり、この文脈においては、反省的判断は以下のような意味で「部分的に規定的」であると考える。純粋理性批判においては、現象を概念あるいは「理解」のルールによって把握することが可能である、すなわち完全な規定性と客観性が前提とされる。これに対して実践理性批判においては、「行為」（acts）が道徳的であるかどうかが問題であり、したがってそれは、理解の論理的なカテゴリーによって判断されるのではなくて、「根底的に不規定的で」、「理解ではなくて、言表の真理条件の観点からは規定することのできない『理性』の領域の「脱身体化された観念」（Lash, Scott 1999: 200）によって判断される。この観念は十分に不規定的である。しかしそれは論理的意味が問題ではなくて、「実存の意味―マトリクス」が問題である。反省的判断は、これと同種のものを問題にする。この意味で、反省的判断は部分的に規定的と言える。

批判的哲学の歴史は、規定的判断を全領域に広げようとする立場と客体や出来事に関して規定的判断など成り立ち得ないとする立場の対立によって貫かれている（Lash, Scott 1999: 201）ことにも言及しながら、ラッシュはカントが両極端の立場を排するとともに、厳密な境界によって画された妥当な知識の領域があると考えていたことを指摘する。カントはそれを、「綜合的なアプリオリな判断」と呼んだ。ここで言う「綜合的」というのは、「分析的」に対して言われているのであり、分析的判断がトートロジーで新しい知識をもたらさないのに対して、新しい知識をもたらし、現象のみならず他のルールにも適用されるものである。しかしカントにとってより重要なものは、アプリオリな判断である。それは、「必然的で普遍的な原則」に基づいた判断のことである。アプリオリな判断は、ある人々にとっては真実であっても、他の人々にとっては真実ではない「経験的、心理的なもの」を超えたものである。カントは、生活のごく限られた領域において、アプリオリな、普遍的な言表が可能であると主張した（Lash, Scott 1999: 201-202）。

次にラッシュは、判断（言表、命題）と判断「能力」の区別がきわめて重要であることを指摘する。カントの三批判は、すべて前者に関わるものである。その中で第三批判の美的判断だけが判断の能力あるいは力（powers）の問題を取り扱っている。なぜそれがカントにとって重要なものなのか。それは、判断能力、判断力が言表を生産し、綜合する能力、力であるからである。またラッシュは、カントにおける様々な判断能力、判断力を(a)想像力（直観の力）、(b)理解、(c)理性、の三つに整理している（Lash, Scott 1999: 202）。

つづいてラッシュは、それぞれの能力は、それぞれ別の異なった種類の判断を綜合することを指摘する。想像力は判断だけではなくて表現（presentation）、表象をも綜合する。理解は認知的、理論的な判断を綜合する。理性は道徳的、倫理的判断を綜合し、カントの言う反省的判断を通じて、これまたカントの言う「嗜好の美的判断」を綜合するのである。さらにラッシュは、これらの能力はすべて、自己の内部に綜合のルールを持ったアプリオリな、超越的な能力、力であり、経験的、心理学的な力ではないことに注意を促している。だとするならば、それらの力は個々人の心理に位置するものとは限らない。だからカントは、一方では超越論的な論理、美学、分析、弁証法を導入する。カントは、前者によって有限な認知が得られ、後者によって物それ自体が認知されると考えたのである[11] (Lash, Scott 1999: 203)。

ところでラッシュは、改めてカントがモダニティの原則を提示した人文科学におけるコペルニクス的革命の担い手であったことを確認すると同時に、その文脈からすると判断は神の知性の産物ではなくて、人間の知性の産物であることを確認する。すなわち判断するということは、知る主体が「現象を規定し、どのような条件の下でその規定が妥当なのかを評価する」ことである。理性は正当な評価を行う。なぜならば、それだけが「理性が何をもたらすのかを見ることができる (Lash, Scott 1999: 204) からである。そこでラッシュは、古典的、伝統的、神的知識とカントの知識との違いを、前者にはアポリアが無いこと、また前者は実践に対してきわめて小さな役割しか与えていないことに求めている。したがってラッシュは、カントの「判断する」ことを、人間の実践が神の知性に取って代わり、人間の主観の割合を大きくして神の考察の部分を小さくし、次には人間が作り出したものを人間の基準、価値によって評価し、最後にはそうした判断の限界を自分自身で判断することである、と理解している (Lash, Scott 1999: 204-205)。

以上のようなことをやったのがカントの三つの批判だった。しかしラッシュは、カントが判断の限界を評価すること、理性の限界を解明することに十分踏み込んでいなかったことを批判する。確かにカントは、第一批判においては「背理」やアンチノミーを論じている。また第二批判は、理性の限界の超越が取り扱われている。しかしラッシュによれば、この第二批判は、必然の領域ではなくて自由の領域を問題にしているのであるから、「仮説的に、実体と現象の領域を同定している」(Lash, Scott 1999: 205) に過ぎない。

ラッシュは、カントが理性の限界を、一連のアポリアにおける「持続的なアンチノミー状態」とするにとどめていると判断し、それでは不十分だと批判する。ラッシュは、その不十分さは現代の社会科学の状況に照らしてみれば明らかだと言う。カントは第一批判を踏まえた社会学的実証主義と、第二批判を踏まえた解釈学、構築主義に引き裂かれて、解釈学の方向へもヘーゲル的な和解の方向へも動けないのではないか (Lash, Scott 1999: 205)。いや事態は更に悪化する可能性大である。批判が「背理」「因果的継続のルール」にまで遡及されているために、無限後退が始まり、結果として批判の始まりが条件を持たない領域、理解の領域を超え出てしまうことになってしまうのである。その結果、批判が条件づけられないものという起源にまで行きついてしまい、「理性の把握することのできない観念が、(認知的)理性のグラウンドである」(Lash, Scott 1999: 206) ことになってしまっている。理性はそのグラウンドを知らなければならないが、どうしてもそれを知ることができない。したがってアポリアは、理解と理性の間にある。

そこでラッシュはもう一度、判断力とは何か、美的判断力とは何かを考察することになる。カントは判断力を「特殊を普遍のもとに含まれているものとして考える能力」(Kant, Immanuel 1780 (=1964 下巻三六)) と定義しているが、ラッシュはそれを、そうするためのルールを探求するものであると言い換えている。

周知のように、判断力には二種類のものがある。一つは、知性によってもたらされるアプリオリを使って、特殊を普遍に包摂する規定的判断力である。もう一つは、特殊だけが与えられていて、その特殊に対する普遍を探し出そうとする反省的判断力である。当然のこととして、普遍を探し出すという、より困難な仕事をする反省的判断力が考察の主要対象にならざるを得なかった。

反省的判断は、さらに二つのカテゴリーに分けられる。一つは目的論的判断であり、もう一つは美的判断である。

前者は自然の秩序を可能にする自然の目的においてアプリオリな原理を見出そうとするものであり、後者は「快、不快において」「趣味」においてアプリオリな原理を探し出そうとするものである。この二つのカテゴリーは全く関係がないようにみえるが、自然の合目的性、美的判断の合目的性、合目的性において両者は密接な関係にある（Lash, Scott 1999: 207, 中山元, 2013: 189）。

ラッシュは、この嗜好の美的判断を以下のような七つの階梯を持つ過程であると理解している（Lash, Scott 1999: 208）。

(1) 一つの対象が時空間の諸形態を通じて想像力の直感力と出会う。

(2) 想像力は、この出会いから表象を綜合することができたりできなかったりするが、いずれにしても即座には表象を理解のルールのもとに包摂しない。そこで判断力はそのルールを探す。

(3) 包摂のルールがないために、判断力の判断は、客観的ではなくて、主観的である。

(4) 一つの媒介的力として判断力を積極的に求めてゆくことは、想像力、理解、理性を調和的構成あるいは衝突的な構成にする。

(5) この調和あるいは衝突は、快と不快、快ないしは不快の感覚（feeling）を帰結する。こうした感覚こそが判断である。したがって、力としての判断が感覚としての判断を作り出すのである。

(6) そうした判断は主観的なものであるにも関わらず、普遍的に妥当であると主張される。

(7) そのような主張がなされるのは、それが客観的な妥当性を持つからでも合理的な議論だからでもない。それは、(a)理念化された地平ないしは共通感覚を経由するからであり、さらには(b)嗜好の美的判断の客体が理性の普遍的な観念によって動機づけられたものだからである（Lash, Scott 1999: 208）。

ラッシュは、こうしたすべての嗜好の美的判断が様々なアポリアの領域に架橋することに失敗することがあらかじめ分かっていたことに注意を促しながら、カントがさらに嗜好の美的判断を、美の判断と崇高の判断とに分けたことを追跡している。ラッシュは、美の判断過程のメカニズムを以下のように理解する（Lash, Scott 1999: 209）。直感された現象が想像の力の下に置かれ、想像のシェーマを使って直感の自由な綜合が行われる。こうした綜合は、与えられた表象を包摂するあらかじめ決められたルールを持たない理解に、表象を提供する。すると判断はルールを探しに行く。そして判断は、象徴を介して想像力と理性を結びつけることによって、ある意味で理解を妨げる。つまり美の美的判断においては、理性の最高次の目標は、美的観念における想像力において象徴化される。そして美の判断は想像力と理解と理性の観念とを調和させ、そこからわれわれは快の感覚を得るのである。理性と想像力は、共通感覚に底在しそれを構成する象徴を介して、そしてその普遍的なコミュニケーション可能性と合意によって、同一化されるのである（Lash, Scott 1999: 209）。

つづいてラッシュは、カントの崇高の美的判断を次のように理解する（Lash, Scott 1999: 209-210）。崇高の美的判断においては、想像力のシェーマは出会った客体や出来事に圧倒されてしまう（戦争、災害、聳え立つ山など）。したがって想像力はそのような現象の表象を綜合することができない、センセーションを形態にすることができない。しかしそれができないにも関わらず、その不可能性、その欠落を通じて、想像力と理性の象徴的同一化はありうる。もしも象徴的に美しいものの経験が与えられたものとしての理性へのアクセスをもたらすならば、崇高の経験はわれわれに空虚や欠落、さらにはアポリアそれ自体を開示する。崇高の経験は論理的な言表ではなく感じられた経験であるから、それらは象徴的に恐れや暗黒を呼び起こす。言うまでもなくこの種の感覚は、様々な力の衝突、葛藤に登録されたものである。ここには共通感覚の十全な象徴が欠落しており、その方向喪失それ自体が経験の普遍性を表しているのである（Lash, Scott 1999: 209-210）。

以上のような検討を経てラッシュは、反省的判断ならびにカントの判断力批判は美的モダニティだけではなくて十全な再帰的モダニティ到来のための基盤を据えるものであると結論づける。すなわち「普遍主義的な個人主義の観念と断絶し、『単独的な』個人性に基づく自由の観念」（Lash, Scott 1999: 210）を採用していると判断している。普遍主義的な個人は、認知的判断と同様、規定的である。だからそれは、規定すると同時に規定される。それに対して単独的個人は、不規定的で再帰的、反省的である。したがってそれは、自律的で、規定する活動に関わるのではなくて、より一層ブリコラージュ的な性格の活動に関わるのである。ラッシュは、次のようにも言い換えている。「他律性、規定されていることとの最後の痕跡は認知的判断それ自体にある。規定された規定すること（determined determing）の最後の痕跡は、……デカルト的な『われ思う』にある。」(Lash, Scott 1999: 210) ポイントは、規定された存在、他律性の前後の痕跡が認知的判断そのもののなかにあることだ。すなわちデカルトの「われ思う」は、「論理的なカテゴリーの普遍主義」によって規定され、「包摂的綜合の過程を通じて規定する」規定された規定者である。それでは、他律的ではありえても、単独者ではありえない[12]。カントの第三批判は、主体性が知ることによって構成されるのではなくて、判断することによって構成される十全なる再帰的近代を先導したのである。

さらにラッシュは、この単独的なものは抽象的な命令や規則によって作り出されるのではなくて、なにかもっと基盤のあるもの、もっと物質的なもの（grounded, material）に具体化される必要があることを強調する。この単独的な主体性は、もっとグラウンドからのガイダンスを必要とする。それではこのグラウンドとは何か。それは、共同体の倫理的生活、客体や物の物質性などでもありうるが、ラッシュはカントがそれを美的判断の対象に見出していたことを重視している。すなわちカントが、「客体の窮意性」（客体の合目的性）が欠落するならば、単独的な主体性は不可能だと主張していることが、カントの美的批判の偉大な達成だと言うのである（Lash, Scott 1999: 212）。

カントは、美的判断の中心的な評価基準を「無関心」に求めた。無関心というのは、客体の外側に何らの目的を持たないということである。換言すれば、再帰的に判断する主体の外側には、何らの目的が与えられていない判断こそが、カントの行きついたものであった。「客体の窮意性と主体の単独性」こそ、カントの到達点だったのである（Lash, Scott 1999: 212-215）。

さらにラッシュは、「客体の窮意性と主体の単独性」は「主体性とその客体、労働、美学、消費、居住といったものとの関係」によって構成される「ポエシス」問題と密接に関連していることを強調している。なぜならば、もしもポエシスが媒介しない場合には、理論的エピステーメが優位に立って、いかなる批判理論であっても、結果として手段的理性、手段的合理性を帰結してしまうからである（Lash, Scott 1999: 215-219）。

かくしてラッシュは、再帰的モダニティ、第二のモダニティの論理を以下のようないくつかの階梯としてまとめている（Lash, Scott 1999: 219-222）。

一　再帰性は、普遍的な主体が単独的主体によって置き換えられた時に初めて可能になる。

二　この単独的主体は論理的に、客体の窮意性を帰結する。客体はそれが窮意性である時、それはグラウンドでもある。客体が窮意性ではない時、それは他に対する手段である。

三　客体がわれわれにとって手段である限り、われわれは第一のモダニティの普遍的な主体であって、認識論の分析論に動いていく。客体がグラウンド（媒介、中間）である時だけ、われわれは単独的主体である。

単独的主体であって初めて、われわれは存在論の領域に呼びかける。したがって再帰性は、存在論を必要とする。再帰性は、存在論なしには、完成するものではなくて、常に部分的である。

四　完成された十全なるモダニティは、再帰的モダニティである。

ラッシュは、判断の問題の検討の最後に、客体の窮意性の二つの側面――ポエシスとの関係の側面と間主観性や実践の側面――のうち、これまで触れてこなかった後者の側面を検討の俎上に乗せている。それは、ガダマーの記憶の観念を検討する形で行われている。ガダマーの記憶の観念は、カントの共通感覚の観念を「グラウンドを持った伝統の『リアルな』コミュニティ」のなかに置き直し、カントの議論をより具体化、発展させたものと考えられるからである（Lash, Scott 1999: 223）。

ラッシュによれば、ガダマーは現象学的、美学的な還元を行うことによって、反省的な判断の問題を再考することを行った。その主要な目的は、芸術を再正当化することである。芸術の正当性は、ガダマーによれば[13]、芸術を通じて、我々は単独的であるだけではなくて有限なるものであることを認識することにある。つまり芸術の永遠性、歴史性を通じて、人間が現実世界、経験において、永遠ではなく有限であることを認めるようになること、そこに芸術の正当性があるというのである。このことはすでにカントの判断論にも現れており、カントは経験を「一つの経験」（Erlebnis）と考えたが、ガダマーは「継続性と永遠性」を特徴とするものを「経験」（Erfahrung）と考えた。ハイデッガーやガダマーにとって、美的客体は切り離された一つの経験ではなくて、絶えずそれとともに住み、それとともに「とどまる」ものである。

ガダマーは言う。産業的生産―再生産の完成は、芸術とともに住む内的な力を破壊し、経験を切り離された一回的な経験にしてしまい、芸術の正当性を台無しにし、芸術を概念の支配の下に置いてしまう。今日の芸術の客体は窮意性を持つことはありえても、我々が自己を理解するための共通の言語を与えてくれることはなく、人間の疎外、芸術の自動化が進行する。芸術が正当性を保持していた時代には、芸術家は共同体の内部に住み、共同体とその他の諸制度と、芸術家の自己理解との統合に役割を果たしていたが、今は芸術家は共同体の外に住み、共同体に敵対さえし、彼らのメッセージは「伝達可能性、共通感覚」(Lash, Scott 1999: 224) を持たなくなってしまっている。

そこでガダマーの課題は、芸術の正当性を再び取り戻すことである。彼はアリストテレスの詩的エピステーメに倣って、何かのために使われるものではなくて、純粋芸術に着目する。純粋芸術は意図的なものではなくて、「フィジス、自然の形成的活動の一部、部分」であり、生産的ではなくて、むしろ「模倣的」である。要するに純粋芸術はミメーシスであり、この点では歴史と同じであるが、歴史が特殊性に関わるのに対して、純粋芸術は特殊のなかの普遍を教えてくれる (Lash, Scott 1999: 224-225)。

ガダマーは、カントが理性や存在を規定性―不規定性の視点から考えたのに対して、それを「分離不可能性、永遠性、恒常性」の視点から考えた。また外在性を重視したT・トドロフとも異なり、ユニークである。この点で彼は、ユダヤ教的伝統ではなくて、ギリシャ的伝統に立っていると考えられる。ガダマーにとって、「存在は自らを芸術作品や伝統の中に現わす」(Lash, Scott 1999: 225) のである。

ガダマーは、芸術論を演劇の解明をもって始めた。彼は、芸術の問題が演劇の中により基礎的な形を取って現れていると理解したからである。彼は、A・ゲーレンに従って、人間は本能の不決定性によって自由に生きるようにさせられたと考える。そして人間は何によって生き延びてきたのかの問いに対しては、カテゴリー的認識（ニーチェ等）や制度形成（多くの社会学者）もさることながら、人間が「死を思い起こさせるものを保持していること」(Lash, Scott

1999: 226）が重要であるとする。人間は、何かによって永遠性に、永遠ではなく死ぬのだという制約を課すことによって生きている。ガダマーは、芸術こそがその役割を果たすものであると考える。

さらに演劇こそが、この「はかないもの」を維持する点で、芸術にパラダイムを提供する、とガダマーは考えている。まず演劇においては、活動の繰り返し、規則、アイデンティティ、必ず他者とともに演技をするなどの点で、永遠性が保持される。さらに、演劇は「プラグマティックな目的の過剰」（Lash, Scott 1999: 227）という他のものには含まれない要素をも持っている。それは、人を特定の目的から自由にし、人間を不規定的な、自分で自分に規則を与える人間にするのである。こうして人間は「プラグマティックな目的を超越する永遠性を保持する動物」になる。この人間こそ、論理的カテゴリーを使用して経験的に生きるだけではなくて、プラグマティックな目的を超越して初めて可能になる表象を通じて、生存以上のことを行うことができるのである。

芸術は演劇の持っている永遠性の性格をさらに強化し、補う。その強化され、補われた永遠性は、人間の有限性を明らかにする。すなわち芸術において作り出された永遠性を通じてわれわれが超越することによって、人間の有限性が明らかになるのである。すなわち、芸術の表象に含まれる目的の過剰を通じて初めて、われわれはわれわれの有限性を、超越することによって理解することができるのである。「永遠性における有限性」こそが、最も重要なものである。

ガダマーは、人間が過剰な永遠性維持能力を持っているという集合的記憶は、反省的判断によって補われなければならないことも強調する。一方が欠けてしまうと、他方も十全に働かなくなってしまう。

以上のような考察に基づいてラッシュは、ガダマーの生活世界現象学が反省的判断に解釈学的なグラウンドを与えたと結論づける。勿論、「不規定的な規則による美的還元」のプロトタイプはすでにカントによって提示されていた。ガダマーはそれを批判し、修正しながら、それを行ったのである。問題は、主体がどこから規則を得るのかにあった。

ガダマーはそれを、世界、伝統からとした。そして「永遠性における有限性」がグラウンドに他ならないという地点に到達したのである。

こうして、人間が反省的判断をする動物であり、「永遠性における有限性」をグラウンドとするならば、われわれが今まで慣れ親しんできた合理―非合理、内―外、等々の二分法的思考はもはや有効ではないことになる。そこでラッシュは、われわれは第三のスペースを探す必要があることを強調する。第三のスペースはどこに位置しているのだろうか。この問いに対してラッシュは、それは、グラウンド、基底（underneath）、ベースにと答える。それは、具体的にどこに見出されるのだろうか。この問いに対しては、知覚、想像力、感覚作用（sensation）、コミュニティが答えである（Lash, Scott 1999: 231-232）。これらなしには、反省的判断をする動物は成り立たない。これらなしには、主体性は「今ここ」に結びつけられない。主体性は、このグラウンドの物質性を通じて、判断することを強いられるのである。

本章では詳しく立ち入ることはできないが、ここからラッシュは、身体、感覚作用（声とまなざし）の論理を解明しようとした。またこうしたグラウンドの解明の問題は、カントでも取り組まれなかったアポリア、アンチノミーの問題に対処することであったから、その問題の解決の方向性を模索している（Lash, Scott 1999: 233-265）。

しかし第二のモダニティと目的合理性とは異なる合理性を明らかにしようとした本書の文脈においては、主体性の問題を深く掘り下げるよりはラッシュは、新しい科学技術革命に基づく情報社会の成立は、もはや第二のモダニティではありえないことを明らかにするのにより一層力を入れている。情報資本主義の成立は、差異や再帰性を吹き飛ばしてしまうからである。そこでラッシュは、人間と非人間の区別を疑問視する客体の論理を解明すると同時に、「技術的文化」に対抗する「内在的文化」の概念を提起して、それに基づくエコロジーパラダイムの構想に着手していくことになったのである。

おわりに

ラッシュは、『もう一つのモダニティ』において、人間がいかに不完全な動物であるかを論じ、その不完全さを克服するために人間は判断する動物であらざるを得ないことを明らかにしてきた。そして、「永遠性における有限性」をグラウンドなきグラウンドとした美的判断、美的再帰性こそが、人間の不完全性を克服すること、また美的再帰性は、普遍主義的認知的個人主体から単独的主体への存在論的転回によって可能になること、さらにはその転回によって、合理―非合理、内―外などの従来の二分法が無効になり、第三のパーティ（スペース）が必要になることを主張してきた。そして第三のスペースを「器官を伴った身体」としての「知覚、想像力、感覚作用」などであるとしたのである。

しかしラッシュには十分に検討することのできなかった一つの問題が残された。それは文化の領域で人間の不完全性を克服する手がかりとして提示された差異や再帰性を吹き飛ばしてしまう情報化の問題である。したがってラッシュの次の課題は、情報化とは何か、情報化によって何が起こったかを明らかにすると同時に批判し、さらには情報化における文化の問題を検討することだった。

ラッシュは、情報化を「テクノロジー的生活形態」と捉える。情報社会においては、時間はドットになり、空間は地球大に拡がった抽象的なデカルト空間である。世界は、その外部を持たないフラットな世界になる（Lash, Scott 2002=2006）。その世界で、人間は機械の論理、operationality に従って生活を送る。そこでは、グラウンドレスグラウンド、基盤、ベースに根を持たない外在文化（extensive culture）、外延的文化が支配的になり、人々を行為に導く意味の問題が後景に追いやられてしまう。したがって情報社会においてはグラウンドレス・グラウンドに根を持つ内在的文化

(intensive culture)、を形成することが焦眉の課題になるのである（Lash, Scott, 2010）。ラッシュにとって情報社会の問題とは、要するに、operationality か意味かの問題である。

注

1　「情報構造」という概念は、小池和男の概念である。ラッシュの再帰的生産の議論は、小池の議論に大きく依拠したものになっている。しかしラッシュは、その後の議論で、情報社会の成立は、再帰性を不可能にするように働くとしている。この二つの議論の関係は必ずしも明らかではない。

2　Foucault, Michel, "What is enlightenment?", in Paul Rabinow (ed.), *The Foucault Reader*, New York, Pantheon, 1994（=2002, 2006, 石田英敬訳, ミシェル・フーコー「啓蒙とは何か」『ミシェル・フーコー思考集成Ⅹ』筑摩書房,『フーコー・コレクション６』ちくま学芸文庫, 362-395).

3　ラッシュは、N・ルーマンの理論も、この哲学的人間学によって支えられていると指摘している。Lash, Scott, *Another Modernity: A Different Rationality*, Oxford, Blackwell, 1999, 153.

4　エピファニーとは「現実の平凡で卑俗な出来事の背後に、何らかの深い精神的な意味が内包されていて、ある瞬間にそれがパッと顕われでること」を言う。伊藤徳一郎「ジョイスの〈エピファニー〉論（1）—その理論的特質と基盤」『岐阜大学教養部研究報告』Vol. 12、七七頁、一九七六年。

5　ラッシュは、メルロ・ポンティには行きつかなかった。その理由はいろいろあるだろうが、解釈学、精神分析学を重視する彼の方向性があることは明らかであろう。前著で重視されたブルデューの再帰的社会学も本書では深められることはなかった。

6　荒金直人「初期デリダのフッサール研究に於ける弁証法から差延への用語的移行」（http://www2.ipcku.kansai-u.ac.jp/~t980020/Husserl/vol.3_2005/arakane.pdf）

7　フランスロベール社から出ている仏仏辞書。

8　ここで使われたのは、Derrida Jacques, *La Voix et le phenomene-Introduction au probleme du signe dans la phenomenologie de Husserl*, Paris, Presses Universitaires de France, 1re edition:1967, 2e edition: corrigee:1998, 3e edition: 2003（=2005, 林好雄『声と現象』ちくま学芸文庫）の第四章「意味と表象代理」である。

9　藤本一勇「時間の脱構築」(https://dspace.wul.waseda.ac.jp/dspace/bitstream/2065/41265/1/BungakuKenkyukaKiyo3_59_Fujimoto.pdf)

10　林好雄「訳者解説」Derrida Jacques, *La Voix et le phenomene-Introduction au probleme du signe dans la phenomenologie de Husserl*, Paris, Presses Universitaires de France, 1re edition:1967, 2e edition: corrigee:1998, 3e edition: 2003（=2005, 林好雄『声と現象』ちくま学芸文庫), pp.329-334.

11　カントのこのような議論が、メルロ・ポンティ、ジル・ドゥルーズ、ピエール・ブルデューなどの議論の出発点になった。

12　この点を早くから指摘していたのは、柄谷行人（1994）である。また Yazawa Shujiro(2014）は、それを再帰＝自己反省社会学の文脈で発展させようと意図したものである。

13　以下におけるガダマーの主張は、以下の二つの著作に依拠している。Gadamer, H. G., Wahrheit und Methode, Grundzuge einer Philosophischen Hermeneutik. 4. Auflage, 1975, J.C.B. Mohr（Paul Siebeck）Tubingen（=1986, 轡田収・麻生健・三島憲一・北川東子・我田広之・大石紀一郎訳『真理と方法Ｉ』法政大学出版局.; Gadamer, H. G., “The relevance of the beautiful” in *The Relevance of the Beautiful and Other Essays*, Cambridge, the University of Cambridge Press, 1986, pp. 1-56.

引用参考文献

荒金直人「初期デリダのフッサール研究に於ける弁証法から差延への用語的移行」(http://www2.ipcku.kansai-u.ac.jp/~t980020/Husserl/vol.3_2005/arakane.pdf)

Beck, Ulrich, Giddens, Anthony and Lash, Scott, 1994=1997, *Reflexive Modernization: Politics, Tradition and Aesthetics in the Modern Social Order*, Palo Arto, Stanford University Press（=1997, 松尾精文・小幡正敏・叶堂隆三訳『再帰的近代化：近現代における政治、伝統、美的原理』而立書房).

Foucault, Michel, 1994（=2002, 2006）“What is enlightenment?”, in Paul Rabinow（ed.）, *The Foucault Reader*, New York, Pantheon, 1994（=2002, 2006 石田英敬訳, ミシェル・フーコー「啓蒙とは何か」『ミシェル・フーコー・思考集成Ｘ』筑摩書房,『フーコー・コレクション６』ちくま学芸文庫).

Gadamer, Hans-Georg, 1975（=1986）, Wahrheit und Methode, Grundzuge einer Philosophischen Hermeneutik. 4. Auflage, 1975, J.C.B. Mohr（Paul Siebeck）Tubingen（=1986 轡田収・麻生健・三島憲一・北川東子・我田広之・大石紀一郎訳『真理と方法Ⅰ』法政大学出版局）.

Gadamer, Hans-Georg, 1985, "The relevance of the beautiful" in *The Relevance of the Beautiful and Other Essays*, Cambridge, the University of Cambridge Press, 1986, pp. 1-56.

林好雄「訳者解説」, 2005, Derrida, Jacques, *La Voix et le phenomene-Introduction au probleme du signe dans la phenomenologie de Husserl*, Paris, Presses Universitaires de France, 1re edition: 1967, 2e edition: corrigee:1998, 3e edition:2003（=2005, 林好雄『声と現象』ちくま学芸文庫）.

藤本一勇,「時間の脱構築」,（https://dspace.wul.waseda.ac.jp/dspace/bitstream/2065/41265/1/BungakuKenkyukaKiyo3_59_Fujimoto.pdf）

伊藤徳一郎, 1976,「ジョイスの〈エピファニー〉論（1）―その理論的特質と基盤」『岐阜大学教養部研究報告』Vol. 12

柄谷行人, 1994,『探究Ⅱ』講談社学術文庫。

Kant, Immanue1, 1790（=1964）*Kritik der Urteilskraft*.（=1964 篠田秀雄訳『判断力批判』下巻、岩波文庫）.

Lash, Scott, 1999, *Another Modernity: A Different Rationality*, Oxford, Blackwell.

Lash, Scott, 2000, "Risk Culture" Adam Barbara, Ulrich Beck and Joost Van Loon（eds）, *The Risk Society and Beyond: Critical Issues for Social Theory*, London, Sage Publication.

Lash, Scott, 2002=2006, *Critique of Information*, London, Sage（=2006, 相田敏彦訳『情報批判論』ＮＴＴ 出版）.

Lash, Scott, 2010, *Intensive Culture: Social Theory, Religion and Contemporary Capitalism*, Los Angeles, Sage.

中山元, 2013,『自由の哲学者カント：カント哲学入門「連続講義」』光文社.

Yazawa, Shujiro, 2014, "Transcendental Dimension in the Construction of Universal Social Science" Kuhn Michael and Shujiro Yazawa（eds）*Theories about and Strategies against Hegemonic Social Sciences*, Tokyo, Center for Glocal Studies , Seijo University

3　P・ブルデューの反省性

磯　直樹

一　はじめに

ピエール・ブルデューとロイック・ヴァカンの共著である『リフレクシヴ・ソシオロジーへの招待』(Bourdieu & Wacquant 1992; Bourdieu & Wacquant 2014)[1]では、前者の研究業績の概要と社会学観が「リフレクシヴ・ソシオロジー」としてインタビューと解説によって示されている。ブルデューの社会学は「生成論的構造主義」(Ansart 1990)と呼ばれることもあり、彼本人は晩年期には留保付きで「パスカル主義者」を自称している(Bourdieu 1997)。他にも、ブルデューのどの業績を「主要」とみなすかによって様々な括り方が可能である。

ロイック・ヴァカンは、「現代の社会理論の世界のなかでブルデューを他の社会学者から区別する特徴がどこにあるかといえば、それは彼がつねに反省性の配慮を持っている点だろう」と述べている(Bourdieu & Wacquant 1992=2007: 62)。加えて、「ブルデュー版の再帰性=反省性は知識人の実践についての理論を社会的批判理論のなくてはならない構成要素、その理論の必要条件として包摂するもの、と大まかに定義できる」としている（Bourdieu & Wacquant 1992=2007: 62）。

筆者も基本的にこの立場を共有している。文脈によって「反省性」とも「再帰性」とも訳すことの可能な réflexivité は、『実践理論の素描』（Bourdieu 1972）以降のブルデューの著作においては鍵となる基礎概念だからである。本章では、この概念を基本的に「反省性」と訳して用いる。それはブルデューの réflexivité には意識的な働きかけが含意されているからであり、再帰性という訳語ではこのような含意を十分に表せないからである。

ヴァカンによれば、社会学に限っても再帰性／反省性について様々な見解があるが、ブルデューの反省性は三つの決定的な点において異なっている。

> 第一に、反省性の主要な対象になるのは個人の分析者ではなく、分析の道具や操作に埋め込まれている社会的ならびに知的な無意識だという点である。第二にそれは、学者個人に任されるのではなく集団としての企てだという点である。そして第三に、社会学の認識論的保証を脅かすのではなく、その支えとなることを目的としている点である。ブルデューの反省性は、客観性を切り崩そうとするどころか、社会科学的認識の射程を広げ、その実質性を高めることを狙いとしているのだ（Bourdieu & Wacquant 1992=2007: 63-64）。

すなわち、個人ではなく集団、相対化というよりは科学的認識の発展を志向するのがブルデューの反省性であるという。ヴァカンは加えて、反省性を実践することで乗り越えるべき障壁としてバイアスの問題を挙げる（Bourdieu & Wacquant 1992=2007: 66）。その一つは、「研究者個人の社会的出自と社会的な座標軸上の位置（階級、ジェンダー、エスニシティなどの)」である。二つ目は、「分析者が広い意味での社会構造のなかでではなく、アカデミズムの世界というミクロコスモスのなかで占めている位置、さらには権力の世界のなかで占めている位置」である。三つ目は、「知性中心主義のバイアス」であり、これは世界を一つの見世物として考えるようわれわれを促す」という。以上のようなバイアスを乗り越え、科学的認識を発展させるのが反省性の一つの役割としている。

ヴァカンはまた、反省性をメタ理論としてではなく、社会学的分析を実践する中で付きまとう様々な具体的な問題の解決に要請される立場として捉える[2]。「概念、分析道具(系譜図、質問票、統計分析など)のなかに、さらに研究の実際の操作(繰り返し行われるコーディング、『データ・クリーニング』の手続き、あるいはフィールドワークのノウハウなど)」に含まれる様々な理論的・認識論的前提を知ることで科学的方法をより科学的にすることが、反省性として求められる知的作業であるとされる(Bourdieu & Wacquant 1992=2007: 68)。以上のようにヴァカンは、主に社会調査を想定し、研究を遂行する手続きに着目して反省性を論じる。しかしながら、反省性という概念そのものについては整理していない。

パントはヴァカンとは強調点が多少異なり、思考の過程において理論の果たす役割に着目して反省性を論じ、ブルデューがそのような「理論」をどのように展開してきたかを考察する(Pinto 2002)。パントは、ブルデューが実践した様々な社会調査と独創的な理論構築の背景にある思想として反省性を論じ、知識人としてのブルデューの奥行きの深さと幅の広さを示している。しかしながら、反省性という概念については、明確には説明されていない。

スーセンはブルデューの反省性とは何かという問いを正面から論じ、その構成要素を一二の鍵概念で体系的に整理している(Susen 2016)。それら鍵概念とは、⑴科学、⑵警戒、⑶意識性、⑷自己認識、⑸クリティク、⑹自己対象化、⑺距離化、⑻切断、⑼エピステモロジー[3]、⑽歴史化、⑾理解、⑿解放、である。スーセンが提示した一二の鍵概念は、反省性に留まらずブルデューの社会学一般に当てはまると考えることもできる[4]。また、これら一二の鍵概念のうち、「理解」と「解放」は反省性に関わるものの、定義に加えてしまうと「反省性」概念の外延が広がり過ぎてしまう。したがって、反省性概念に内実を与えるのであれば、この二概念は反省性に含めない方がよいだろう。

ディアは認識論を軸にブルデューの反省性を論じており、上記の議論の最大公約数と考えられる整理を行っている(Deer 2012)。彼女の考察を含め、以上で示した先行研究のいずれもが誤っているわけではなく、ブルデューの反省性の要点をそれぞれの観点から捉えている[5]。しかしながら、いずれもが、具体的に何をどこまで行えば反省性を実践したと言えるのか、あるいはブルデューが反省性として何を実践したのかを具体的には説明していない。ブルデューは文脈によっては反省性を「参与的客観化」や「対象化する主体の対象化」などと言い換えるが、こうした知的作業はどの段階で「反省性」と呼び得るものになるのだろうか。後述するように、それはブルデューと同様の理論と方法で似たような対象を研究することではない。

ブルデュー自身は、反省性を実践することで行為遂行的に反省性とは何かを示した。特に一九八〇年代以降のブルデューの場合、反省性とは原理原則を抽象的に示して行為を条件づけるものではなく、個別具体的な実践を行いながら一般化する可能性を探るものであった。本章ではこのような認識の上に立ち、ブルデューが示した狭義での「反省性」の実践を二類型に分けて論じる[6]。続いて、それがどのように一般化可能なのかを考察する。次節ではまず、そうした実践を支える認識論的前提について確認する。

二　反省性の認識論的前提

一九五〇年代後半はアルジェリアにて、六〇年代は、パリ、リール、ベアルン地方を中心とするフランス各地で、ブルデューは継続的に調査を行った。この時代のフランス社会学において、社会調査は十分に「科学」的でも「理論」的でもなかったというのがブルデューの認識であった。それでは、当時のブルデューにおいて「科学」と「理論」とは、どのようなものだったのだろうか。一九六八年に初版が公刊された社会学的認識論の教科書『社会学者のメチエ』(Bourdieu et al. 1973) において、この問題が焦点化されている。

ブルデューが目指したのは、理論主義にも実証主義にも陥らず、理論的に基礎づけられた経験的社会学を行うことであった (Bourdieu & Krais 1991=1994: 465)。このような社会学観に支えられた認識論の教科書を執筆するにあたって、ブルデューは自ら従事した調査の経験とフランス的「エピステモロジー」を拠り所にした。ブルデューは社会科学の現場に、「バシュラール、カンギレム、コイレによって代表されるエピステモロジーの伝統をそっくりそのまま移植しようとした」(Bourdieu & Krais 1991=1994: 466)。その「エピステモロジー」の一構成要素としてブルデューが重視したのは、「認識論的切断」である。

これとは、対象を認識するにあたって認識の主体と客体に線引きを行うことである。これはしかし、主客二元論とは異なる。認識論的切断のなされていない社会学を、彼らは「我流社会学」[7]と呼ぶ。彼らによれば、「我流社会学の根源そのものに、つまりは我流社会学を支える社会認識の哲学と人間行動の哲学に打撃が与えられないかぎり、概念の論理的批判、偽りの証拠の統計的試験、(仮象に関しての) 精神の自由決定と方法に従った異議などのあらゆる切断の技術は無力なままである」(Bourdieu et al. 1973=1994: 47-48)。すなわち、物事を認識する際に色眼鏡のようなものを外すことはできないのだから、どのような色眼鏡をかけているかを自覚することが、まずは必要であるということである。この議論は後に反省性として展開されていくが、この時点ではその端緒がみられるに過ぎない。

ブルデューが最初に反省性を独自の方法として体系的に論じたのは、一九七二年の『実践理論の素描』(Bourdieu

2000）においてである。彼は「理論的知識の三形態」を分類し、対象化する主体の対象化を認識論として試みる自らの立場を明確にする。「三形態」とは、「現象学的」、「客観主義的」、「プラクセオロジー」の三つである。

現象学的認識は「社会的世界の一次的経験の真理を明確に述べる。その真理とはすなわち、親しみのある環境との親近な関係、及び社会的世界（monde social）の自然界（monde naturel）としての単純把握であり、定義上自明のことであるが、自らの可能条件を問う省察を行わず、その問い自体を排除してしまうのである」（Bourdieu 2000: 234）。

客観主義的と呼ぶことができる（そして、構造主義的解釈学が特徴的な例である）認識は、（たとえば経済学や言語学のように）客観的な関係を構築するが、このような関係は行動及び行動の表象を構造化する。このような認識とはすなわち、一次的認識との切断と引換えに、自然界の明証性という特徴を社会的世界に付与する仮定の暗黙の前提と一体となってしまう、親しみのある世界についての一次的・実践的・暗黙の一次的認識である（Bourdieu 2000: 234）。

プラクセオロジーと呼ぶことのできる認識は、客観主義的認識の形態が構築する客観的関係のみならず、そのような客観的構造と構造化された諸々の性向（disposition）の弁証法的諸関係をも対象とする。性向はそれらの関係のなかに具現化し、それらの関係を再生産する傾向にある。このような認識は、外面性及び内面性の外在化の両者を内在化する二重の過程であり、客観主義的認識との切断を伴う。すなわち、可能条件を問うことによって客観的で対象化する観点の限界を問うのだが、このような問いは、現実化する運動の中に身を置きながら行動の生成原理を構築する代わりに、外側の行動を既成事実として捉えるのである（Bourdieu 2000 : 235）。

プラクセオロジーという言葉自体は七〇年代後半から用いられなくなるが、『実践理論の素描』の議論は『実践感覚』（Bourdieu 1980）へと引き継がれる。認識論的考察としては両者の議論は基本的に共通しているが、後述するように、『実践感覚』には同じフィールドへ回帰することによって反省性を実践するという側面がある。反省性の条件の一つであり大前提である認識論は、反省性の実践を通じて十全なものとなる。以下では、そのような実践について考察する。

三　反省性の実践⑴　同じフィールドへの回帰

ブルデューは『実践感覚』の冒頭で、次のように述べる。「認識の進歩は、社会科学の場合、認識の諸条件に関する認識の進歩を前提にしている。これが、同じ対象に繰り返し立ち返ることが求められる理由である」(Bourdieu 1980=1988: 1)。彼は晩年期に編纂された『独身者たちのダンスパーティ』においても、同じフィールドに繰り返し立ち戻ることで反省性を実践していると述べている (Bourdieu 2002a=2007: 10)。反省性は科学をより科学的にし、調査の進展は理論も発展させるが、このように科学的かつ理論的であればあるほど、記述は現実に迫る、と彼は考えた。同書には異なる時期に書かれた三編の論文が収録されている。

一つ目の「独身と農民の条件」は一九六二年に公刊されている。ブルデューはそこで、長子相続権への頑迷な執着を特徴とする社会における長子の独身という「社会的謎」を解明しようとした。彼自身の回顧によれば、「素朴な見方を脱却しようと努めてはいても、まだ捨てきれずにいた私は、知っているつもりで実は知らない世界（慣れ親しんできた世界とはみなそうしたものである）を、いわばまなじりを決してトータルに記述しようと試みた」(Bourdieu 2002a=2007:11-12)。このように、一九六二年の論文について後年には批判的な立場を示している。他方で、「二つの論文が示している進歩が、客観化を行う主体の科学的客観化という意味での反省性の水準に達している」と彼は述べる (Bourdieu 2002a=2007:13-14)。第二論文「再生産戦略システムにおける結婚戦略」は一九七二年に公刊され、第三論文「禁じられた再生産」は一九八九年に公刊されている。この二つの論稿は、いかなる点において反省性を実践したものとみなされるのだろうか。

ブルデューは、第二論文について「規則から戦略へ、構造からハビトゥスへ、システムから社会化された行為者（行為者は社会的諸関係の産物であるが、その諸関係の構造に住まわれている、あるいは取り憑かれている）への移行という形で、構造主義のパラダイムとの決別を画然と示している」（Bourdieu 2002a=2007: 14）と述べる。これ自体では何が反省性の実践であるかは分からないが、ブルデューは社会事象の分析的な記述を前面に出しながら、その背後では理論的考察も行っている。調査のフィールドと理論的考察を往還させながら、具体的記述へと結実させる。その過程を反省性の実践と理解することが可能である。

彼は第三論文「禁じられた再生産―経済的支配の象徴的側面について―」の解題として「補遺と訂正」を書いている。彼によれば、第二論文では「伝統社会における婚姻交換の論理を記述しようと努めていた」が、「その分析は結局ところ、行為者が彼らの特殊な『切り札』（財産の規模、出生順位など）から最大限の利益を引き出そうとするさいの『戦略』の実践的論理を等閑視したまま」である（Bourdieu 2002a =2007: 253）。このように自己批判を加え、第三論文では「婚姻市場の統一化」という枠組みを再設定し、フィールドを取り巻く特定の地域の論理ではなくフランス一般の婚姻市場の論理に行為者が従うようになった過程を分析的に記述している（Bourdieu 2002a=2007: 258-288）。

たしかに、第三論文の方が第二論文よりも複眼的にフィールドがみられており、「婚姻市場の統一化」という根本的な問題が前者においてはじめて捉えられている。このように、自身がどのような前提と枠組みに依拠して研究対象をみていたかを反省的に捉え直すことによって、対象に関する記述がより精緻になるとともに考察がより体系的になっている。

『実践理論の素描』（Bourdieu 2000）も、同じフィールドに立ち戻って考察を展開させている。『独身者たちのダンスパーティ』と異なるのは、ブルデューが一九七〇年代以降はアルジェリアで調査を行っていないために、調査の成果は六〇年代までに止まっていることである。ただし、『実践理論の素描』における研究対象と問題関心は、多くの部分で『実践感覚』（Bourdieu 1980）に引き継がれている。

ブルデューが以上のような問題設定を『実践感覚』で行えるようになったのは、六〇年代から七〇年代にかけて練り上げられていった独自の諸概念と方法によるところが大きい。同書序文において、このことは明示的に述べられている。彼は、序文をジョイスの『ユリシーズ』から引いたエピグラフに続けて、以下のように始める。

認識の進歩は、社会科学の場合、認識条件の認識での進歩を前提にしている。これが同じ対象に執拗に立ち返ることを必要とする理由である（私の場合、同じ対象とは『実践理論の素描』の対象であり、次いで『ディスタンクシオン』の対象である）。そして同じ対象に立ち返るごとに、対象との客観的・主観的関係をますます完全に対象化する機会が得られるのである。私は研究の諸段階を回顧的に再構成してみなくてはならないが、そうする理由は、仕事というものは何よりもまず仕事をする当人に影響力を及ぼすものであって、幾人かの著作家たちはジョイスが言ったような進行中の作品（work in progress）のなかにそれを書き込もうと努力したものだが、この種の仕事は自分自身の足あとを消し去りがちであるからである。ところで、私がここで伝えたいことの核心は決して個人的なことではない。それは、仕事の出発点にして到達点である実践から切り離されて、理論的「命題」とか認識論的ディスクールの存在のように非現実的で中性的な存在様式で存在させられるならば、その意味と有効性を失うおそれがある。（Bourdieu 1980=1988: 1-2）

彼はこうして、自分が同じ研究対象に何度も立ち返ることによって、対象化する主体である自らを対象化しようと試みていたのである。ブルデューはこの序文において、過去の自らの研究を回顧しつつ、その都度彼が何を問題にしていたのかを考察している。ブルデューにおける理論構築とは、それが構想されていった過程をも可視化する作業を伴うのである。

一九八〇年の『実践感覚』がそれ以前の著作、たとえば一九七二年の『実践理論の素描』と比べて何が優れているかを一概に述べることはできない。各々の著作における問題関心と文脈が異なるからである。しかしながら、両著作を例に取るならば、『実践感覚』の方が著者自らの研究実践を回顧しながら反省性が実践されているという点が明確な差異として挙げられるし、『実践理論』においては十分に練り上げられていなかった概念と方法が『実践感覚』においては積極的に活用されている。このような差異を生じさせる過程の一端について、ブルデューの著作の英訳者であるリチャード・ナイスは以下のように証言している。

英語版『実践理論の素描』(*Outline of Theory of Practice*)は出版に至るまでとても大変でした。というのは、私が翻訳を仕上げるのに時間がかかってしまったからです。最初できたものに私は満足がいかなかった。翻訳作業が終わらないうちに、ブルデューはかなりの部分を書き加えてテクストを断片的に加筆していました。そのときすでに出版社には「これは何だ」と言われていました。ブルデューは、テクストの一部を削除すると、テクストをさらに書き改めていました。翻訳作業は実際には、フランス語版の『実践理論の素描』をこえて進み、新たな本へと移りゆく過程となりました。これが、そのあと続いて刊行された『実践感覚』です。［中略］書き改める際、ブルデューは本のいくつかの側面を再考し始め、新たな域を探り始めました。思考と意識、

事象と言語の関係性の域を探り始めたのです。(Harker et al. 1990=1993: 63)

一九七二年の『実践理論の素描』と『実践感覚』の間に、英語版『実践理論の素描』がある。ナイスの証言で重要なのは、ブルデューが「思考と意識、事象と言語の関係性」に着目しだしたという点である。思考と意識に関する考察については、『実践感覚』第二章「主観主義の想像的人類学」や第九章「主観的なものの客観性」にみることができるが、これは一九七二年の『実践理論の素描』においてはほとんどみられない議論である。事象と言語の関係については『実践感覚』ではあまり扱われていないが、同時期に書かれた論稿が収録された言語論集『話すということ』(Bourdieu 1982) にみることができる。『実践理論の素描』と『実践感覚』には重要な共通点と差異がある。共通点は、両書ともに二部構成になっており、片方が理論的考察に、もう片方がアルジェリアで行った経験的研究の分析に割り当てられていることである。差異とは、『実践感覚』においては『ディスタンクシオン』とベアルン研究の成果も積極的に取り込まれ、社会学と民族学（人類学）の境界を越境する研究が目指されていることである。このような差異は、諸々の研究を総合した結果出来上がったものであり、ブルデューが同じ研究対象に繰り返し立ち返ることによって生じさせることができたのである。

『実践感覚』にも部分的にその研究成果が取り込まれている自身のベアルン研究は、既に述べたように、三篇の既刊論文を再録して『独身者たちのダンスパーティ』(Bourdieu 2002a) と題する著作として出版されている。この著作に収録された論文はそれぞれ、一九六二年、一九七二年、一九八九年に公刊されたものであるが、同書についてブルデューは次のように述べている。

本書は同じ問題を論じている三篇の論文を集めたものである。しかし、そのつど、理論枠組みはより強力になっている。より一般的になると同時に、より経験に密着したものとなっているからである。その意味で、これら三論文はある一つの研究をその発展の論理の中で跡づけようとする読者の関心の応えうるものであると思う。また、これら三論文によって、理論的分析というものは深化すればするほど観察データに近接するものであるという、常に私の原動力となってきた確信を検証していただくことができると考える。実際、社会科学におけるヒューリスティックな行程は通過儀礼の軌跡と似たところがある。(Bourdieu 2002a=2007: 10)

これら三篇の論文を、本論文で中心的に取り上げた三つの概念に焦点を合わせて読むだけでも、各々の差異は明確である。一九六二年の論文では、その概念もブルデューに固有の意味では用いられていない。一九七二年の論文では、ハビトゥス概念と資本概念が独自の意味で用いられている。一九八九年の論文では、界概念が独自の意味で用いられ、さらに社会空間概念とともに階級が論じられている。ここで重要なのは、ブルデューにおいては理論の発展とは対象をさらに経験的に扱うことを意味するということである。理論的考察の多い『実践感覚』も、このような点に配慮して読まれねばならない。ここで再び『実践感覚』に言及するならば、彼は各々の時代で思考不可能なものがあることを以下のように指摘している。

ある時代の考えられないもの(l'impensable)の中では、考えられないものの全ては倫理的ないし政治的な資質(dispositions)の欠如に起因するのだが、このような能力は考えられないものを重視し考慮に入れるようにうながすのである。また、問題設定、概念、方法、技術といった思考の道具がないために考えることができないものもある（こういうことがあるからこそ、たとえ善意があってもかなり頻繁に悪い社会学が産み出されもするのである）。(Bourdieu 1980=1988: 9)

ブルデューが言わんとしていることは、同時代の風潮や価値観に包まれてしまうことで思考が停止ないしは限定されてしまうことは誰にとっても大いにあるということであり、思考の可能性を広げるには倫理的・政治的な資質とともに思考の道具としての理論と方法を欠くことができないということ、である。『実践感覚』の序文でこのように明示されていることからも、ブルデューは自らの理論と方法の発展とともに思考の可能性を広げていったと考えることができよう。

他方で、同じフィールドに立ち戻ることを社会科学の必要条件とすることは、多くの研究者にとって受け入れがたいであろうし、研究テーマも大きな制約を受ける可能性がある。後述するように、ブルデュー的反省性とは彼が具体的に実践してみせたものを通じて捉える必要がある。ただし、それを我々がそれぞれの事情と文脈に応じて実践しようとするとき、表面的な部分のみを取り出すのではなく、いったんはブルデューの実践を抽象化した上で、再度ブルデューの場合とは異なる具体的な場で反省性の実践を試みなければならない。次節で論じるように、ブルデューは大学をテーマにした研究成果としても反省性を実践しており、他の研究者が彼と同様の研究テーマを掲げる必要はないからである。しかし、このことと反省性の意義とは別の問題である。

四　反省性の実践⑵　科学的知の産出過程の分析

ブルデューは六〇年代から社会学の実践における反省性の重要性を繰り返し説くが、そのような反省性の実践の一つの到達点であるとブルデュー自身が述べているのが『ホモ・アカデミクス』(Bourdieu 1984) である (Bourdieu & Wacquant 1992=2007: 100)。ブルデューは、アルジェリアで行った調査で用いた手法を自身にとって身近な世界、つまりベアルン地方の社会やパリの知識人の世界に対しても適用しようと試みた。研究対象についても、研究主体の研究対象に対する関係についても、完全な社会学的対象化を行おうとしたのであった。しかしながら、ブルデューは、それがきわめて困難であることを自覚するようになる (Bourdieu & Wacquant 1992=2007: 100-101)。彼が反省性をどのように実践すべきかを自覚するようになるのは、七〇年代においてである。その思考の軌跡は、『社会学の諸問題』(Bourdieu 1980) 所収の諸論考にみることができる。ブルデューが述べるように、反省性を実践する必要性は科学に付きまとう歪みを自覚することにある。

その歪みは、学者の姿勢それ自体、社会的世界に対して学者の注ぐ学問的な眼差しの内在している見えない決定作用のなかにあります。われわれが社会的世界を構想するやいなや、社会的世界を研究し、記述し、社会的世界について発言するために社会的世界から多かれ少なかれ完全に撤退しなければならないという事実に由来する歪みを、社会的世界についての見方に導入してしまうことになります。これが理論偏向の歪み、あるいは知性中心の歪みです。社会的世界についての理論を組み立てたとき、理論というものは理論的眼差し、すなわち「観想 (theorein) の眼」から生まれたものであるという事実を理論のなかに組み込むのを忘れてしまうと、これらの歪みが生じてきます。本当の意味で反省的といえる社会学は、この知識中心主義、「学者のエスノセントリズム」をつねに警戒していなくてはなりません。(Bourdieu & Wacquant 1992=2007: 102-103)

「学者のエスノセントリズム」というものを認識するために、そして実際にそれを実践した結果として提示された研究が、『ホモ・アカデミクス』である。注意しなければならないのは、ブルデューの知と権力の関係を顕在化させて科学を相対化させたいのではない。その逆であり、彼が目指していたのは認識の前進と科学的方法の発展であった。この点に関して、彼は次のように述べている。

『ホモ・アカデミクス』のなかで試みたように、私が反省性によってもたらされる道具を利用するのは、無意識によって入り込んだ歪みを監視するためであり、思考を変えることのできる仕組みについての認識を前進させるためです。反省性は科学性を高めるための道具であって、科学の可能性を破壊するための道具ではありません。科学的野心をくじくことが目的なのではなく、その野心をより地に足がついたものにすることが目的です。反省性は科学の進歩に貢献し、それゆえ社会的世界についての認識の進歩に貢献します。それによって、知識に影響を与える社会的制約要因についての認識を前進させる手助けとなり、ひいては同時に科学においても政治においても、より大きな責任を引き受ける政策を可能にします。バシュラールは「隠されたものについての科学以外に科学は存在しない」と言っています。社会科学の場合、ヴェールをはぎ取ることはそれ自体がひとつの社会批判です。それは批判になることを望んだものではありませんが、科学が強力であればあるほどその批判は強力になります。つまりその仕組が見落とされていなければ効果を発揮できないような仕組みを暴露でき、それゆえに象徴的暴力の根底にあるものに到達できるのです。(Bourdieu & Wacquant 1992=2007: 245)

六〇年代から繰り返されているように、ブルデューにおいて反省性とは科学の相対化のためにあるのではなく、科学をより科学的にするためにある。また、彼によれば、ここでは「象徴的暴力」という言葉で表現されているものを、つまり自分が自覚しないまま間接的に暴力を行使することを余儀なくされている社会構造の仕組みを、反省性によって自覚することが可能になるのである[8]。

『ホモ・アカデミクス』は一九八四年に初版が公刊されたが、一九八七年の版に「序にかえて」という文章が加筆され、さらに一九八八年の英訳版においては、物議を醸すとして伏せられていた「教授リスト」などの実名の挙げられている補遺が収録されている。一九八七年版の「序にかえて」においては、『ホモ・アカデミクス』における問題設定が明確に整理されている。ブルデューは始めに、次のように述べるのである。

> 大学世界の社会学的分析というのは、私が自分の研究そのものの中で一貫して継続して来た、学問的実践についての批判的反省の到達点であるが、これは[ものごとを分類しランク付けする]分類者の中の分類者たる「ホモ・アカデミクス」を、それ自身の分類[ランク付け]の中に落とし込んでしまおうとすることに他ならない。(Bourdieu 1984=1997: 9)

ここにおける分類という語には階級(classe)が含意されているが、分類と階級の関係は『ディスタンクシオン』と『実践感覚』においても問題とされていることである。両著作と異なるのは、大学世界を分析対象にすることで、社会学者としての自らを反省的に捉え直す試みであるということである。ここで重要なのは、ブルデューが自らを民族学者（人類学者）ではなく社会学者として自己規定していることである。反省性とはまさしく社会学者に要請されるものである。

自分自身の世界を、それももっとも近しい馴れ親しんだ部分を研究対象とする社会学者は、民族学者のように、見知らぬ異国のものを身近に飼いならすのではなく、こういう言い方をしてもよいなら、慣れ親しんだものを見知らぬ異国のものにするのでなくてはならない。あまりに馴れ親しんでいるがゆえに見知らぬ異国のものに留まっている生活と思考の様式、これとの原初の親密性の関係を断ち切るのである。(Bourdieu 1984=1997: 10)

本章でも繰り返してきたように、ブルデューは民族学と社会学の分断を拒否している。ここでも両者を隔てようとしているわけではなく、研究者の傾向として両者の違いを自らとの文化的・精神的近さによって位置づけている。たしかに、傾向としては社会学者の方が人類学者（民族学者）よりも自分にいろいろな意味で近い対象を研究する傾向にあると考えられる。いずれにしても、「もっとも近しい馴れ親しんだ部分を研究対象とする」研究者こそ反省性を必要として、自らも対象化しなければいけない、というのがブルデューの考えである。彼が大学世界を『ホモ・アカデミクス』の主題に掲げたのは、それこそが彼にとって近しく馴れ親しんだ世界であったからである。

ブルデューは、このような主題を社会学的に扱うとはどういうことか、とりわけ「ポストモダン」的な分析とはどのように違うのかを以下のように述べている。

大学世界を科学的に分析するということは、客観性と普遍性を備えていると称する対象化という操作を行う資格を持つものと社会的に認められている機構を対象とすることである。ポストモダンと言われる分析の中には、「実証主義」や「科学主義」の告発という仮面を被った、科学に対する、それも特に社会科学に対する昔ながらの非合理主義的な拒絶を、フレンチ・ラディカル・シック風な装いをこらして、当代の好みに合わせただけにすぎないという例も少なくないが、社会学的作業そのものに対して社会学的実験を適用することに他ならないこのような企ては、そうしたポストモダン風の科学に対するニヒリズム的な疑問視につながることはない。それどころかそれは、社会学こそは歴史主義的ないし社会学主義的循環を抜け出すことができるのだ、ということを示すことを目指しているのである。そして社会学としては、己れが提供する知識を、科学が生産される場たる当の社会的世界について用い、この世界の上に、そして極度の監視を怠るならば科学的言説そのものの上にも力を及ぼす、社会的決定作用の効果を制御するべく試みるだけで、十分にそれを果たすことができるのである。(Bourdieu 1984=1997: 11)

ブルデューにおいて、反省性の実践として大学世界を科学的に分析することは、社会学者にこそ要請されるものであると同時に社会学にこそ可能なことなのである。それがなぜかといえば、科学は諸々の社会的条件の上に成立するからであり、科学的知の生産を社会事象として捉える必要があるからである。それでは、このような研究が社会学者一般ではなく、ブルデュー個人にとって持つ意味とは何だったのであろうか。

大学機構の社会学というかなり独特の社会学が私の仕事の中で占める位置がかくまで重要なのは、おそらく私が感じた次のような必要性の独特の強さの故であろう。その必要性とは、かくも多くの総本山の高位聖職者たちの浅薄さないしシニシスムを前にした托身者の失望を、自己破壊的なものに他ならないルサンチマンの中に解消するのではなく、理性的に克服しなければならないという必要性であった。それともうひとつ、当の大学という機構が教え授ける真理と価値が実際の実践の中で受けている待遇に対する失望も、そのようにして克服しなければならなかった。托身者が大学という機構に身を捧げた以上、彼はそうした真理と価値に殉じ、身を捧げているのであるから。(Bourdieu 1984=1997: 29)

ブルデューはここで、自らのことを「托身者」と言い換えている。彼は、大学世界において優位な立場にある人々に失望し、憤りを感じていたわけであるが、このような意識や感情をそのまま攻撃性に転化させるのではなく、全く別の方法を模索した。その模索が反省性の実践であり、このような実践とは、科学的知が生産される社会的過程を科学的に分析することで、科学をより科学的にする試みであった。

ブルデューはここで「真理と価値に殉じ」という表現を用いているが、ここで示唆されているのは科学が真理と価値双方の探求であるということである。このような考え方はブルデューにおいてはアルジェリア戦争期から一貫している (Bourdieu 2002b=2015 (I): 60-76)。ブルデューにおいて、科学的研究の実践と科学の科学という反省性は、特定の文脈と社会状況に結びついた価値に根ざしたものであった。すなわち、「価値への自由」と「価値からの自由」がともに関わる問題でありつづけた。このような科学と「価値」をめぐる問題は、社会学において古くて新しい問題に回帰することになる。マックス・ヴェーバーの価値自由（Wertfreiheit）論である。

カリノフスキーによれば、ジュリアン・フロイントの「価値自由」論文のフランス語訳が一九六五年に公刊されて以降、フランスにおける「価値自由」の解釈は大きくフロイントの影響を受けることになった（Kalinowski 2005: 193-194）。その解釈とは、価値自由を「価値中立性 neutralité axiologique」と訳し、前者を科学的方法の条件とは価値中立的な立場を貫くことであると捉えるものである。フロイントのこのような解釈は、ヴェーバーのテクストの論理構造を捉え損なっているがために生じる誤解であるが、このことをカリノフスキーは具体的な論拠を示して論証している（Kalinowski 2005: 194-198）。

カリノフスキーによっても指摘されているが、『政治論集』（Weber 1958）をみる限りでもヴェーバーが中立的であろうとしたと考えることはできないし、ヴェーバーの政治への関心と学問（科学）への関心が相互に無関係だと断じることもできないだろう。ここではヴェーバーの価値自由論の解釈には立ち入らないが、フロイントの解釈を批判するカリノフスキーが提示する Wertfreiheit の新しい訳語は、「価値を課さないこと non-imposition des valeurs」である（Kalinowski 2005: 199）。すなわち、価値中立的であることは不可能だが、科学的方法に価値を混入させない、ということである。

価値自由をこのように解釈するカリノフスキーが想定しているのは、（フランス的な意味で）知識人であったブルデューである。彼の時事的・政治的発言を集めた論集『介入』（Bourdieu 2002b）からも分かるとおり、ブルデューも価値中立的であることを自覚的に拒否した社会学者であった。カリノフスキーは、このようなブルデューとヴェーバーを、次のように並べて論じるのである。

ヴェーバーによって概念的な言語で価値自由として定式化されたものであるものの、社会学の自律性と科学性の諸条件をめぐる問いは、「支配的」な研究者にもっぱら関わるのではなく、主として彼・彼女たちだけに関わるものでもない。実際にこの問いは、（後にはブルデューもそうであったように）ヴェーバーがすぐれて自らのものにする術を心得ていたものであり、社会学の専門（discipline）を選択するよう動機づける政治的衝動に対し、このような衝動を規律（discipline）の中で正に抑える必要性との間にある矛盾のことであった。この規律とは、科学として提示されなくなること、及びその帰結として政治的衝動の再備給（réinvestissement）に適さなくなることに脅かされているがゆえのものである。つまるところ、このような矛盾への問いこそが価値自由の言説をめぐっての真の問題設定であり、すぐれて反省的な問いなのである。（Kalinowski 2005: 216）

カリノフスキーがここで「真の問題設定」として提示しようとしている「社会学の自律性と科学性の諸条件をめぐる問い」は、ブルデューにおいては反省性として捉えられる問いである。ヴェーバーの価値自由概念には、ブルデューの反省性と重要な共通点があるというのがカリノフスキーの認識である。この場合の「価値自由」とは、価値からの自由（価値にとらわれない）という意味である。

ブルデューにおいて、反省性の実践としての科学的知の産出過程の分析は、価値からの自由を実現するために必要な作業であった。また、彼においては、そうした実践は思考のみで可能になるのではなく、思考の主体自体を経験的に対象化しなければいけないものである。ブルデューの反省性は価値自由と深く関わるが、後者によって前者を括ることはできない。なぜなら、前者は価値そのものよりも認識を問題とするからである（Bourdieu 2001=2010: 207）。

他方で彼は、科学の世界が「恐るべき後退に脅かされている」、すなわち「少なくとも部分的には、科学の独立のための最低限の条件を保障してきた国家官僚機関に対して、科学が少しずつ獲得してきた自律性が非常に弱くなっている」ことを問題にし、反省性の実践として『科学の科学』の考察をコレージュ・ド・フランスの講義として行っている（Bourdieu 2001）。こうした問題設定自体は、科学の自律性を擁護する価値判断に支えられている。

『ホモ・アカデミクス』の場合には、科学界と大学世界がそれらの外部の世界から十分な自律性を獲得していることが前提となっていたように思われる。他方で、『科学の科学』の場合には、科学界の自律性が危ぶまれ、外部の世界からの脅威に晒されているというブルデューの認識の上に『科学の科学』の議論は展開されている。いずれの場合にも、科学的認識をより科学的にするために必要な作業として反省性が考えられ、実践されていることは共通している。

五　結びにかえて

本章ではこれまで、⑴認識論的前提、⑵同じフィールドへの回帰、⑶科学的知の産出過程の分析という三つの観点から、ブルデューの反省性について考察してきた。筆者が焦点を当ててきたのは、反省性をブルデューがどのように実践してきたかという点である。必然的に、反省性の普遍性や一般性よりも特殊性や個別性を強調することになった。ブルデューは、自ら練り上げた独自の理論と方法によって反省性の実践を行ってきたが、本章ではそうした理論と方法の説明は省略した。これを省略しなければ、彼による反省性の実践はより特殊で個別的な知的活動にみえるはずである。しかしながら、ブルデューにおいては、反省性とは具体的に実践されるべきものであると同時に、社会科学一般の要請として研究者に広く共有されるべきものであった。

こうしたブルデューの問題関心とともに、反省性をそれぞれの方法で実践する研究者もいれば、それを社会科学一般へ適用するための基礎研究を行っている研究者もいる。本章では、紙幅の関係で前者は省略し、後者の一部として二つの業績を紹介したい。

その一つは、社会学者ティム・メイらの社会調査論『社会調査とリフレクシヴィティ』である（May & Perry 2011)。このリフレクシヴィティは、反省性と再帰性の両方を含意している。同書は三部から構成され、第一部は「内容」として反省性の基本的な考え方を解説している。第二部は「帰結」として、反省性の実践に関わる問題を論じている。ここまでは、メイのみによる執筆である。第三部は「文脈」として、大学と学術研究を取り巻く世界と研究活動の関係がメイとベリーの共著で論じられている。メイらは、ブルデューから多大な影響を受けつつも彼の議論を相対化し、反省性の一般化可能性を探っている。たとえば、彼らは同じフィールドに回帰することを重視していないが、これはブルデューとは異なる方法で反省性の可能性を探る試みと考えることができる。

もう一つは、歴史学者クリストフ・シャルルの『ホモ・ヒストリクス：歴史・歴史家・社会科学についての省察』である（Charle 2013)。本書でブルデューの著作への直接的言及が特に多いのは第二章と第三章（Charle 2013: 47-74）であるが、全体として、歴史学の集合的営みを対象化することによって歴史学の探求に必要な反省性を実践する試みとなっている。その試みは、歴史学の社会学と呼べるかもしれないし、歴史学の歴史学と呼べるかもしれない。『ホモ・ヒストリクス』の第三部（Charle 2013: 169-239）ではホブズボームやヴェーラーらの著名な歴史学者を論じる章が並んでおり、史学史となっている。ただし、その史学史は、シャルルにとって重要な歴史家の営みを成り立たせる歴史的・制度的諸条件の考察になっており、ブルデューの試みた反省性の実践と相似する試みとなっている。シャルルは、歴史学者として反省性の実践を行い、その歴史学における意義についても論じている。

以上のように、ブルデューの反省性の思想は、彼が実践することで示した領域を超えて適用していくことが可能である。おそらく、反省性の要件や規準を厳密に決めることはできない。認識を前進させるために知の歴史と現在を問うのが反省性であり、ブルデューの場合に限らず、それは実践されることに意義がある。なぜなら、反省性とは何かという議論のみでは、無限後退せざるを得なくなり、場合によっては同語反復に陥ってしまうからである。ブルデューの反省性が意味のある形で受容されるには、それが彼に固有の実践であったことが十分に認識された上で相対化されることが求められる。

注

1 『リフレクシヴ・ソシオロジーへの招待』は一九九二年に英語版が出版され、二〇一四年にそれとほぼ同じ内容のフランス語版が出版されている。一九九二年に *Réponses* というタイトルで出版されているのは、その抄訳版である。本章では、邦訳のある英語版から引用を行い、適宜二〇一四年のフランス語版を参照した。なお、この著作に限らず、訳文には筆者が修正を加えている。

2 ヴァカンと基本的な問題関心を共有しつつも、親近性という観点からブルデューの反省性概念を批判的に考察した論考もある (Geay 2011)。

3 この「エピステモロジー」はバシュラールやカンギレムに代表されるフランスの知的伝統を示しているため、「認識論」という訳語ではなくカタカナ表記にした。

4 実際に、シャンパーニュとクリスタンによるブルデュー社会学の入門書では、スーセンの考察と共通した議論が反省性概念とは別に展開され、反省性については本論ではほとんど言及がなく、巻末の簡潔な用語解説で反省性が解説されている (Champagne & Christin 2012: 239-240)。反省性については、簡潔な定義を与えた上でブルデューの社会学の様々な面に関わると指摘した方が理解されやすいからであろう。

5 他にもブルデューの反省性に関しては様々な議論がある。挙げればきりがないが、行為論的観点からの批判的考察 (Bohman 2011)、言語と関連付けた考察 (Boschetti 2004)、科学論としての反省性の考察 (Gingras 2004)、などがある。

6 『パスカル的省察』、『科学の科学』、『自己分析』などの晩年期の著作を通じ、ブルデューの反省性の思想は晩年期に完成されたと捉えることも可能かもしれない。しかしながら、これらの著作の主要な論点は反省性という枠組みでは整理できず、反省性そのものの議論に関しては本章で参照する文献の議論を踏襲しているため、本章では晩年期よりも七〇年代と八〇年代の著作に重点を置いて考察を行っている。

7　フランス語では“sociologie spontanée”である。この語は邦訳では「自生社会学」と訳されることが多いが、これでは何のことだか分かりにくい。したがって、ここでは直訳せず、元の意味に近い訳語を当てることにした。

8　このような象徴的暴力の自覚を社会調査において実践してみせた成果が、『世界の悲惨』（Bourdieu et al. 1993）である。

文献

Ansart, Pierre, 1990, *Les sociologies contemporaines*, Paris: Éditions du Seuil（=2004, 石井素子他訳『社会学の新生ピエール・アンサール』, 藤原書店）.

Bohman, James, 2011,‘Réflexivité, agentivité et contrainte. Les paradoxes de la sociologie de la connaissance de Pierre Bourdieu’, in Michel de Fornel & Albert Ogien, ed., *Bourdieu : théoricien de la pratiquepublié*, Paris: Éditions de l Ecole des hautes études en sciences sociales.

Boschetti, Anna, 2004,‘Réflexion sur le langage et réflexivité’, in Louis Pinto, Gisèle Sapiro & Patrick Champagne, eds., *Pierre Bourdieu, sociologue*, Paris :Fayard.

Bourdieu, Pierre, 1977, *Outline of a Theory of Practice*, Cambridge: Cambridge University Press.

Bourdieu, Pierre, 1979, *La Distinction. Critique sociale du jugement*, Paris, Éd. de Minuit（=1990, 石井洋二郎訳『ディスタンクシオン：社会的判断力批判』（Ⅰ―Ⅱ）藤原書店）.

Bourdieu, Pierre, 1980, *Le Sens pratique*, Paris, Éditions de Minuit（=1988, 1990, 今村仁司・港道隆共訳『実践感覚』（Ⅰ―Ⅱ）, みすず書房）.

Bourdieu, Pierre, 1984, *Homo academicus*, Paris: Éditions de Minuit（=1997, 石崎晴己・東松秀雄訳,『ホモ・アカデミクス』, 藤原書店）.

Bourdieu, Pierre, 2000［1972］, *Esquisse d’une théorie de la pratique, précédé de trois études d’ethnologie kabyle*, Paris: Éditions du Seuil,.

Bourdieu, Pierre, 2001, *Science de la science et réflexivité : cours du Collège de France, 2000-2001*, Paris: Raisons d’agir（=2010, 加藤晴久訳『科学の科学：コレージュ・ド・フランス最終講義』, 藤原書店）.

Bourdieu, Pierre, 2002a, *Le bal des célibataires : crise de la société paysanne en Béarn*, Paris: Seuil（=2007, 丸山茂他訳,『結婚戦略：家族と階級の再生産』, 藤原書店）.

Bourdieu, Pierre, 2002b, *Interventions, 1961-2001: science sociale et action politique*, textes choisis et présentés par Franck Poupeau & Thierry Discepolo, Marseille: Agone（=2015, 櫻本陽一訳『介入：社会科学と政治行動：1961-2001』Ⅰ―Ⅱ, 藤原書店）.

Bourdieu, Pierre, 2004, *Esquisse pour une auto-analyse*, Paris, Raisons d'Agir Éditions.（=2011, 加藤晴久訳『自己分析』, 藤原書店）.

Bourdieu, Pierre, J.-C. Chamboredon & J.-C. Passeron, 1973, *Le Métier de sociologue*, Paris, Mouton-Bordas（=1994, 田原音和・水島和則訳『社会学者のメチエ：認識論上の前提条件』藤原書店）.

Bourdieu, Pierre & Krais, B., 1991, "Meanwhile, I have come to know all the diseases of sociological understanding" in *The Craft of Sociology*, pp. 247-259（=1994, 水島和則訳『社会学者のメチエ』, pp. 463-483）.

Bourdieu, Pierre & Loïc J. D. Wacquant, 1992, *An Invitation to Reflexive Sociology*, Cambridge: Polity Press（=2007, 水島和則訳『リフレクシヴ・ソシオロジーへの招待：ブルデュー、社会学を語る』, 藤原書店）.

Bourdieu, Pierre & Loïc J. D. Wacquant, 2014, *Invitation à la sociologie réflexive* ; édition établie par Étienne Ollion, Paris, Seuil.

Champagne, Patrick & Olivier Christin, 2012, *Pierre Bourdieu : une initiation*, Lyon, Presses universitaires de Lyon.

Charle, Christophe, 2013, *Homo Historicus. Réflexion sur l'histoire, les historiens et les sciences sociale*s, Paris, Armand Colin, Coll.

Deer, Cécil, 2012, 'Reflexivity', in Michael Grenfell, ed., *Pierre Bourdieu : key concepts. 2nd. Ed.*, Durham, Acumen.

Geay, Bertrand, 2011,'Objectivation et auto-analyse. Une sociologie de la pratique militante', in Michel de Fornel & Albert Ogien, ed., *Bourdieu : théoricien de la pratiquepublié*, Paris, Éditions de l›École des hautes études en sciences sociales.

Gingras,Yves,'Réflexivité et sociologie de la connaissance scientifique', in Louis Pinto, Gisèle Sapiro & Patrick Champagne, eds., *Pierre Bourdieu, sociologue*, Paris, Fayard.

Harker, Richard, Cheleen Mahar & Chris Wilkes, eds., 1990, *An Introduction to the Work of Pierre Bourdieu : the Practice of Theory*, London, Macmillan（=1993, 滝本往人・柳和樹訳,『ブルデュー入門：理論のプラチック』, 昭和堂）.

Kalinowski, Isabelle, 2005, «Leçons wébériennes sur la science & la propagande», in Max Weber, La Science, profession & vocation, traduit de l'allemand par Isabelle Kalinowski, Marseille, Agone.

May, Tim & Beth Perry, 2011, *Social Research & Reflexivity : Content, Consequences and Context*, London, SAGE.

Pinto, Louis, 2002, *Pierre Bourdieu et la théorie du monde social* (édition revue et augmentée par l›auteur), Paris, Albin Michel.

Susen, Simon, 2016, 'The Sociological Challenge of Reflexivity in Bourdieusian Thought', in Derek Robbins, ed., *The Anthem Companion to Pierre Bourdieu*, London, Anthem Press, pp. 49-93.

Weber, Max, 1958, Gesammelte politische Schriften, Tübingen: J. C. B. Mohr（=1982, 中村貞二他訳『政治論集』みすず書房）.

4 A・メルッチの〝未発のリフレクション〟

──痛むひとの〝臨場・臨床の智〟と〝限界状況の想像／創造力〟

新原道信

私は、これまで日常生活における諸活動に関して、〝創造力（creatività）〟という概念によって調査研究をすすめてきた。……その調査は、調査研究グループ自身の自らへのリフレクションを含みこみ、そこでは、そのリフレクションの結果も調査の成果に組み込まれるというものである。……私のエピステモロジーへの関心は、内に在るのと同時に外にも在るような、観察に固有の新たなコードに関する知への関心として表現し得る。こうして私は、フィールドで考え、協業し、おたがいにふりかえりつつ交わるグループの異なるメンバーのための調査の技法を探求した。こうして私たちの調査研究グループは、かなりのエネルギーを自らの調査実践をふりかえることにむけることとなった。……重要な意味を持ったのは、創造力に関する実質的な定義を確定してしまわずに、当事者との対話や調査メンバー間の対話のなかで、解釈の配置変えをしていくことに対して開かれた理論（teorie disponibili）を創ろうとしたことだった。

（創造力についての）調査のプロセスにおいては、大きく揺れうごきつつも、客観的な立場に立つということも、リフレクシヴであり続けるということも、避けて通ることは出来ず、自らが生産する知や認識のあり方（流儀）の特徴に対して持続的な注意を払うというかまえを保ちつつ、このエピステモロジーのジレンマのなかで生きていくしかない。

（Melucci 2000d=2014: 101-103）

> こんにち必要なのは、問題のなかにあらかじめ答えが含まれているような問題解決だけではなく、新たな問いを立てることに私たちの創造的な力を向けることであるということが、ますます明らかになってきている。もし創造性と問題解決とを同一視してしまうと、創造的活動は、必ずしも所与の問題に対する解答を導くものではなく、むしろそれは提示された問いのレベルにおけるフィールドを常に再構築することを要求するのだ、という事実を見落としてしまうだろう。芸術のように、問題を解決するわけではない創造的活動が存在するし、またある一定の枠内に制約された創造的とはいえない問題の解決だって存在する。私たちの社会は、創造的プロセスを促す個人の資源を発展させていくという試みに直面している。すなわちそれは、リスクを受け容れ、規定できないものを甘受し、すでに知られ、分類され、決定されていたかにみえるものを、一時保留にすることを厭わないような能力である。それはまた私たちの心を開き、新たな領域を切り拓くために、自分自身の抑制や不安定さを乗りこえていく能力である。それゆえ創造力とは、それがいかに定義されようとも、驚嘆するという私たちの能力にかかっているのだ。(Melucci 1996a=2008: 196)

一　はじめに：〝多重／多層／多面〟のメルッチ、その〝生身のリフレクシヴィティ〟

二〇〇一年九月一二日に白血病でこの世を去ったA・メルッチは、複合社会における社会運動とアイデンティティの不確定性をテーマとする社会学者として知られた（Melucci, Alberto 1989=1997; 1996b; Scribano, Adrián 1998）。二〇〇二年と二〇〇八年には、大規模な追悼シンポジウムがミラノで開催され、いくつかの追悼本も出版されている（Guizzardi, Gustavo 2002; Leonini, Luisa 2003; Ingrosso, Marco 2003b; Chiaretti, Giuliana e Ghisleni, Maurizo 2010）。メルッチの著作は、精緻な論理と、巧みで重厚な叙述によって構成されており、理論社会学の文脈では、ギデンズ、バウマン、トゥレーヌ、ベックなどのヨーロッパ社会学の新「古典」のなかで、構造によって決定されるという「構造化主義者（strutturazionista）」の立場から距離をおく「構築・構成主義（costruzionismo）」の文脈で語られている（Ghisleni, Maurizio 2010; Jedlowski, Paolo 2010a）。また「社会学のリフレクシヴィティ／リフレクシヴな社会学（riflessività della sociologia/sociologia riflessiva）」という観点では、C・W・ミルズ、A・グールドナーの系譜と並んで、大陸ヨーロッパ・イタリアの文脈からの〝リフレクシヴな社会学（「科学の社会学」「社会学の社会学」「〝反射的反省性（réflexivité réflexe）〟の社会学」「聴くことの社会学」）〟の流れのなかに位置付けられている（Bovone, Laura 2010: 29-41）。

他方で、メルッチは、身体への関心からその学問と臨床実践をすすめてきた臨床心理学者のA・ファブリーニ（アンナ夫人）（Anna Fabbrini-Melucci）[1]との共同研究で、青少年の〝心身／身心現象〟、〈内的なプロセス、目に見えない、当人にしか体感し得ない、生理的・感情的なプロセス〉に関する濃密な質的調査研究の成果を作品化してきた（Melucci, Alberto e Fabbrini, Anna 1991; 1992; 1993）。それと同時に、健康・福祉・病、臨床の社会学の分野での共同研究も積み重ねてきた（Melucci, Alberto 1990a; 1990b; 2002b）。さらには、神経科学、遺伝子工学、生物学、医学などの諸科学との対話と協業（Lundin, Susanne and Ideland, Malin 1997=2012）も、他の社会学者が全く関心をもたない頃から着手していた（Melucci, Alberto 1997=2012）。

それぞれの「領域」でメルッチと接するものたちは、メルッチの「別の顔」を知らない。自らが、主著『プレイング・セルフ』で論じた「多重／多層／多面の自己のメタモルフォーゼ（Metamorphosis of the multiple self）」（Melucci, Alberto 1996a=2008: 59-79）の当事者であり、いわば、〝境界領域を生きるひと（gens in cunfinem）〟であったメルッチは、同書の「イントロダクション」で以下のように述べている。

この境界領域（frontier territory）をうごき回るには、特別な歩みが必要となる。よく知られたものの領域の間に広がる前人未踏の地（no-man's-land）では、今まで蓄積してきた体系化された知識は、焦点がぼやけ、混交する（contaminated）。ただしこれは、すでに確立された既存の言葉使いや専門用語の間に起こる混乱（confusion）とは別のものである。……すでに慣れ親しんだ領域が隣接する境界線上（on the borders）では、ある領域で見た同じものが違って見えてくることに気付くことが重要である。ものの見方の組成を少しずつ変化させながら、元いた場所からは少しずれた地点に戻っていくのである。まさにフロンティア（frontier）にあって、ものの見方は変わるのである。（Melucci 1996a=2008: 5-6）

この〝多重／多層／多面〟のメルッチから生み出された〝境界領域の智（cumscientia in cunfinem）〟、境界性、流動性、療法的、未発の状態への着目など多系／多茎の要素によって生み出される〝生身のリフレクシヴィティ（riflessibità cruda）〟をどう理解していくのか。

メルッチの主著『プレイング・セルフ』の日本語版の訳者である鈴木鉄忠は、メルッチの公刊された著作を丹念に読み込み、四つの時期に区分している（鈴木 2014: 132-143）[2]。

「初期」一九七四―一九八一：紛争と社会変動
「中期」一九八二―一九九〇：複合社会におけるアイデンティティの不確定性と社会運動
「後期」一九九一―一九九七：境界領域の社会学、惑星社会、内なる惑星としての身体
「晩期」一九九八―二〇〇一：聴くことの社会学へ

社会学の著作を中心として可視的な部分をみれば、このように変化してきたと言える側面は確かにある。他方で、臨床心理学や神経科学、療法的実践などにみられる「別の顔」、そして、「病」のなかで、学問の在り方そのものの配置変え（reconstellation/ricostellazione）がなされていったという側面への理解が残されている。個々人の個的で深い（とりわけ〝痛み／傷み／悼み〟とかかわる）体験が社会的意味の産出と実はつながっている。病のなかでこれまで構築してきた知の枠組みを手放し、練り直そうと願望し企図していたメルッチの〝未発のリフレクション〟を渉猟し（徹底して探しまわり）、踏破し、掘り起こし、すくい［掬い／救い］とり、汲みとることが本章のミッション（使命）である。

本章は、とりわけ「晩期」におけるメルッチの試みを考察のフィールドとする。課題とするのは、社会学と臨床心理学、神経科学など、諸科学の境界を横断するリフレクシヴな知識人」から「白血病の当事者」になるという〝メタモルフォーゼ（変身・変異 change form/metamorfosi）〟に直面したメルッチが、限られた時間のなかで「率直に（francamente e sinceramente）」、いかなるリフレクシヴな調査研究を構想していたのかの解明にむけての「頭出し」をすることにある。「頭出し」という表現をとったのは、十数年前にメルッチが遺してくれた言葉が持つ〝多重／多層／多面〟性、〝複合・重合〟性を理解していく途上にいまだあるという意味が込められている。本章は、病のなかで〝リフレクシヴで療法的なプレイング・セルフ（Reflexive & Therapeutic Playing Self）〟の存在意義を問いつづけたメルッチの内省的／再帰的／乱反射的な生身のリフレクションのうごきの場に居合わせる機会をもらった者による、偏りのある生身の「証言」として書かれている[3]。テクストに対する厳密なクリティークであるというよりは、（メルッチ夫妻それぞれと筆者との）特定の二者関係による個人的体験のなかで、きわめて率直なかたちで発せられた言葉や表情が含まれるという特徴をもっている。本章で提示する材料を参照点の一つとして、後から来る智者たちが、メルッチの新たな社会認識を掘り起こし、察知し、理解し、リフレクションのつらなりが起こっていくことを期待し、本章を描き残す。

このサルベージ（掘り起こし）のための主要な「足場」となるのは、公刊されたテクストのみならず、以下の題材である。

(1) 二〇〇二年と二〇〇八年の追悼シンポジウム（二節で検討する）、

(2) 追悼本など、メルッチの死後、その仕事をめぐってなされたリフレクション（三節で検討する）、

(3) 二〇〇〇年五月日本での二つの講演の録音と本人が遺した録音テープ、そして新たな本の構想（四節で検討する）[4]である。

これらの意味を理解するための通奏低音（Basso continuo）となっているのは、〝自らの社会的病とともにある社会の医者〟[5]をめぐる一九九四年から二〇〇一年にかけてのメルッチとの対話、そして、一九九四年から現在までつづくアンナ夫人たちとの対話である[6]。

二　「メルッチ」はどうみられていたのか？——アンビヴァレントな「二つの顔」をもった境界領域の社会学者

二〇〇八年の追悼シンポジウムの主催者であり、メルッチと同じく文化プロセスの社会学を専門とするG・キアレッティとメルッチの弟子M・ギズレーニを編者とする二〇一〇年の追悼本『境界領域の社会学』（Chiaretti e Ghisleni 2010）では、以下のようなかたちで「メルッチの経歴」がまとめられている。

一九四三年生れ、一九六七年ミラノカトリック大学（哲学）を卒業し助手として残る。ミラノ大学大学院で社会学を学び（この時期、トレント大学で社会学を学んだAnna Fabbriniと結婚し）、ともにパリに留学する。一九七四年、高等研究実習院（École pratique des hautes études）[7]のA・トゥレーヌの下で社会学の博士号を取得。一九八一年、パリ第七大学のY・ブレス（Yvon Brès）の下で臨床心理学の博士号を取得。同時に、サッサリ大学法学部で産業社会学の准教授（1973/1975）、ミラノ大学政治科学部で政治社会学の准教授（1976/1987）、一九八七年に正教授試験を突破し、トレント大学社会学部の比較社会システム正教授となる。一九九一年よりミラノ大学政治科学部の文化プロセスの社会学正教授。社会運動についての共同研究はＬＡＭＳ（社会変動と集合行為の研究工房 Laboratorio di ricerca sui mutamenti sociali e l'azione collettiva、後に社会変動研究工房 Laboratorio di ricerca sul mutamento sociale と改名）という調査研究グループを組織し、一九八〇年から一九八八年、一九九一年からも何度か解散をしつつ継続した。他方で、精神療法／心理療法についてはミラノ大学医学部附設の学校で一九八四年から一九九二年、M・ビアンキ（Marcello Cesa Bianchi）主催の臨床心理の学校で一九九〇年より教える。メルッチと同じくパリで心理学博士となったアンナ夫人との間で、一九七九年よりCentro Alia[8]という臨床心理学の研究と実践のための工房を組織し、若い療法実践者・研究者の教育の場としていった。日本は、最晩年もっとも好んだ目的地となった。山之内靖、矢澤修次郎、新原道信と交流し、新原によって『プレイング・セルフ』が翻訳されアンナ夫人が「はしがき」を書いた（Chiaretti, Giuliana e Ghisleni, Haurizio 2010: 17-19）。

この軌跡からは、社会学的な社会変動、社会運動とアイデンティティの研究と精神療法／心理療法の実践・教育・研究という二つの相対的に異なる「流れ」を読みとることができる。ある「領域」の人間からみた場合のメルッチは、複数の領域の境界線上に立つ「境界人（gens in cunfine）」「故郷喪失者（gente spaesata）」となっていた。この点を確認するため、二〇〇二年と二〇〇八年に行われたメルッチの追悼シンポジウムにおいて、メルッチがどう理解されていたのかをみていこう。

二〇〇二年一〇月にミラノで行われたメルッチ追悼シンポジウムは、メルッチの恩師A・トゥレーヌや、彼と親交の篤かったZ・バウマン等を招待し、国際社会学会会長（当時）のミラノ大学教授A・マルティネッリがホスト役となり、「惑星社会におけるアイデンティティと社会運動」と題して開催され、社会運動論とアイデンティティ論を中心とした報告がなされた。トゥレーヌは「マクロな社会運動」と南米の事例について語り（Touraine, Alan 2003）、バウマンは、フィヒテから現在に至る（モダン／ポスト・モダンの次元での）「ミクロな主体」を語ったが（Bauman, Zygmunt 2003）、他の多くの論者の報告では「グローバリゼーション」という言葉が飛び交った。そこでは、各自の社会運動論のなかにメルッチの理論が位置付けられ、社会運動の変容およびその変容をどう理解し解釈するかという点に議論が絞られた。アイデンティティ論をめぐる報告においても、明晰に整理されたアイデンティティの変容過程についての報告がなされ、メルッチは、「アイデンティティの不確定性論者」として位置付けられた。

「マクロな社会運動」と「ミクロな主体」という図式で構成された「グローバル」な議論の（「分裂」の）なかで、「メルッチの社会理論には、マクロからミクロへの主題の転換があった」とされ、「晩年のメルッチが、個々人の内面の問題に関心が集中し、社会運動の研究にとり組まなくなった」という批判もなされた。他方で「いやむしろ、個々人の行為のつらなりの中に社会紛争を見出すのが、今日の社会学者の役割だ。新しい社会運動の誕生を、〝痛む〟という行為の産出としてみるべきだ」という意見とが対峙することとなった[9]。

二〇〇八年のシンポジウムは、「アルベルト・メルッチから……現在のインヴェンション」と題して開催された。

ここでの「現在のインヴェンション（L'invenzione del presente）」とは、いまはここにないもの（過去／未来）を想像し創作していく力であることが語られ、メルッチ社会学の固有性は、「境界領域の社会学（sociologia di confine）」であるという理解の下に、メルッチと研究をともにしてきた共同研究者と弟子たちによる報告を並べるかたちですすめられた。二〇〇二年のシンポジウムと比較して、二〇〇八年のシンポジウムでは、「社会運動／アイデンティティ」「マクロ／ミクロ」という枠組みから「境界領域」「領域横断」の側面への新たな関心が反映される構成となった。

第一部「惑星社会における個々人」では、新原の第一報告「惑星人の境界、パサージュ、メタモルフォーゼ」（Niihara 2008）につづいて、メルッチ夫妻による精神療法／心理療法の育成コースに参加し共同研究をしていた臨床社会学者P・ジェドロウスキーが「主体性と相互依存」について報告し、社会運動研究をともにしたP・レブギーニ「抵抗する個体性：批判と動員の可能性」とE・コロンボ「ともに生きるための差異：グローバル社会における差異、アイデンティティ、責任」の報告がつづいた[10]。

第二部「理論と調査研究のパースペクティヴ」では、M・ギズレーニがメルッチの文献を丹念に読み込み、前期と後期にわけて図式化し、議論の射程をトレースしたうえで、ギデンズ、バウマン、トゥレーヌ、ベックたちとの比較を試み（「A・メルッチと現代社会理論」）、G・ナヴァリーニの報告「リフレクシヴィティの螺旋：思考法、調査法の問題と調査の実践」では、ギアーツやクリフォード＆マーカスの仕事などとの比較が試みられた。しかしながら、丹念な報告のなかで指摘された「ダイナミズム」「（リフレクションの）うねり」を、報告そのものからよみとることは困難であるように思われた（リフレクシヴィティや関係の構築について、そこだけ切り離して議論することができるのか、どのようにできるのかという問題が明らかとなった）[11]。

二〇〇二年のシンポジウムで現れた「分裂」、そして二〇〇八年のシンポジウムでの「生々しさとのズレ」から、メルッチのリフレクションのうねりのコンテクストは、「社会認識の専門家」にとっても、きわめて難解なテクストであることが伝わってきた。同じ「領域」で「すでに確立された」範囲での推論を基本とする「専門家」たちにとっては、メルッチから発せられる言葉や発想によって、異なる境界線、補助線の引き方がもたらされ、「問題解決」ではなく「新たな問い」へと引きずり込まれるようなところがあった[12]。

この「謎」の部分について、第一部の司会役をつとめたI・ザンデルは、「恩師の世代にあたるA・トゥレーヌとF・アルベローニが、その社会運動のマクロな理論において、個々の主体を位置づけられていなかったのに対して、メルッチは、社会福祉職をしているような小さな主体を位置づけてくれた。とりわけ晩年の著作は、この射程によって、多くのごくふつうの読者を獲得した。メルッチは、特定の科学の『領域』のみで通用する用語だけでなく、いくつものことなる言葉・表現方法（molti linguaggi diversi）を駆使した。メルッチは、その意味で、いくつもの知を有機的に結びつけ、それらの間を縦横無尽に移動することができる『智者（saggio）』であった」と語った。

しかし、ここでなすべき理解は、〝枠外のひと（gente di fuori classe e fuori moda）〟――その時代の枠組み（「序列」）や流れから〝ぶれてはみ出し〟、独自のリズムとテンポで、あるときは時代おくれ（fuori moda）、あるときは「時流」を突破・横断し、先端に飛び出し、不規則にかたちを変えつつうごいていくひと――を、自分の枠組みの範囲内に位置付けることではない。そしてまた、致命的な「病」がもたらす「限界状況」から智を創造した「智者」としてメルッチを「賞揚」することでもないだろう。ではいかに、メルッチの〝生身のリフレクシヴィティ（riflessibità cruda）〟をよみとくのか。メルッチの死後、シンポジウムでの理解から、さらに歩を進め、なんとかその〝多重／多層／多面〟性を理解しようとした試みをみておきたい。

三　メルッチから何がよみとかれようとしたのか?――「リフレクシヴィティと聴くこと」「身体の発見」「痛むひと」

イタリアを代表する社会学者の一人であるL・ボヴォーネは、『リフレクシヴィティと聴くことの間――社会学の現代的意義』(Bovone, Laura 2010) のなかで、メルッチのリフレクシヴィティ論を重要視している。ボヴォーネの〝かまえ (disposizione)〟で重要な点は、メルッチがみていた世界のすべてを理解しているわけではないという「限界」の観点からの接近を試みている点である。

「もし自らの限界を識る社会学であるならば、その社会学を擁護しよう」(Bovone, Laura 2010: 7) という言葉で始まる同書は、個人的/構成的なリフレクシヴィティ、ポストモダニティの分け方による個人と社会のリフレクシヴィティ、グールドナー、ハバーマス、ブルデューのリフレクシヴィティを検討している。今日の「コスモポリタン社会 (società cosmoplitana)」に必要とされるのは、「ゆっくりとふりかえる社会学 (sociologia lenta e riflessiva)」である。メルッチの言うように、本当の意味での聴くことへと開かれた、分断されていない、一つのまとまりをもったリフレクシヴな態度こそが、古くからの激しい論争点であった客観主義/リアリズムと主観主義/相対主義の対立を乗り越えさせてくれるとする (Bovone, Laura 2010: 7-14)。

白血病となる直前の社会運動に関する共同調査研究の成果であり質的調査の方法論についての集大成である『リフレクシヴな社会学にむけて』(Melucci, Alberto 1998a) のなかで、メルッチは、「観察か介入かという (観念的) 対立はフィールドのなかでは乗り越えられてしまう (現実に先を越されてしまう)。なぜなら、社会調査においては、『純粋な観察』はあり得ず、観察はすでに介入であり、フィールドを変えてしまうからだ」(Melucci, Alberto 1998a: 26) と述べている。

さらに、科学的観察がリフレクシヴであることの困難についても言及し、「リフレクシヴな観察者は、自らが観察しているフィールドの内側に自らも在ることで、その場に居つつ同時に客体として自らを観察することは出来ないことに自覚的である。（フィールドの）内側にあるリフレクシヴな観察者は、自らを観察するためにはフィールドの観察をやめざるを得ない」(Melucci, Alberto 1998a: 298-299)。そして、「観察者と被観察者というふたつの側面を持つアクターは、不透明な部分を常に残し、主体としてまったく判明であることはない。そのため、調査は、より可視的な部分を俊別し、『他者からの視点で見る』可能性へとむかう」(Melucci, Alberto 1998a: 306-307) のだとする[13]。

ボヴォーネは、メルッチの議論に同意しつつ、「純粋な観察・調査者／対象化された被調査者」という枠組みへの問いかけとして、固定化された二者関係をゆりうごかすリフレクシヴな行為としてのライフ・ヒストリーを取り上げる。そこでは、前出の臨床社会学者Ｐ・ジェドロウスキー[14]の「ナラティブはひとつの歴史をともに創る」という視点（Jedlowski, Paolo 2000）――現実を定義することについての間主観的な協約、自然言語に媒介されたアイデンティティの再構成・表出、複数形の歴史を横断して歴史を創る可能性に着目する。しかしながら、いかにして「ともに創る」ことは可能となるのか?、他者を純粋な調査対象としてしまうのでなく、いかにして水平的関係を創るのか?、いかにして他者に対峙し、歴史をともに創る〝責任／応答力（responsabilità）〟を確保するのか？　といった「問いかけ」に新たに直面する（Bovone, Laura 2010: 134)。

ボヴォーネは、卓越した知識人が「純粋な観察」により、自らを完結させるリフレクションでなく、双方向的／相補的でリフレクシヴな行為がいかにして可能かという自らの「問い」に対して、二〇〇〇年五月日本での講演「聴くことの社会学」におけるメルッチの言葉を長く引用している。

まさにこれ（聴くことの社会学）こそが、今日的な智として求められているものです。「冷たい」知性ではなく、……他者を「対象」としてのみ考えるような知でもありません。距離をおいて、観察者と被観察者に分断されたものではなく、聴くことの力をもった智です。すなわちそれは、具体的な個人がその奥深くでなにを必要としているかを識ることの智であり、むしろ「対象」とされてしまっているようなひとたちから問いが発せられ、まさにその場で応答する、本当の意味で他者とふれあうところの智です。そこにあるものすべてが、たんなる「対象」ではなく「主体」であり、その場のだれもが問いを発し、応答し、自身の弱さを識り、自らの存在の不確かさに恐れをいだいているような諸個人です。ここで言いたいのは、観察者と被観察者が同質・同等であるということではありません、……調査研究者には被観察者とは異なる固有の責任があります。

Responsibility（responsabilità）という言葉のリテラルな意味は、「応答する（respond）力がある」ということです。それゆえ、responsibility は、聴くことと直接的につながっています。本当の意味での responsible とは、聴くことができるということになります。……知の生産者のなすべき課題は、他者が必要としている智を生み出すことにあります。しかしまた、産み出される智を聴くことのできるひとを必要としてもいます。だから、智を産み出すこと、聴くこと、応答することにもまた、循環が存在しています。ですから、智を産み出すという課題に応えるということは、なにか特権的な行為なのでなく、聴くことの場を産み出すことへの〝責任／応答力（responsibility）〟なのです（Melucci, Alberto 2000f=2001: 8-9; Niihara, Michinobu 2003a: 195-196）。

ここでは、ボヴォーネが「純粋な観察」によるリフレクションの困難について論じるときには『リフレクシヴな社会学のために』（Melucci, Alberto 1998a）のテクストから引用したのに対して、今後の方向性については、日本での講演の言葉に依拠していること、すなわちボヴォーネが、メルッチの生身のリフレクションに着目した点を重視したい。

P・ジェドロウスキーと同じく、メルッチとともに臨床社会学的な調査研究（Ingrosso, Marco 1990）を行ってきたM・イングロッソは、二つの追悼シンポジウムに参加し、臨床社会学分野からのコメンテーターとして重要な役割を果たした（Ingrosso, Marco 2003a）。「未知なる身体から〝痛むひと（homines patientes）〟へ」という論稿（Ingrosso, Marco 2010）のなかで、メルッチの社会運動の社会学とアイデンティティ論以外の学問的貢献として、「身体の発見」を取り上げる。この論稿では、「治療」のパラダイム、薬理実践、健康への社会学的ビジョンの形成にむけての考察をすすめるなかで、とりわけメルッチの功績が、病を前にした人間として発揮した〝責任／応答力〟の在り方であり、（抽象度を高めた単数形としての）「痛むひと（homo patiente）」に関する深く充実したリフレクションからさらに、生身の〝痛むひと（homines patientes）〟当人として発せられた生々しいリフレクションであったとする。そして、メルッチが、両親の介護と他界、そして自身の白血病と向き合わねばならなくなるという大きな状況の変化、そのなかでのNiiharaなど少数の友人との対話のなかで、〝移動民（homines moventes）〟としての〝道行き・道程（passaggio）〟に〝痛むひと（homines patientes）〟の視線を加えていったことを指摘している（Ingrosso, Marco 2010: 167-168）。

そして、ボヴォーネと同じく、二〇〇〇年五月の日本での講演をもとにした二〇〇二年の追悼シンポジウムにおけるNiiharaの報告およびL・レオニーニ編の追悼論文集に掲載された二つの論稿「痛むひとと聴くことの社会学」「ボディ・サイレント――身体の内側から世界をみる」（Niihara, Michinobu 2003a; 2003b）に着目し、下記の「証言」を引用し結論部としている。

二〇〇〇年五月、その生の最も困難な時期に、メルッチは日本にやって来た。……出来る限りの呼吸をともにし、同じ場所で同じ空気を吸いながら、互いの生存を確かめあった。移動する列車の中、庭園の日溜まりの中、あるいは喧噪の横浜の町中で、きわめて率直に、形容詞を必要とせずに、〝痛み（patientiae, sufferentiae, doloris）〟とともにあるひとがいかにこの混交・混成（contaminazione）のなかで生きるのかについて話し合った。社会科学の言葉と自分の身体を語る言葉をかさねあわせながら、トータルでクリニカルな現実と向き合っていった。はじめて網膜剥離の話をした翌日、彼は自分自身がその痛みを被ったかのような切実さで、わたしの身体をいたわろうとした。……わたしたちは、互いの身体の歴史に深く刻み込まれ、いつのまにか自らの根（radice）を構成する要素となってしまった〝痛むひと（homines patientes）〟の歴史がおたがいに浸潤し、他者の身体を串刺しにしている諸感覚を受け止める力、その意味で、実質的で奥深いものとしてのみ存在するところの共感の力（compassione）、よりゆっくりと、やわらかく、深く、耳をすましてきき、勇気をもって、たすけあう力、この限界状況での〝臨場・臨床の智（cumscientia ex klinikós）〟を介して「聴くことの社会学」が開かれていった（Niihara 2003a: 196-197）。

ボヴォーネ、ジェドロウスキー、イングロッソが着目した「聴く」「身体」「痛み」のリフレクシヴィティとかかわって、二〇〇八年のシンポジウムでは、〝生身の現実（cruda realtà, crude reality）〟がキーコンセプトの一つとなった。この〝生身の（cruda）〟の次元におけるリフレクションについて考えをつづけることとしよう。

四　生身のメルッチは誰に何を遺そうとしたのか？──「聴く」「身体」「痛み」のリフレクシヴィティ

病と生きるメルッチとの対話のなかで、「はたしてこの一〇年、私は／私たちは、社会的認識を生み出したのか？」「新たな学術書を作ることにどんな意味があるのか？」と、くりかえし、真剣な「問い」を突きつけられた。「これまで練り上げてきた調査研究を手放し／ふりかえるという道の途上で倒れることになるだろう」という「予感」のなかで、メルッチは、二〇〇〇年五月に来日し、二つの講演の記録と一つの録音を渾身の力で遺した。死の間際に、言葉が届くことがきわめて困難な相手に対して、それでもなお声を発しつづけたときの彼は、そのとき一体どのようなリフレクションをしていたのだろうか。

メルッチと二つの講演の題目について、あらかじめ以下のような話をしていた。「かつて進めてきたような活動的な形の調査研究ではないけれども、いままでフィールドで積み重ねたものを、何度も何度もふりかえり練り直す時期だと感じている。聴くことの社会学（L'ascolto della sociologia）には、二つの意味、すなわち聴くことに根ざした社会学（Sociologia di ascoltare）と、そのような社会学であるのならば、まさにいまこの時代にこそ社会学の声を聴こう（Ascoltiamo la sociologia）という意味が盛り込まれている。〝聴く〟ことは、実は、私たちが依拠してきた近代科学の前提（premessa）となってきた構造認識と主体像の新たな解釈への問題提起でもあるのだ。それを、自らに反逆する『異物（corpi estranei）』と成りつつある私の身体と対話しつつ考えている」と。

関東学院大学で行われた地域社会学会大会での記念講演（Melucci, Alberto 2000f=2001）は「聴くことの社会学」という題目でなされ、一橋大学での講演（Melucci, Alberto 2000g = 2010）は、当初、「情報社会化のなかでの身体への関心が意味するもの──これまでの知的形成の道程とかかわって」という題目となっていたが、後に、本人によって「痛むひと（オミネス・パツィエンテス）――社会学的探求（〝Homines patientes. Sociological Explorations〟）」という、彼自身に固有の「条件」の下で産出された〝智〟の方法に力点を置く題目に名付け直された。

二つの講演は、「これはレクチャーであるというより、談話でありたい」という言葉で始められた。病の最中にあったメルッチが、原稿なしにその場で語った話は、〝対話的な想像／創造〟に重きが置かれたものであり、思い通りには動けない「条件」の下での対話・談話のなかから〝臨場・臨床の智〟を生み出したいとの願望から来ていた。

渾身の力で発せられた言葉のなかで、聴くことの条件として、「umiltà（謙遜、謙譲、慎ましさ、自らの限界を識ること）」が大切だと言われたことについては、その場で通訳をしながらすぐには得心できずにいた。というのは、umiltà というイタリア語は、キリスト教的な美徳を表わす言葉であり、「冷たい知性」でも、「宗教的な救済」でもない智の〝共創（cocreazione）〟を企図したメルッチに似つかわしくない言葉だと思ったからである[15]。しかし、常に語源的なことも意識して言葉を選ぶメルッチの〝かまえ（disposizione）〟から推論するなら、聴くことに不可欠の条件として umiltà という言葉を選んだ背景には、彼の社会理論の根幹をなすエピステモロジーが、〝高みから裁くのでなく、低きより、地上から、廃墟から〟というものであったのだと気づかされる。

同様に、一橋大学の講演のむすびとして選ばれた「パッショーネとともに（con passione）」という言葉も、語源的な意味に込められたメルッチの生身の実存（esistenza）そのものからの「問いかけ」となっていた。

> ……さて、いよいよ本日の話の最後となりますが、「パッショーネとともに（con passione）」という言葉で締めくくりたいと思います。passione という言葉は、英語であれ、フランス語であれ、ほとんどすべてのヨーロッパ言語で使われている言葉で、ラテン語の patire を語源としています。patire とは、痛みや苦しみを受ける、

こうむるという意味をまずは持っています。しかし、この言葉には、それと同時に、参加をする、わたしたちがなにごとかをなすとき、自らの情動や力のすべてをふりしぼっての、内からわきあがる熱意という意味もあります。喜び、高揚、痛み、苦しみを受けとめるには、同じく膨大なエネルギーを必要とします。みなさんもまた、パッショーネとともに、膨大なエネルギーを費やす形で、社会を認識するという責務へとむかっていただけたらなによりです。(Melucci, Alberto 2000g=2010: 51)

すなわち、聴く側、言葉を遺される側は、かろうじて言葉を発した側の「パッショーネ (passione)」に照り返すかたちで、自らもまた「パッショーネとともに (con passione)」、応答し続けるのだという「謎かけ」でもあったということに、あらためてこの原稿を書きながら気づかされている。後につづく私たちが、遺された切片や断片を結び合わせ、ひとつの「網の目」としていくべきものなのだということを、いまあらためて理解したい。

「聴くこと」をテーマとした講演 (Melucci, Alberto 2000f=2001)、そして、「(社会統制と根源的要求との闘技場である) 身体」をテーマとした講演 (新原 2000g=2010) については、これまで翻訳・紹介をしてきている。この二つの講演は、来日前に予定していたものだったが、テープに録音された「リフレクシヴな調査研究 (Reflexive research)」についての論考については、投宿先の横浜のホテルで、「昨夜は比較的体調がよかったので、頭に浮かんだことを吹き込んだよ」と言って手渡されたカセットテープのなかにあった言葉である。二つの講演もまたそうであったように、conventional な (会議の場あるいは論文の形式で語られる型どおりの) 言葉によってでなく、ある特定の状況に埋め込まれた (situational and conditional)、個々人の身体の奥底で生じている喪失、変性、変質とそれに対する応答のつらなり、そこから紡ぎ出された言葉による clinical な語りである。

ここでは、社会調査における調査主体と当事者との関係性が、実は、可視的なレベルのみならずメタレベルのコミュニケーションにおいても成り立っていることに着目している。そして、当事者の側のみならず調査主体の側にも複数性と多重性があり、それぞれに固有性をもった個々人同士の二者の関係性が、「遊び（gioco, play）」をもって、ゆるく固定されたピボット・ピンのように揺れうごいていくなかでなされる営為として、社会調査をとらえている。さらに、このプロセスについて、メタレベルも含めて丹念なリフレクションを行い、複数の目で見て、複数の声を重ねて、固有の二者関係をもとにして当事者にも調査結果を返していく（その意味で、お互いに照り返していく）持続的なリフレクションについての提案がなされていた[16]。

それぞれの講演とテープ録音に埋め込まれた「聴く」「身体」「痛み」「（お互いに照り返していく）リフレクシヴィティ」という要素は、ボヴォーネやイングロッソも着目したように、「晩期メルッチの遺産」であると言える。『業績』のためにでなく、生命の危機とともに生きるという限界状況でもっとも考えたいこと、考えねばならないことに、残された時間とエネルギーを使って生きていきたい」と言っていたメルッチは、対面の相手に、口頭で、まさにその場で〝かたちを変えつつうごいていく（changing form）〟智を遺そうとして、講演とテープ録音を行った。生きたかたちの想念の表出を最重要視したメルッチが、それでも「最期」の時期にテクストとして遺そうとしたものを紹介することで、これからまた、その心意／深意／真意を考えていく〝基点／起点（anchor points, punti d'appoggio）〟としたい。

以下の二つは、メルッチと筆者との間でまとめられた、著作の構想である（いずれも、A・メルッチ著、新原道信編訳）：

聴くことの社会学――リフレクシヴな社会調査への問い（Sociologia dell'ascolto. Una esplorazione sulla ricerca sociale riflessiva / Sociology of Listening, Listening to Sociology. Questions on Reflexive Social Research)

1　近代的な、あまりに近代的な：近代の終わりかそれともあらたな社会の誕生か？（Moderno, troppo moderno: fine della modernità o nascita del sociale?）(Melucci, Alberto 1998b: 13-28)

2　質への問い、社会的行為と文化：リフレクシヴな社会学にむけて（Domanda di qualità, azione sociale e cultura: verso una sociologia riflessiva）(Melucci, Alberto 1998a: 7-11, 15-31)

3　リフレクシヴな調査研究にむけて［横浜で録音］（Verso una ricerca riflessiva）(Melucci, Alberto 2000d=2014)

4　質的方法とリフレクシヴな調査研究（Metodi qalitativi e ricerca riflessiva）(Melucci, Alberto 1998a: 295-317)

5　行為の調査へ／兆しのなかの社会運動（Alla ricerca dell'azione / Movimenti in un mondo di segni）(Melucci, Alberto 1984a: 15-62, 417-448)

6　創造力：神話、対話、プロセス／創造力の体験（Creatività: miti, discorsi, processi / L'esperienza della creatività）(Melucci, Alberto 1994b: 11-32, 224-249)

7　〝限界を受け容れる自由（free acceptance of our limits）〟と〝限界状況の想像／創造力（immaginazione/creativita delle situazioni-limite）〟について［体調がもどったときに録音すべきとメルッチは考えていたが、果たされずに終わった］

痛むひと——臨場・臨床の智への社会学的探求（Homines patientes. Una esplorazione sociologica per una cumscientia ex klinikós／Homines patientes. Sociological Explorations for Living Knowledge）

1　元気であるということ（Star bene）(Melucci, Alberto 1994c: 128-141)

2　身体の声を聴く：療法的実践におけるオリエンテーション（Un corpo che sente. Orientamenti di una pratica in psicoterapia)（Melucci, Alberto 1984b: 15-32)

3　女性の身体：妊娠をめぐる対話（Il corpo al femminile. Un dialogo sulla gravidanza) (Melucci, Alberto 1984b: 97-110)

4　聴くことの場／成長期の子ども達が抱える生きにくさとそれへのサービス：聴くことの経験といくつかのモデル　1．ミラノ　2．ヴェローナ　3．ミラノ　4．ミラノ　5．ニューヨーク（Disagio evolutivo degli adolescenti e servizi. Esperienze e modelli di ascolto; Caso 1. Milano; Caso 2. Verona; Caso 3. Milano; Caso 4 Milano; Caso 5. New York) (Melucci, Alberto e Fabbrini, Anna 1991: 9-16, 19-32, 61-74)

5　育ちゆくことの苦労そして願望（La fatica e la voglia di crescere) (Melucci, Alberto e Fabbrini, Anna 1991: 201-214)

6　体験の諸相：ミラノの青少年向け電話相談室プロントジョヴァニはいかなる役割を果たしたか（I colori dell'esperienza: come ha funzionato il Pronto giovani) (Melucci, Alberto e Fabbrini, Anna 1993: 57-82)

7　代替療法家の弱さ：治療についてのリフレクション（Debolezze del guaritore: una riflessione sul prendersi cura) (Melucci, Alberto 1990a: 115-123)

本章冒頭の「リフレクシヴな調査研究にむけて」(Melucci, Alberto 2000d=2014: 103）のエピグラフにあるように、過去にまとめた共同研究の編著書などのなかで書いた文章をふりかえり、自分が〝描き遺す〟べきアイデアを新たなかたちで創り直すことを企図し、加筆修正をしている途上でメルッチは亡くなった。残りの編集作業を託されたが、かたちにすることに難航し、現在に至っている。難航したことの最も大きな理由は、過去の原稿そのものの「訳出」ではなく、「創り直し」を託されたことが大きい。すなわち、「他者の社会的痛苦を識ることが、様々な限界に直面する現代社会を認識するものにとっての焦眉の課題であると考えてきた。いま予見的認識が〝わがこと、わたしのことがら

（cause, causa）〟となったとき、自らの身体の変異を通して証立てるという『状況・条件』のもとでの学問の言葉は、いかなるものとなるべきか？」という「問いかけ」を託されたことである。

〝惑星社会（società planetaria, planetary society）〟[17]の諸問題が、〝わがこと（cause, causa）〟とならざるを得ない「状況」があるのにもかかわらず、（研究者も含めた）個々人が、全景をみることは難しく、想像力の限界にふれるような存在である惑星社会のメカニズムを把握することは、きわめて困難なものとなっている。この社会でどう生きていくのか――ふだんはみないようにしている〝わがこと〟とどう出会い、どう関わるのか？

病を得てからのメルッチは、いくつかの詩集と薄い本、そして対話を遺した（Melucci, Alberto 2000a; 2000b; 2000c; 2000e; 2002a）。それらの作品は自分の「娘たち」に向けて書かれたものだったが[18]、この場合の「娘たち」というのはメタファーであり、「ジャーゴン（アカデミズムの専門用語）」は知らないけれど、〈同時代のことを自らの皮膚感覚を通じて「知の専門家」以上に深くつかむひとたち〉に向けられていた。そこでの〝智の言葉（概念詩）〟は、「繊細な叙情」からも、「俊英」の「明晰さ」からも、〝（ぶれてはみ出す）不協の多声（polifonia disfonica）〟となっていた。そして、事実と概念と詩の〝境界領域〟で、寓話によって多重／多層／多面的で対比・対話・対位的な表現を試み、よくコントロールされた概念を、できるかぎり「平易」に、隠喩的に、描こうとしていた。それゆえ、これから刊行されるべき編訳書もまた、その生身の、未発の想念と言葉を代弁（represent）するものとならざるを得ない。

五　メルッチの企図――「ごくふつうのひとびと」の〝臨場・臨床の智〟にむけての〝未発のリフレクション〟

メルッチ自身が関心をもっていたのは、「特別な知識人」によるリフレクションではなく、〝生身の現実（cruda realtà, crude reality）〟のなかで、「ごくふつうのひとびと（la gente, uomo della strada, ordinary simple people）」によってすでに生み出されつつあるところのリフレクションであった。リフレクシヴに〝多重／多層／多面〟のメタモルフォーゼ〟をしていく「ふつうの」個々人――内省するという意味でリフレクシヴであるのと同時に、外界とのリフレクス、〝衝突・混交・混成・重合〟によって変化していく個々人――の〈内的プロセス〉に意味を見出していた。すなわち、顕在化し可視的なものとして捉えうる「出来事」の水面下に潜在しつつ流動し変化し蓄積されている状態――〝未発の状態（stato nascente, nascent state）〟と〝毛細管現象／胎動／交感／個々人の内なる社会変動／未発の社会運動（movimenti nascenti, nascent movements）〟――を捉える（perceiving, listening, sensing）ことであった[19]。

多くのリフレクシヴィティの理論においては、行為者は対象であったり記号であったりする。構造主義、システム論、解釈学などは、個を「操作」の対象として、生の声を隠蔽する力として働く側面も持つ。これに対してメルッチは、ごくふつうの人間が日々の特定の「状況・条件」のなかで現実に応答し、その応答の連鎖のなかで自らの組成に変化を生じさせていくプロセスを、一般理論で語るのでなく、小さな「徴候」をあつめていく時間とエネルギーを厭わなかった。個々の人間の経験の「網の目」の動態を決して無視せずに、微細に観て、聴いて、察して、それを理解するための〝かまえとしての理論〟をつくるという苦労を徹底して行っていた（新原 2010: 55-56）。

「晩期」のメルッチは、「リフレクシヴィティ」「リフレクシヴ」「リフレクション」という言葉を大事にしつつも、定式化するかたちではなく、すでにみてきたような〝多重／多層／多面〟性を残しつつ、生きた言葉を遺した。それは、後からやって来る「ごくふつう」の他者のなかで起こる〝未発のリフレクション（riflessini nascenti）〟のために、あらかじめ（pro）、我が身をその場に投げ出す（gettare）という企図（progetto）であったと考えられる。

「ごくふつうのひとびと」にむけての著作構想の根幹となっているのは、〝臨場・臨床の智（cumscientia ex klinikós）〟という在り方（ways of being）であった。〝臨場・臨床の智〟は、病を得てからのメルッチとの対話のなかで選び取られた言葉である。ここでのclinical、すなわち〝臨場・臨床（clinicus, klinikós）〟とは、「場に臨む」「床に臨む」、自分であれ他者であれ病んでいたり、苦しんでいるもののかたわらにいる、ともにある、とにかくかたわらにあるということである。かたわらにあるのは、自分に近しい誰か、対象である誰かでもあるし、あるいは自分の「病」とか「狂気」のかたわらにあるときもある。かたわらにあって、適切な関係性をもつためには〝智（cumscientia）〟が必要となる。〝智〟とは、ラテン語のscientia（なにかについてしること）とcum（〜とともに）との複合体、すなわち複合的でかつ可変的な事実に対して、まさにそのうごきのなかで変動に応えていくような、うごきのなかに何らかのまとまりをもった〝智〟のダイナミズムであり、〝智〟のセッションである。〝智〟のセッションとは、エネルギーの蕩尽、違和感、齟齬、衝突、自己の揺らぎ、等々を聴くことの場である。一つの目的に対する目的合理性、効率性という観点から考えるのなら、それぞれの責任の所在と守備範囲を明確にして、その範囲内での合理的な思考と役割行動を行うことが期待される。これに対して、何度も互いの体験と時間とエネルギーを重複させつつ、またつねに内部矛盾を意識化させふりかえりつつ、多方向にしかも複線的、複合的に、自己や他者へとはたらきかけていくことは、実践の〝智〟のレベルにおいてきわめて挑戦的な意味をもっている。このような試みは、瞬間的に、しかもうごきのなかにおいてしか成立せず、つねにメタモルフォーゼ（変成）していくことを運命としている。

〝臨場・臨床の智〟は、個々の個別科学によって到達しうる範囲を把握しつつ、こうした科学的な知が看過してしまったり、すくい取ることができない「例外」や「異端」も含めて、総体としての現実を、真偽が綯《な》い交ぜになったその状態のまま、媒介された直観として捉える、認識の淵、境界、すきま、ズレとともにあるところの〝智〟なのである。その必要条件は、複数のディシプリンに関する〝知慧（sapienza）〟、複数の社会・文化体験もしくは認識に根ざした〝智恵（saperi）〟、ともすれば解体・拡散する危険性もあるそれらの複数性を、きわめて動態的で不定形な、何らかのまとまりをもった複合的な〝智慧（saggezza）〟として構築していくことを十分条件とする。

ただその一方で、そこで獲得された〝智〟のリアルな〝多重／多層／多面〟性、痛み、深み、重みを言語で表現するには、大きな困難が存在している。それぞれの内側にある複数の〝島〟、複数の文脈、複数の〝根〟をもつ〝想念〟のぶつかりあい、うごきのなかにあるものを、conventionalな単一の文脈のなかに固定し、表し出そうとする試みには、「往」と「還」とでもいうべき困難が立ちはだかっている。すなわち、自分の足下さらには自らの内側に食い込んでしまっているような〝異境での／からの智〟を練り上げるために、まずはその「見えない」もしくは選択的盲目によって「見ようとしていない」ものにどのように〝ふれる〟のか、いかに関わるのかという困難、「往く」ことの困難である。これが一つ目の困難であるとするなら、二つ目の困難は、より重層的なものだ。このメタレベルのコミュニケーションにふれようとするものは、自らの組成に配置換えが起こってしまい、もはや最初にもっていた言葉では、自らもその場に埋め込まれているその状況について表しきれないことを感得してしまう。うごいた後に前にいた場所とは異なる場へと「還る」という困難、断片や切片としてまき散らかされた〝智〟を、もはや標本箱にいれることを「黙認」できなくなってしまったその身体とともに、〝智〟の生命力を練りあげていく〝産婆〟となることの困難である。いかに「往き」「還る」のか。これが、病を得てからのメルッチとの間で、もっとも真剣に話しつづけたテーマだった（新原 2014c: 105-106）。

この「往還」については、これからまだ時間をかけて、ゆっくりと、やわらかく、深く、その〝臨場・臨床の智〟を解きほぐしていく必要がある。本章では取り上げることができないが、「時間のメタファー」、「変化に対する責任と応答を自ら引き受ける自由（a freedom that urges everyone to take responsibility for change）」「限界を受け容れる自由（free

いる[20]。

acceptance of our limits)」「驚嘆する力」など、遺してくれた言葉は、いまだに私たちにとって「謎かけ」で在りつづけている[20]。

ここで、本章冒頭の二つのエピグラフの言葉が想起される。「ごくふつうのひとびと」の〝生身のリフレクシヴィティ〟にふれるための「リフレクシヴな調査研究」は、内省し、照り返し、揺れ、観察の困難性を識りつつも、「フィールドのなかで書くこと（writing in the field, writing while commited）」――うごきのなか、余裕のないなかで自らふりかえり続ける、その営みを特定の他者との間で〝交感／交換／交歓〟しつづけようとする、その場でそれぞれがどのように振る舞ったのかを複数の人間が複数の目で捉え、複数の声を聴き取り、複数のやり方で書いていくということを含み込んだかたちで展開されるひとつの社会運動を意味することになる。このような日常性のなかでの創造力にふれるためのリフレクシヴィティは、〝衝突・混交・混成・重合〟する（contaminate）なかで、「乱反射するリフレクション（dissonant reflection, riflessione disfonica）」(新原 2016c: 418)としてのみ立ち現れる[21]。とりわけ、メルッチの〝生身のリフレクシヴィティ〟は、〝限界状況の想像／創造力〟として、〝未発の状態〟の真っ只中でこそ力を発揮するものである。しかしながら、「病」とともにあったメルッチのような「状況・条件」がなければ、私たちは、リフレクシヴには成り得ないのか？

いや、すでに、私たちの「日常」は、社会的大事件のみならず個人の病、死も含めて、〝未発の事件（avvenimenti nascenti）〟によって満たされている。「日常生活」を生きるものにとって、「想定外の」災害や事故、「予期せぬ」病気など、いわば〝見知らぬ明日（unfathomed future, domani sconosciuto）〟は、閉じたいと思っていた目をこじ開けるようにして「まったく突然に」やって来る。このとき私たちは、たった一人で〝異郷／異教／異境〟の地に降り立つような感覚をもたざるを得ない。すなわち、やって来る（avvenire）ものとして知覚される〝事件（avvenimenti, events）〟は、実はすでにそれに先立つ客観的現実のなかに存在していたのであって、ただ私たちが、眼前の〝兆し・兆候（segni, signs）〟に対して

〝選択的盲目〟を通していたにすぎない。

「生まれつつある、生起しつつある（nascenti）」という言葉を「未だ発したり現れたりはしていない」という意味の〝未発の〟と訳したことには、理由がある。私たちは、既存の「知的様式」の枠内で「生まれつつある、生起しつつある（nascenti）」という「線」と、〝事件（avvenimenti, events）〟という「点」を分けて考える。ここから、「前」と「後」という思考態度（mind-set）が生じる。しかし、私たちの「直接的な現在」は、この地点に「来るまでの旅によって媒介されている」ものである。その旅の途上では、はっきりと〝知覚（percezioni, Wahrnehmungen）〟されるものではないにせよ、様々な〝兆し・兆候（segni, signs）〟に遭遇していたかもしれない。知覚としては、「未だ発現していない」ものではあるが、〝予見［的認識を］する（prevedere）〟とはいかないまでも、やって来る〝事件（avvenimenti, events）〟の〝兆し・兆候（segni, signs）〟を〝うっすらと感じる／予感する（ahnen）〟ことはあるのではないか、そして自分でも十分な「自覚」や「意識」をもたなかったとしても、非意識的に、〝心身／身心現象（fenomeno dell'oscurità antropologica）〟としては、微細なうごきを起こしてしまっているのではないか。すなわち、〈内的なプロセス、目に見えない、当人にしか体感し得ない、生理的・感情的なプロセス〉と同時に、〈顔の表情やしぐさ、雰囲気などの身体表現〉によって、「媒介された」〝兆し・兆候（segni, signs）〟を潜在的にもしくは身体表現として、perceiving, listening, sensing しているのではないか。

それゆえ、〝未発〟であるとされた局面をもう一度見直していくと、実はすでに「そこに在った」ものを〝サルベージ（沈没、転覆、座礁した船の引き揚げ、salvage, salvataggio）〟することができるかもしれない。さらには、ある特定の条件、〝根本的瞬間（Grundmoment）〟においては、過去と未来という非在の間の全体である「直接的な現在」のなかで、「生まれつつある、生起しつつあるうごき（movimenti nascenti, nascent movements）」をとらえることもできるのではないだろうか（新原 2015b: 23-24）。

六　むすびにかえて――〝限界状況の想像／創造力〟

本章では、「よく知られたものの領域の間に広がる前人未踏の地」である「境界領域（frontier territory）」（Melucci, Alberto 1996a=2008: 5）を歩きつづけ、自らの身体の病を通して〝臨場・臨床の智〟を表し出そうとしたメルッチの〝生身のリフレクシヴィティ〟からの〝未発のリフレクション〟を追いかけてきた。もしいまなおメルッチが生存し続けてくれているのであれば、どう言葉をつづけただろうか。

メルッチが大切にしたのは、〝見知らぬ明日〟との〝衝突と出会い（scontro e incontro）〟のなかで、「ごくふつうのひとびと」の〝想像／創造の力（immaginativa/creativita）〟が発揮される日常の場であった。この〝見知らぬ〟日常の場では、いかにして「水平的関係を」「ともに創る」のか（Bovone, Laura 2010: 134）という「問いかけ」の在り方もまた、「抑制や不安定さ」（Melucci, Alberto 1996a=2008: 196）からぶれてはみ出していかざるを得ない。誰かに何かを遺すという〝伝承・伝達〟、生命の断裂と連続性の〝閉じない循環〟そのものがもつリフレクシヴィティのなかで発揮される〝限界状況の想像／創造力〟――「何もかも全てが暴かれたわけではないこと、全てが語られたわけではないこと、そしてきっと、全てが語られる必要はないということ」（Melucci, Alberto 1996a=2008: 197）を自覚しつつ、すでに生まれつつある〝未発のリフレクション（riflessini nascenti）〟に耳をすますことができる理論と方法を「創り直す」ことが調査研究者の使命となる[22]。

惑星社会を生きるものの〝生身のリフレクシヴィティ〟と〝リフレクシヴな調査研究〟は、かたちを変えつつうごいていく（changing form）「循環的な関係性（*circular relationship*）」（Melucci, Alberto 1996a=2008: 127）をもった〝療法的でリフレクシヴな調査研究（Ricerca terapeutica e riflessiva, Therapeutic and Reflexive Research（T&R））〟となっていかざるを得ないだろう（新原 2016c）。これがメルッチから遺された使命であると、アンナ夫人ともども考えている。

メルッチは、ミラノの自宅で声をかすれさせながら、しかし、身体の奥深くから出てくる吐息とともにこう私に言った。「この困難な時代を生きる私たちに必要なのは、建物の最上階にいてすべてわかってしまうような『優秀さ』ではないよ。『高み』でなく、低い場所から始めて、謙虚に、慎ましく、自分の弱さと向き合い、おずおずと、失意のなかで、臆病に、汚れつつ、貧相に、平凡に、普通の言葉で、ゆっくりとしたうごきのなかで、〝臨場・臨床の智〟を私たちの身体に染みこませていこう。そのためには、私たちの存在のすべて、個性のすべて、身体のすべてを賭けて、具体的な生身の相手とかかわりをつくるしかないのだよ」と。

注

1　メルッチ夫人のアンナ・ファブリーニは、夫メルッチの学問を深く理解しているだけでなく、独立した研究者・療法実践者として、とりわけ身体への関心という点で、A・メルッチの学問の方向性（境界領域の学問）に決定的な影響を与えた（Fabbrini, Anna 1980; 2013）。また、メルッチの共同研究者ともなったミラノ在住の女性研究者たち（L・バルボやG・キアレッティなど）との仲介者でもあった。

2　メルッチのテクスト（とりわけイタリア語文献）の読解については、すぐれた「読み手」である鈴木哲忠の研究を参照されたい（鈴木 2014; 2015）。

3　メルッチ夫妻の〝固有の生の軌跡（roots and route of the inner planet）〟については、（新原 2008b; 2014c）などを参照されたい。

4　筆者自身は、メルッチのテクストの「読み手」というよりは、メルッチの「航海に居合わせたもの」という立ち位置をとる。二つの追悼シンポジウムには、報告者として招待され、追悼本への執筆、執筆者たちと直接あるいは著作でのやりとりをしている。日本での二つの講演は通訳者（後に翻訳者）として、録音テープは本人から手渡され、本についてはともに構想した。本章で引用しているイタリアの研究者のほとんどは、個人的な知己であるという関係性を基本としている。

5　メルッチは、社会の新しい認識を産出することを使命とする社会学者がもつリフレクシヴィティを、〝（自らの社会的病とともにある）社会の医者〟、〝リフレクシヴで療法的なプレイング・セルフ（Reflexive & Therapeutic Playing Self）〟として考えていた。「社会の医者」については、（新原 2007: 217-227）、〝リフレクシヴで療法的なプレイング・セルフ〟については、（新原 2016c: 417-456）などを参照されたい。

6　筆者は、矢澤修次郎教授を介してメルッチと知己となり、一九九四年以降、ミラノのメルッチ邸とミラノ大学を定期的に訪れ、講義・セミナー、対話を積み重ねた。とりわけ、メルッチの白血病が発症してからは、「盟友」となり、ほぼ三ヶ月に一度のペースでミラノに通い、とりわけ、〝痛むひと（homines patientes）〟、〝臨場・臨床の智（cumscientia ex klinikós, living knowledge）〟、〝社会学的探求 Sociological Explorations/Esplorazioni sociologiche〟などの言葉をめぐって、〝対話的なエラボレイション（co-elaboration, coelaborazione、elaborazione dialogante）〟を積み重ねた。メルッチの死後は、アンナ夫人たち（二人の娘や夫妻との親交を保っている研究者たち）との間で、同様の対話をつづけ、現在に至っている。

7　一九七五年に社会科学高等研究院（École des hautes études en sciences sociales）として独立。

8　Centro Alia の諸活動の歴史と現在については、下記のＨＰを参照されたい。cf. http://www.centroalia.com/home.htm

9　このシンポジウムには、メルッチの師Ａ・トゥレーヌを筆頭に、Ｚ・バウマン、Ｖ・テイラー、Ｍ・ヴィヴィオルカ、矢澤修次郎、新原道信等が海外から招かれた。二〇〇二年の追悼シンポジウムの経緯については（新原 2004）を参照されたい。

10　二〇〇八年の追悼シンポジウムの経緯については（新原 2010）を参照されたい。

11　弟子たちの報告のなかでは、Ｅ・コロンボの報告が際立っていた。精緻な手続きを踏んで自分の枠組みをくずさないが、自分の枠の外にあるメルッチの〝規格外（fuori classe）〟の部分を強引に自分の枠の中に入れ込もうとせずに、丹念にそして丁寧にふれていこうとしているという点で、きわめて深く謙虚な理解であった。

12　複数のイタリアの社会学者たちは、メルッチを評するときに、「枠外（stravagante）」「並外れた（straordinario）」「周囲となじまない（estraneo）」「変わった（strano）」などの表現によって、イタリア社会学「界」での「位置付けられなさ」「位置付けの困難さ」について語っていた。二〇〇〇年五月の一橋大学での講演でも、操作の対象としてますます取り扱われるようなった身体の、〝深層／深淵〟から来る「要求」や「意味」の心意／深意／真意（の現象形態）をくみ取ることが、今日の学問の「条件」であるという話の後に、〝生体的関係的カタストロフ（la catastrofe biologica e relazionale della specie umana）〟という予見的認識について話し始めたとたんに、聴衆が当惑してしまうという出来事があった（新原 2010: 52）。

13　後に、メルッチは、（Melucci, Alberto 1998a）のなかで（Ranci, Costanzo 1998）が言及した「調査者と当事者の関係性の困難」の問題を自ら語り直し、「調査者と当事者は、同じフィールドで調査という体験をともにするプレーヤーである。……経験的調査を体験したものなら誰しも、調査のなかで調査のプロセスそのものも変わっていくこと、実際に行われたことは、始まった当初のプロジェクトから異なることを知っている。……両者の関係性そのもののうごきを、リフレクションとメタ・コミュニケーションの場に含みこまざるを得ない。……関係性の『遊び』によって、社会調査が主観から分離された客観的な現実を忠実に映し出すという幻想はこわれてしまう。……本当の意味で調査者と当事者の間に適切な距離を得るためにはこのメタレベルの認識が必要である」と述べている（Melucci, Alberto 2000d=2014: 100-101）。

14　ジェドロウスキーは、二〇〇八年の追悼シンポジウムにおいても、同様の議論をしており、この報告の内容については、キアレッティたちの追悼本で再論している（Jedlowski, Paolo 2010b: 131-144）。

15　umiltà は、英語の humility に相当し、ラテン語の húmilis から来ている。húmilis は、humus すなわち「大地」に由来し、地上から、地面から、廃墟から、低く、深く、謙虚に、果断にではなく、慎ましく、痛みとともに、弱さとむきあい、おずおずと、失意のなかで、臆病に、貧相に、平凡に、普通の言葉でといった含意をもつ。

16　（Melucci, Alberto 2000d=2014）で訳出し、『うごきの場に居合わせる――公営団地におけるリフレクシヴな調査研究』という著作で実際の調査との対比を試みている（新原 2016c）。

17　「後期」から「晩期」にかけてのメルッチは、想像したり把握したりすることが困難な「惑星社会（società planetaria, planetary society）」への洞察が（倫理にとどまらず）論理的必然となった社会を私たちは生きており、〝惑星社会の諸問題を引き受け／応答する（responding for/to the multiple problems in the planetary society）〟ことが学問の使命であり、この一見「遠く」の問題を〝わがこと〟へと変えていける〝臨場・臨床の智〟であることが求められていると考えていた。

　私たちが直面しているのは、きわめてリフレクシヴ（再帰的／内省的／照射的）な現象であり、資本や市場や情報そのものの運動、あるいは生物多様性や物質循環の運動によって深く拘束されている。それゆえ、〝衝突・混交・混成・重合〟によって生み出されつづけている現代社会そのものが持つリフレクシヴィティと、個々人の没思考性、没精神性が対位的に存在しているという「状況・条件」のもとで、個々人は、いかなる形でリフレクションを行い意味を産出するのか。「複雑性のもたらすジレンマ」（Melucci,

Alberto 1996a=2008: 173）がもたらす問題――原発・震災問題も含めた〝多重／多層／多面の問題（the multiple problems）〟は、私たちの〝生存の在り方〟を問い、遺伝子操作・産み分け・クローンなどによって「人間」の境界線は揺らいでいる（新原 2014d: 4-5）。メルッチの惑星社会論については、（新原 2013; 2014a; 2014b; 2015a; 2016b）などで論じている。

18 アンナ夫人と筆者は、『時代のパサージュ――未来は今』（Melucci, Alberto 1994a）が、メルッチの〝未発のリフレクション（riflessini nascenti）〟を想像するうえで、もっとも重要だと考えている。この著作は、メルッチが、ほとんどはじめて、アカデミズムとは縁のうすい「ごくふつうのひとびと（gente）」に向けて書き下ろした著作であり、彼の表現を借りれば、「自分のおじさんにも読んでもらえるように書いた」ものだった。精巧かつ精緻な論理の組み立てによる構成をその特徴としていたメルッチの著作のなかにあって、きわめて異彩を放つものであり、病を得てからの〝想像／創造〟の方向を予見させるものだからである（新原 2010: 61-63）。

19 〝未発の状態〟〝未発の社会運動〟については、（新原 2014d; 2015b; 2016a）などを参照されたい。

20 「時間のメタファー」については（新原 2008a; 2011）、「変化に対する責任と応答を自ら引き受ける自由」については（新原 2009）、「限界を受け容れる自由（free acceptance of our limits）」については（新原 2014a）、「驚嘆する力」については（新原 2014b）などを参照されたい。

21 「乱反射するリフレクション」という調査者／当事者が〝衝突・混交・混成・重合〟していく在り方は、メルッチとのリフレクシヴな調査研究（Reflexive research）のなかで理解された調査の現実態を表す言葉として選び取られたものである。

22 ごくふつうのひとびとのリフレクションのつらなりが社会をうごかしていくという見方は、「この惑星の隅々に至るまで体験や出来事や諸現象を〝多重／多層／多面〟化させている相互依存の網の目にとって、それら小さきものこそが、根本的な資源となっている」からこそ、「社会学的理由からの楽観主義」であると述べている（Melucci, Alberto 1996a=2008: vii）。

引用参考文献

Bauman, Zygmunt, 2003, "《Il gioco dell'io》 di Alberto Melucci in un pianeta affollato", in L. Leonini (a cura di), *Identità e movimenti sociali in una società planetaria: In ricordo di Alberto Melucci*, Milano, Guerini: 58-69.

Bovone, Laura, 2010, *Tra riflessività e ascolto: l'attualità della sociologia*, Roma, Armando Editore.

Chiaretti, Giuliana e Maurizio Ghisleni (a cura di), 2010, *Sociologia di Confine: Saggi intorno all'opera di Alberto Melucci*, Sesto San Giovanni, Mimesis.

Fabbrini, Anna, 1980, *Il corpo dentro: come i bambini immaginano l'interno del corpo*, Milano, Emme.

Fabbrini, Anna, 2013, "Punti di Svolta", in Laura Balbo (a cura di), *Imparare Sbagliare vivere: Storie di lifelong learning*, Milano, Franco Angeli: 66-79.

Ghisleni, Maurizio, 2010, "Teoria sociale e società complessa: il costruzionismo conflittuale di Alberto Melucci", in G. Chiaretti e M. Ghisleni (a cura di), 2010, *Sociologia di Confine: Saggi intorno all'opera di Alberto Melucci*, Sesto San Giovanni, Mimesis: 53-77.

Guizzardi, Gustavo (a cura di), 2002, *La scienza negoziata. Scienze biomediche nello spazio pubblico*, Bologna, Il Mulino.

Ingrosso, Marco (a cura di), 1990, *Itinerari sistemici nelle scienze sociali. Teorie e bricolage*, Milano, Franco Angeli.

Ingrosso, Marco, 2003a, "Il limite e la possobilità. Riflessioni sulla sociologia del corpo di Alberto Melucci", in L. Leonini (a cura di), *Identità e movimenti sociali in una società planetaria: In ricordo di Alberto Melucci*, Milano, Guerini, 244-256.

Ingrosso, Marco, 2003b, *Senza benessere sociale. Nuovi rischi e attesa di qualità della vita nell'era planetariae*, Milano, Franco Angeli.

Ingrosso, Marco, 2010, "Dal Corpo ignoto agli Homines Patientes: un percorso fra salute e cura in Alberto Melucci", in Giuliana Chiaretti e M. Ghisleni (a cura di), 2010, *Sociologia di Confine: Saggi intorno all'opera di Alberto Melucci*, Sesto San Giovanni, Mimesis: 147-173.

Jedlowski, Paolo, 2000, *Storie comuni. La narrazione nella vita quotidiana*, Milano, Bruno Mondadori.

Jedlowski, Paolo, 2010a, "Costruzione narrativa della realtà e mondi possibili", in A. Santambrogio (a cura di), *Costruzionismo e scienze sociali*, Perugia, Morlacchi, 46-65.

Jedlowski, Paolo, 2010b, "Soggettività, interdipendenza e narrazione di sé", in G. Chiaretti e M. Ghisleni (a cura di), 2010, *Sociologia di Confine: Saggi intorno all'opera di Alberto Melucci*, Sesto San Giovanni, Mimesis: 129-146.

Leonini, Luisa (a cura di), 2003, *Identità e movimenti sociali in una società planetaria: In ricordo di Alberto Melucci*, Milano, Guerini.

Lundin, Susanne and Malin Ideland (eds.), 1997, *Gene Technology and the Public. An Interdisciplinary Perspective*, Lund, Nordic Academic Press (＝ 2012, 粟屋剛・岩崎豪人他訳『遺伝子工学と社会――学際的展望』溪水社).

Melucci, Alberto (a cura di), 1984a , *Altri codici. Aree di movimento nella metropoli*, Bologna, Il Mulino.

Melucci, Alberto, 1984b, *Corpi estranei: Tempo interno e tempo sociale in psicoterapia*, Milano, Ghedini.

Melucci, Alberto, 1989, *Nomads of the Present: Social Movements and Individual Needs in Contemporary Society*, Philadelphia, Temple University Press (＝ 1997, 山之内靖・貴堂嘉之・宮崎かすみ訳『現在に生きる遊牧民：新しい公共空間の創出に向けて』岩波書店).

Melucci, Alberto, 1990a, "Debolezze del guaritore: una riflessione sul prendersi cura", in Franca Pizzini (a cura di), *Asimmetrie comunicative. Differenze di genere nell'interazione medico-paziente*, Milano, Franco Angeli.

Melucci, Alberto, 1990b, "Frontierland: la ricerca sociologica fra attore e sistema", in Marco Ingrosso (a cura di), *Itinerari sistemici nelle scienze sociali. Teorie e bricolage*, Milano, Franco Angeli: 193-209.

Melucci, Alberto, 1994a, *Passaggio d'epoca: Il futuro è adesso*, Milano, Feltrinelli.

Melucci, Alberto (a cura di), 1994b, *Creatività: miti, discorsi, processi*, Milano, Feltrinelli.

Melucci, Alberto, 1994c, "Star bene", in Laura Balbo (a cura di), *Friendly : Almanacco della società italiana*, Milano, Anabasi: 128-141.

Melucci, Alberto, 1996a, *The Playing Self: Person and Meaning in the Planetary Society*, New York, Cambridge University Press（＝2008, 新原道信他訳『プレイング・セルフ――惑星社会における人間と意味』ハーベスト社）.

Melucci, Alberto, 1996b, *Challenging Codes. Collective Action in the Information Age*, New York, Cambridge University Press.

Melucci, Alberto, 1997, "The Social Production of Nature", in S. Lundin and M. Ideland (eds.), 1997, *Gene Technology and the Public. An Interdisciplinary Perspective*, Lund, Nordic Academic Press: 58-70（＝2012, 村岡潔訳「社会的産物としての自然――遺伝子技術、身体、新たなるジレンマ」粟屋剛・岩崎豪人他訳『遺伝子工学と社会――学際的展望』溪水社：五七―七〇）.

Melucci, Alberto (a cura di), 1998a, *Verso una sociologia riflessiva: Ricerca qualitativa e cultura*, Bologna, Il Mulino.

Melucci, Alberto (a cura di), 1998b, *Fine della modernità?*, Guerini, Milano.

Melucci, Alberto, 2000a, *Zènta: Poesie in dialetto romagnolo*, Rimini, Pazzini.

Melucci, Alberto, 2000b, *Giorni e cose*, Rimini, Pazzini.

Melucci, Alberto, 2000c, *Parole chiave: Per un nuovo lessico delle scienze sociali*, Roma, Carocci.

Melucci, Alberto, 2000d, "Verso una ricerca riflessiva", registrato nel 15 maggio 2000 a Yokohama（＝2014, 新原道信訳「リフレクシヴな調査研究にむけて」新原道信編『〝境界領域〟のフィールドワーク――惑星社会の諸問題に応答するために』中央大学出版部：九三―一〇三）.

Melucci, Alberto, 2000e, *Culture in gioco: Differenze per convivere*, Milano, Il saggiatore.

Melucci, Alberto, 2000f, "Sociology of Listening, Listening to Sociology"（＝2001, 新原道信訳「聴くことの社会学」地域社会学会編『市民と地域――自己決定・協働、その主体　地域社会学会年報13』ハーベスト社：一―一四）.

Melucci, Alberto, 2000g, "Homines patientes. Sociological Explorations (Homines patientes. Esplorazione sociologica)", presso l'Università Hitotsubashi di Tokyo（＝2010, 新原道信「A・メルッチの〝境界領域の社会学〟——2000年5月日本での講演と2008年10月ミラノでの追悼シンポジウムより」『中央大学文学部紀要』社会学・社会情報学二〇号（通巻二三三号）：五四—六一）.

Melucci, Alberto, 2002a, *Mongolfiere*, Milano, Archinto.

Melucci, Alberto, 2002b, "La medicina in questione. Il caso Di Bella", (con E. Colombo e L. Paccagnella), in G. Guizzardi (a cura di), *La scienza negoziata. Scienze biomediche nello spazio pubblico*, il Mulino, Bologna, 101-157.

Melucci, Alberto e Anna Fabbrini, 1991, *I luoghi dell'ascolto: Adolescenti e servizi di consultazione*, Milano, Guerini.

Melucci, Alberto e Anna Fabbrini, 1992, *L'età dell'oro: Adolescenti tra sogno ed esperienza*, Milano, Guerini.

Melucci, Alberto e Anna Fabbrini, 1993, *Prontogiovani: Centralino di aiuto per adolescenti: Cronaca di un'esperienza*, Milano, Guerini.

新原道信, 2004「生という不治の病を生きるひと・聴くことの社会学・未発の社会運動——A・メルッチの未発の社会理論」東北社会学研究会『社会学研究』第七六号：九九—一二三.

新原道信, 2007『境界領域への旅——岬からの社会学的探求』大月書店.

新原道信, 2008a「『グローバリゼーション／ポスト・モダン』と『プレイング・セルフ』を読む——A・メルッチが遺したものを再考するために」『中央大学文学部紀要』社会学・社会情報学一八号（通巻二二三号）：一三九—一五八.

新原道信, 2008b「訳者あとがき——「瓦礫」から〝流動する根〟」A・メルッチ, 新原道信他訳『プレイング・セルフ——惑星社会における人間と意味』ハーベスト社：二四一—二四九.

新原道信, 2009「変化に対する責任と応答を自ら引き受ける自由をめぐって——古城利明とA・メルッチの問題提起に即して」『法学新報』第一一五巻, 第九・一〇号：六九七—七二一.

新原道信, 2010「A・メルッチの〝境界領域の社会学〟——2000年5月日本での講演と2008年10月ミラノでの追悼シンポジウムより」『中央大学文学部紀要』社会学・社会情報学二〇号（通巻二三三号）：五一—七六.

新原道信, 2011「A・メルッチの『時間のメタファー』と深層のヨーロッパ——『フィールドワーク／デイリーワーク』による〝社会学的探求〟のために」『中央大学文学部紀要』社会学・社会情報学二一号（通巻二三八号）：二七—六五.

新原道信, 2013「〝惑星社会の諸問題〟に応答するための〝探究／探求型社会調査〟——『3・11以降』の持続可能な社会の構築に向けて」『中央大学文学部紀要』社会学・社会情報学二三号（通巻二四八号）：四七—七五.

新原道信 2014a「A・メルッチの『限界を受け容れる自由』とともに――3・11以降の惑星社会の諸問題への社会学的探求(1)」『中央大学文学部紀要』社会学・社会情報学二四号（通巻二五三号）：四一―六六．

新原道信 2014b「A・メルッチの『創造力と驚嘆する力』をめぐって――3・11以降の惑星社会の諸問題に応答するために(1)」『中央大学社会科学研究所年報』一八号：五三―七二．

新原道信，2014c「〔訳者改題〕リフレクシヴな調査研究にむけて」新原道信編『〝境界領域〟のフィールドワーク――惑星社会の諸問題に応答するために』中央大学出版部：一〇四―一一．

新原道信，2014d「〝境界領域〟のフィールドワークから〝惑星社会の諸問題〟を考える」新原道信編『〝境界領域〟のフィールドワーク――惑星社会の諸問題に応答するために』中央大学出版部：一―七五．

新原道信，2015a「『3・11以降』の惑星社会の諸問題を引き受け／応答する〝限界状況の想像／創造力〟――矢澤修次郎、A・メルッチ、J・ガルトゥング、古城利明の問題提起に即して」『成城社会イノベーション研究』第一〇巻第一号：一―二一．

新原道信，2015b「〝未発の状態／未発の社会運動〟をとらえるために――3・11以降の惑星社会の諸問題への社会学的探求(2)」『中央大学文学部紀要』社会学・社会情報学二五号（通巻二五八号）：四三―六八．

新原道信，2016a「A・メルッチの〝未発の社会運動〟論をめぐって――3・11以降の惑星社会の諸問題への社会学的探求(3)」『中央大学文学部紀要』社会学・社会情報学二六号（通巻二六三号）：一一三―一三〇．

新原道信，2016b「惑星社会のフィールドワークにむけてのリフレクシヴな調査研究」新原道信編『うごきの場に居合わせる――公営団地におけるリフレクシヴな調査研究』中央大学出版部：三三―八二．

新原道信，2016c「乱反射するリフレクション――実はそこに生まれつつあった創造力」新原道信編『うごきの場に居合わせる――公営団地におけるリフレクシヴな調査研究』中央大学出版部：四一七―四五六．

Niihara, Michinobu, 2003a, "Homines patientes e sociologia dell'ascolto," in L. Leonini (a cura di), *Identità e movimenti sociali in una società planetaria: In ricordo di Alberto Melucci*, Milano, Guerini: 195-206.

Niihara, Michinobu, 2003b, "Il corpo silenzioso: Vedere il mondo dall'interiorità del corpo," in L. Leonini (a cura di), *Identità e movimenti sociali in una società planetaria: In ricordo di Alberto Melucci*, Milano, Guerini: 207-219.

Niihara, Michinobu, 2008, "Alberto Melucci: confini, passaggi, metamorfosi nel pianeta uomo," nel convegno: *A partire da Alberto Melucci …l'invenzione del presente*, Milano, il 9 ottobre 2008, Sezione Vita Quotidiana - Associazione Italiana di Sociologia, Dipartimento di Studi

sociali e politici - Università degli Studi di Milano e Dipartimento di Sociologia e Ricerca Sociale - Università Bicocca di Milano: 2-12.
Ranci, Costanzo, 1998, “Relazioni difficili. L’interazione tra ricercatore e attore sociale”, in A. Melucci (a cura di), 1998a, *Verso una sociologia riflessiva: Ricerca qualitativa e cultura*, Bologna, Il Mulino: 33-54.
Scribano, Adrián, 1998, “Complex societies and social theory”, in *Social Science Information*, vol. 37: 493-532.
鈴木鉄忠, 2014「３・11以降の現代社会理論に向けて――Ａ・メルッチの惑星社会論への道行きを手がかりに――」『中央大学社会科学研究所年報』第一八号：二二七―二四六.
鈴木鉄忠, 2015「３・11以降の現代社会理論に向けて⑵――『〝境界領域〟のフィールドワーク』の再検討とＡ・メルッチの「多重／多層／多面の自己」の一考察」『中央大学社会科学研究所年報』第一九号：九五―一〇九.
Touraine, Alan, 2003, “Azione collettiva e soggetto personale nell’opera di Alberto Melucci”, in L. Leonini (a cura di), *Identità e movimenti sociali in una società planetaria*, Milano, Guerini: 40-57.

5 社会学批判から批判社会学へ
――一九七〇年代におけるZ・バウマンの社会学観と「社会学的解釈学」

長谷川啓介

一　問題設定――バウマン社会学と反省性の奇妙な関係――

反省社会学とバウマン

現代社会学において、反省性は中心的な問題の一つである。ベック・ギデンズ・ラッシュ（1994=1997）の「再帰的近代化」論が示すように、それは「現代」のメルクマールとも言える。他方、現代社会学を代表する社会学者として、いまやジグムント・バウマンの名は必ず挙がると言ってよいであろう。バウマンを世界屈指の社会学者の一人に押し上げたのも、まさに「現代」を「リキッド・モダニティ」として活写したからであった。実際「再帰的近代化論」と「リキッド・モダニティ論」には内容的に重なる部分も多い。

しかし、バウマンが反省性の問題をことさら強調しているという印象を持つ読者は少ないのではないか？　ましてやバウマンと「反省社会学」はなかなか即座には結びつかない。

さらに言えば、バウマン社会学の特徴を問われると、案外答えに窮するのではないだろうか？　現代社会の諸相について、様々な社会理論を取り入れつつ、エッセー風の語り口で鋭い洞察や批判的考察がちりばめられているという「特徴」は確かに容易にみて取ることができる。しかし、それは彼の社会学が他の理論をせいぜい巧みに言い換えただけの寄せ木細工だということ、つまり、特に顕著な理論的特徴がないということを意味するのではないか？

そのような印象を与えるもう一つの理由として、他の理論家が自らの代名詞のような分析概念を形成しているのに対し、バウマンの議論にはそのようなものが見当たらないことが挙げられるだろう。オートポイエーシス、ハビトゥス、コミュニケーション理性、構造化、ＡＧＩＬ図式……。分析概念の代わりに目につくのは比喩的描写である。ガーデニング国家、ソリッド・モダニティからリキッド・モダニティへなど。「反省性・再帰性」についての議論の印象が薄いのもこの点と関連するのかもしれない。

しかし、だとすると、バウマンは彼固有のスタイルや理論的スタンスを持たないまま、何か偶々、これだけのインパクトを残したということになるのであろうか？

おそらくそうではない。バウマンには理論的考察に基づく独特の社会学観・スタイルがあり、その帰結として、バウマン社会学は展開されてきた。その特徴を明らかにするのが本章の課題である。その際、「反省社会学」との関係は手掛かりになるかもしれない。同時代の多くの現代社会理論が反省性の問題を何らかの形で組み込みながら議論を展開しているとすれば、それに対する関心の薄さは、却って彼の社会学的スタンスを示すものかもしれないからだ。

ただ、二〇一七年始め九一歳でこの世を去るまで書き続けられたバウマンの膨大な著作群全てを検討することは、現在の筆者の能力を超えている。そこで一九七〇年代に彼が社会学についてかなり踏み込んだ議論をしていることに注目し、本章ではそれを主として検討することにしたい。だが、そこでも通常の意味で「反省社会学」は全く出てこない。

そのことの意味を考えるためにも、まず簡単に「反省社会学」についてみておこう。

「認識論的」反省社会学

社会学とは、素朴に言えば、社会を検討対象にする学問である。その「社会」が何を指すのか、「学問」とは何かについていろいろな議論があるとしても、通常社会学は、「社会」的なものを、「学問」的な仕方で検討する側だと考えられている。

しかし社会学が通常、検討する側であることは、却って社会学が検討される側（「対象」）となりうることを「盲点」とする。つまり社会学は通常検討「対象」にならない。しかし、やろうと思えばやり方は様々ある。たとえば社会学は経済学的にも倫理学的にも検討「対象」になりうるだろう。とすれば、社会学を社会学的な仕方で検討することもできる。それは社会学が自らを検討対象とするという意味で、さらに独特な試みになる。「反省社会学」とは通常そのような試みを指す。社会学も社会の一部なのだから、社会学が通常対象にする他の対象同様、社会学も社会学の対象になりうるはずだ。

しかし、自らを振り返る「反省的」試みは、よく言われるように「自己言及」に伴う論理的な困難を伴っている。たとえば､反省社会学のことを「社会学の社会学」ということがある。このフレーズの前者を「社会学A」後者を「社会学B」とすると、通常は検討の「主体」である社会学Aは、社会学Bの検討「対象」になっている。しかし、その社会学Bは検討「主体」のままではないか？　その「社会学B」を検討「対象」にする「社会学C」を登場させても今度はそれを「対象」にする「社会学D」が必要となり……と無限背進してしまいかねない。かといって、「社会学A」を対象にする「社会学B」を「社会学A」が対象にすれば、循環の中に閉じ込められそうである。

「反省社会学」は通常この困難を乗り越える工夫から成り立っている。それにも様々なやり方があるから、「反省社会学」にも様々なタイプがあるのだろう。いずれにしても、その際、「反省社会学」が直面する困難は認識論的な問題としてとらえられている。

しかし、そのように問題を立てる際、社会学がすでに社会に存在していることはアプリオリな前提となっている。「反省社会学」は、社会学が社会の認識「主体」になることを自明視していることを問題にするとしても、社会学を認識の主体であるだけでなく対象にも登場させるのだから、社会学が存在することは自明でなければならない。「反省社会学」がやろうとしているのは、その自明性の上で、社会を認識しようとする社会学自身が認識対象に含まれることを考慮に入れて、それに伴う論理的困難を何らかの形で処理することで、社会学をより確固たる存在にすることだと言えるだろう。

「社会学批判」

そう考えるとき、この種の認識論的「反省社会学」自体を問い直すこともできるはずである。つまり、社会における社会学の存在（意義）自体を問い直すような「反省」も可能であろう。通常「反省社会学」という言葉は、認識論的問題を軸にしていると考えられるので、それと区別するために、このような社会学の問い直しを、便宜上「社会学批判」と呼ぶことにしよう。

認識論的「反省社会学」が社会学の立場に立って行わざるを得ないとすれば、「社会学批判」はいったん社会学の立場を離れ、その前提を問い直そうとする。そうすることで、自己準拠性に由来する論理的な困難からも距離をとることになる。代わりに「社会学批判」が問うのは、社会学は何を前提とすることで存在することができているのか、というような問いである。

もちろん、現代社会に社会学が存在すべきでないと主張するわけではない。ただ、いったん社会学の立場を離れ、社会学の存在しない可能性の中で、それを問い直してみるということである。また、いったん社会学の立場を離れることは必ずしも社会学の否定ではない。その立場を離れて検討した結果、既存の社会学の自明視された存在価値は相対化されるかもしれないが、別種の社会学の必要性が導かれるかもしれない。

素朴な確認から始めよう。社会学のない社会を想像することはできるし、実際存在した。しかし、社会のない社会学を想像することは全く意味を持たない。論理的にも歴史的にも社会学が社会に先立つのではなく、社会が社会学に先立つ。社会学のために社会があるのではなく、社会があるおかげで社会学は存在できる。

社会学がない社会を想像することはできる。そこで多数の人々が関係を取り結びながら、その意味を常識的に理解しながら日常生活を送っていることだろう。もちろん、現在われわれが住む社会は社会学を持っているし、その社会やそこでの生活になにがしかの影響を持っているだろう。しかし、そのような影響を持てるのもそもそもそこで社会のメンバーによって生活が行われているからである。

さらに歴史的に言えば、社会学が近代社会という特殊な社会の産物であることも知られている。社会学は一九世紀西欧でようやく誕生した営みである。もちろん振り返ってみれば、社会学に似たものは、それ以前もあったと言えるかもしれない。しかし、そう言えるのも社会学が成立したからであって、それまではそれで済んだとも言える。社会や人々は社会学なしでもやっていけた。また、社会学がいったん社会に登場したからと言って、未来永劫ずっと社会に存在するかどうかもわからない。

「社会学批判」をこのような素朴な地点から考察しようとするとき、一九七〇年代のバウマンが行った社会学の検討は、大きな手掛かりとなるだろう。そこでバウマンは、社会学全体を支える前提に遡って批判を行い、その批判の結果として、オルターナティブな社会学観を提示しようと試みていたと理解できるからである。

二　社会学の基盤

狭義の「実証主義」と解釈学的社会学

社会を検討する学問としての社会学には様々な形式がありうるとしても、それが現実の中で具体化するには特定の形式を帯びざるを得ない。一九世紀西欧社会の中に社会学が登場してくる際に帯びた特定の形式が「実証科学」であり、そしてその成功の結果、社会学は現代社会に確固たる地位を占めるに至ったというのがバウマンの基本的な理解である。

それ自体はごく平凡な理解にみえる。特に「実証科学」としての社会学は、サン＝シモン、コントからデュルケームへと展開するフランス的伝統に特に顕著な傾向であることはよく知られている。バウマンも一九七六年刊行の『批判社会学へ向けて』*Towards a Critical Sociology*（以下ＴＣＳと略記）の冒頭でこの伝統を取り上げ、社会学批判の基本に据えていく。だから、同書も一見すると、ごく平凡な社会学史観に基づいて社会学批判を行い、オルターナティブな社会学として批判社会学を提示しようとするものにみえる。

また一九七八年刊行の『解釈学と社会科学』*Hermeneutics and Social Science*（以下ＨＳＳ）では、意味を持って行為する人間によって社会が構成されることを重視する社会学がレビューされている。フランス的伝統にはほとんどその傾向がみられないため、結果的には、同書はドイツ的伝統を重視するものとなっている（HSS: 15）。こうした経緯を表面的になぞれば、バウマンの批判社会学とは、フランス的実証主義に批判的で、意味を重視するドイツ的な解釈学的社会学を基盤に構築されるものとみたくなる。後期になるとバウマンが自らの社会学を「社会学的解釈学」と呼んでいるのも、そうした見方を支持するようにみえる。

しかし、一九七三年『実践としての文化』*Culture as Praxis*（以下ＣＰ）も含めて一九七〇年代のバウマンの社会学論を詳細にみれば、以上のような見方は表面的と言わざるを得ない。バウマンは、実証科学を非常に広い意味でとらえ、それがほとんど全ての社会学の前提にあると考える。つまり、一見、実証主義批判にみえる解釈学的社会学も広義の実証科学の一部であり、バウマンにとってはむしろ批判の対象である。この点は、解釈学的な社会学を内在的に検討しているＨＳＳではみえにくい。

確かにバウマンの社会学は、社会を生きる人々が、それをどう意味づけているかを非常に重視すると言える。ＨＳＳはその意味で、社会科学において人間的意味はどう扱い得るのかの先行研究レビューとみることもできる。その概要をざっとみておこう（cf. HSS: 7-21）。意味の問題は、ロマン主義の影響を受けた解釈学の中で提起された。ディルタイはその流れの中で、人間世界の主観的意味を考慮に入れた客観的な歴史理解を目指した。しかし、その試みは、意味の文脈依存性、相対性を克服する客観的真理を示すことの難しさをむしろ示していた。解釈学的な社会学はこの問題と向き合い、何らかの応答をする必要がある。各章でレビューされているのは、順番にマルクス、ウェーバー、マンハイム、フッサール、パーソンズ、ハイデッガー、シュッツとエスノメソドロジーの応答である。フッサールやハイデッガーを社会学者と呼ぶのは無理があるであろうし、マルクスは時代的にはディルタイにも先行することも含めてやや独自の位置を占める。

しかし、この並びは戦略的である。マルクス、ウェーバー、マンハイムは歴史主義的応答の系譜である。この系譜は、客観的理解の条件を歴史が客観的に整備するという方向で考えた。しかし、結局その歴史理解も解釈に過ぎないという解釈学的循環から逃れるのは難しい。それに対し、フッサールの現象学は、歴史的社会的文脈の影響を受けない超越論的主観性を理性の力のみで演繹することで客観的意味理解の基盤を確立しようとした試みとみることができる。そう考えるとき、パーソンズの社会学も、社会的行為の超越論的条件からの演繹のみで壮大な理論体系を構築した点で、同じ合理主義的応答の系譜にあるとみることができる。だが、この系譜の問題は、理論の純粋性を確保することには成功したかもしれないが、その結果、歴史的社会の経験と接触する回路を失ってしまい、自己完結した世界に閉鎖されてしまいかねない点にある。

フッサール自身、自らの試みの破たんに気づき後期には、常にすでに意味理解がなされている生活世界を基盤とみる方向へ向かおうとした。だが、それ以前にその方向へ決定的に踏み出していたのがハイデッガーであった。その方向への洞察を社会学に取り込んだのがシュッツであり、それを経験的分析へと展開したのがエスノメソドロジーである。社会の理解は、日常生活の中で、そのメンバーたちがやり取りする「方法」の中で達成されている。それを記述するのが、解釈学的社会学の一応の到達点だとみることもできよう。

しかし、それはメンバーが置かれた生活形式の文脈に意味は常に依存することの確認であり、ディルタイが確認した地点に、つまり「振出しに戻った」（HSS: 21）とみることもできる。ＨＳＳは、その相対主義を超えていく方向性として、コミュニケーション条件から真理概念を探るハバーマスに肯定的に触れることで終わっているが、積極的な代案を示しているとは言い難い。むしろ、ＨＳＳでバウマンは、意味を社会科学に持ち込む困難を改めて確認しているようにもみえる。

社会学の基本前提としての広義の実証科学

ＴＣＳの第二章「社会学の批判」で取り上げられるのは、フッサール、実存主義、シュッツ、ミード、バーガー＆ルックマンである。実存主義のところではハイデッガーというよりサルトルであるなど、やや言及される論者は異なるが、基本的な構図はＨＳＳと同じである。確かに、こうした論者が主観的意味を軽視する社会学に批判的であるのは間違いないのだが、この章の主題はむしろ、これらの批判が不徹底で不十分だという点にある。

このことは、さらに遡ってＣＰの最後にある社会学論をみると明白である。ここでは特定の理論を検討するというよりは、「実証主義批判」を標榜する立場一般の手ぬるさが厳しく批判されている。「われわれの攻撃対象をはっきりさせよう。主として特殊なシュッツ的な『現象学』への転向者の好戦的な熱情のせいで、最近近代科学の哲学的地位について多くのナンセンスが広まっている」(CP: 126)。つまり、フッサールやシュッツの権威を呼び出せば、実証主義を批判できるとするのは「ナンセンス」に過ぎない。本当の批判対象は別のところにある。

だから、科学的実践や科学哲学のあれやこれやの立場により違いがあることと、経験・分析科学から解釈学までかけ離れた戦略どちらも含みこむほど普遍的な科学的スタンスそのものに必然的に伴う属性があることとを区別しておかねばならない。人間を検討する際に、その主観的経験を含めるか排除するか……は前者の問題である。この件についてどんなにラディカルで非妥協的な態度がとられたとしても、それらは依然としてベーコン、コントによって規定された「客観的科学」の広大な領域の内部にしっかりとどまったままである。(CP: 128)

後者の「普遍的な科学的スタンス」こそ、バウマンが「実証科学」とみなすものである。それは、「近代科学のある特定の狭く限定された立場」ではなく、「その基本的前提は、依然として科学全体の礎石である」(CP: 127)。したがって、「その他の科学からきれいに分離できる、近代科学のなかの狭く確定されたある特定の分野」に「実証主義」のラベルを貼って論難してもうまくいかない。「当て外れの反実証主義の悲劇は……(a)結局実証主義の基準に沿ったもう一つの科学に落ち着くことになるか、(b)実証帝国主義だけでなく、実証科学のアイデア自体を拒否するところまで行ってしまい、望んでもいなかった怪しげなものたちの仲間入りするリスクを冒すことになるかのディレンマに陥ることである」(CP: 131)。

実証科学の特徴

実証科学は「科学全体の礎石」であり、違和感を表明する程度で吹き飛ばせるような軽いものではない。もちろん、バウマンはこの「礎石」こそ批判しようとするのだが、その批判の意義を確認するためにも、前提として実証科学の強かさを十分に踏まえておかねばならない。実際、バウマンは厳しく実証科学を批判する一方で、その意義を高く評価している。それは「単に近代科学全体の中で完全に正統で典型的なものであるだけでなく、西洋で歴史的に生まれた科学の枠組の中で許容される、事実上唯一の営み、唯一の方法論的プログラムである」(CP: 127)。

実証科学の強みは、「行為するために知ろうとする人間の普遍的欲求」(TCS: 36)に根差していることにある。「初めからこの知識は、広大な自律的秩序の中に、人間の活動を成功に導く指針を発見しようと試みた勇敢な偉業であった」(CP: 127)。「神学的」「形而上学的」段階を経て、精神は「実証科学」の時代に到達したというコントの有名な精神の三段階論はまさにこの「偉業」の意味を示そうとしたものと言える。

行為が効果的であるためには現実的でなければならない。現実を「神学」や「形而上学」で歪めて理解していては、行為は虚しい結果をもたらすに過ぎない。現実を「ありのまま」に理解しようとするリアリズムこそ、実証精神の真髄であり、バウマンも「事物を『それが実際あるがままに』描写する課題」(TCS: 71) にのみコミットした知的営みを広義の実証科学と規定している。それは「『事物をありのままに、できるだけ正確に反映する』試み以外の何物でもない」(TCS: 10)。

このような態度が認識論的であることは明らかであろう。現実に対する知識をいかに正確に獲得するかという問題が最優先となる。たとえば、素朴な反映論は認識論として不十分だと問題にするのも、現実のより良い認識を目指していくこの態度を前提にして行われる作業であろう。

それを体系的・方法的に行っていく試みこそ、「普遍的な科学的スタンス」である。そこには分析・経験科学も解釈学的社会学も含まれる。そのことに触れた先の引用に続けて、バウマンは次のように述べている。このスタンスは『抽象的』な『べき』と『現実的』な『である』の間に架橋できない溝があるという前提、認知や検証過程において『客体』が無条件に優位であることの承認、認知する主体の側が完全に没利害・中立・公平であるとの想定からなる」(CP: 128)。

もちろん、このような認識作業も「人間の活動を成功に導く」鍵となるから追求される。その意味では、この「科学的スタンス」は同時に「テクネのスタンス」(TCS: 36) でもある。したがって、「科学的スタンス」がいかに「没利害・中立・公平」であると自らを想定しても、実際そうであることを意味しない。特定の価値や利害にコミットしないというのも一つの価値や利害であり、そこには実践的な理由がある。それが技術的な利害関心に根差していることをバウマンも問題にしていくわけだが、それに触れる前に、この「テクネのスタンス」の意義をもう少しみておこう。

テクネのスタンスと自然科学

このスタンスの意義を目覚ましい形で示したのが自然科学であるのは言を俟たない。「まさに実証科学の成功、つまり人類の技術的道具的能力のとてつもない増大が技術文明の登場として現れている」(TCS: 74)。ギデンズ(1976=1987)を引用しながら、バウマンは次のようにも述べている。「社会科学は一九世紀から二〇世紀に至るまで『自然科学の大勝利の陰で』発達した。……新しい社会科学の説教師は、独立独歩の新しい時代の雰囲気に合わせ、社会的知識において『自然についての科学がすでに生み出したのと同様の鮮やかな啓発と説明力』を達成することを夢見た」(HSS: 10)。

そもそも、自然科学が発達するためには、「自然」が「ありのままに」捉えるべき対象として現れていなければならなかった。しかし、人間が自然と混然一体となっている限り、自然はそれこそあまりに自然であるため、ことさら意識対象とはならなかった。だから「『自然』は文化的な概念である」(TCS: 1)。それが意識されたのは、人間が「独立独歩」の意志を持って動こうとするとき、それを制約する「よそよそしい客体的な何か」(TCS: 3)があると感じられたからである。つまり、人間が自由意志を強く意識するようになったからこそ、それに対する制約として自然は概念化されたとバウマンはみる。

そのように「自然」が概念化され始めたころ、それに対して効果的に向き合う実証的態度を基礎づけたのがベーコンであった。むやみに自由意志を振りかざすのは、却って制約を強く感じるだけの無為な行いである。まずその「よそよそしい何か」を客観的前提とし、その「無条件の優位性」を認め、それが何「である」かを冷静に見極めることが大切である。そうすることで、制約は効果的な行為の前提条件に変換される。その変換を媒介するのが「客観的知識」

である。「人間の力とは、自分に何ができないかを『知る』能力である。科学はまさにそれを教えるためにある。これが科学が力『である』唯一の方法である」(TCS: 5)。

「第二の自然」としての社会

人間も自然の一部である以上、この考えを人間世界にまで展開しようという動きはすでに啓蒙時代からあった。しかし、「社会」という「第二の自然」が明確に見出され、実証主義としての社会学が提起されるにはコントを待たねばならなかった。コントは、フランス革命後の混乱期、「一見ランダムに見える一連の政治的出来事の背後に隠れている規則性と永続性の場である『社会的』レベル」(TCS: 11) が存在することを見出し、「あらゆる真に合理的な政治制度は、もしそれが現実的で持続的な社会的有効性を持とうとするなら、まず権威の唯一の根拠となる自然の性質の正確な分析に依拠しなければならない」(TCS: 12) とした。

バウマンによれば、前近代の「自然的統一性」から解き放たれたとき、「人々はその新たな経験を個人と社会の衝突と表現した(あるいはしてもらった)。そこで、社会は、『第二の自然』として、今も続く長い経歴をスタートさせた。常識的分別は、その『第二の自然』を非人間的自然と全く同様に、よそよそしく、妥協の余地のない、圧倒的な力とみなしていた」(TCS: 6)。「第一の自然」同様、「第二の自然」も、冷静に見極めれば、一定の規則性に基づいて成り立っていることがわかる。その知識は、自然に対してと同様、社会に対しても有効な行為の前提となるはずである。こうして「社会学がとるべき形式について現在何が言われていようが、我々に(その名前が与えられて以来ずっと)知られているような社会学は、『第二の自然』の発見から誕生した」(TCS: 1)。

その後大いに発展していく社会学は、ベーコン・コントの敷いた路線の上で、元をたどれば古代ギリシアの「テクネのスタンスの論理的精緻化であり唯一の後継者として」(CP: 127) 展開していく。この路線は「その言説の実践者[つまり社会学者：引用者注]に理論的に探索すべき比較的広い領域と異論の余地を与えた。それは、初発の前提を回顧的に問いただしてしまうことで、コミュニケーションに混乱をきたすことにはならない範囲内で、この学問分野に知的多様性を維持させてきた」(TCS: 8)。

確かに「第二の自然」として社会をみることは、自然を「第一の自然」とみるほど自明なことではない。自然科学の成功を社会領域へ適用させようという「勇敢な偉業」は様々な異論を生んでいく。しかし、バウマンが確認しているのは、その多くは「初発の前提」の枠内にあるということである。また、「社会学者の賞賛すべき謙虚さなのか、まだ治癒されない劣等感からなのか、実証主義の枠内で社会学が技術的に価値のある莫大な知識を蓄積してきたことは見過ごされたり、見くびられたりしがちである」(TCS: 137) とも指摘している。

バウマンの狙いは「初発の前提」まで遡り批判することである。しかし、実証科学としての社会学を批判するのはそれほど簡単なことではない。バウマン自身も、社会を自然視することを批判しようとするのだが、それを読むほどに、むしろ実証科学という前提にいかに深く社会学が支えられているかがわかる。社会を自然視するとき、すぐに思い浮かぶ異論に、人間の主観的意味はどうするのか、人間的価値や利害から本当に距離をとれるのか、社会の歴史性をどう考えるのか、などがあるだろう。しかし、第一の点についてはすでにＨＳＳの概要をみた際困難があることに触れた[1]。第二の点について、実証科学は「テクネ」の利害に根差しているのだが、そのことを批判するのも存外難しい。テクネのスタンスは、その至上命題である客観的認識の妨げになるため、特定の価値や利害関心に与すことを排除することに価値や利害を見出す。したがって、たとえば、実証科学としての社会学を「ブルジョア・イデオロギー」だと「価値狩り」の形式で批判するのは「筋が悪い」(TCS: 35) とバウマンもみている。実証科学のスタンスをとるからといって、認識対象となる社会の中に意味や価値や利害がないとみなすことはできないし、する必要もない。ただ、ある社会で特定の価値や利害が支配的になっていると実証科学が描き出したからといって、実証科学がその価値や利害にコミットしていることを意味しない。それは描写対象の社会がそうなっている結果に過ぎない。別の社会が別の価値や利害を支配的なものとしていれば、そう描写するだろう。「社会学が価値の党派性を持つとすれば、それは社会がその中に持つ党派性を描写する以上のものではない」(TCS: 35-36)。「このプログラムがイデオロギー的区分については本当に『中立』であることはほとんど疑えない」(TCS: 37)。

確かに、「テクネのスタンス」はそれでも技術的利害に拘束されていると言うことはできる。しかし、「実証科学の繁栄の基礎には(ハバーマスが主張するように)人間の技術的利害が永遠のものとしてあると言えるのかもしれない」(CP: 130)。確かに、どんな利害や価値観に立とうとも、現実をより良く、技術的に洗練された形で正確に認識できた方が、そうでないより良い、ということはかなり普遍的に言えそうである。「実際、その知識それ自体の中に……社会の別の部分ではなく、ある部分によってしか利用できないとあらかじめ決まっているものは何もない」(TCS: 36)。

さらに言えば、そもそものような技術的利害に拘束されていると指摘されたところで、「技術的道具的サービスへのコミットメントを率直に認めている知識に対してあまり効果はないであろう」(TCS: 36)。むしろ、そのコミットメントによって、実証科学は比類なき貢献をしてきたと自負しているはずである。

実証科学と歴史

では、第三の論点である歴史性についてはどうか。「最初から『第二の自然』は歴史現象として説明されるべき謎としてではなく、アプリオリの前提として知的言説に導入されてきた」(TCS: 8)とバウマンは指摘する。社会学の「初発の前提」を問いただす際、この論点はバウマンにとって決定的に重要であり、特にＴＣＳでは繰り返し指摘される。バウマンが問題にするのは、「社会」を「第二の自然」とみなすことで、歴史的にたまたま成立した特殊な「社会」が人間的自然に根差した社会の自然のありかた、受け入れるしかない姿と現れることであり、かつそれがなぜそうなのかという「謎」がアプリオリに排除されてしまうことである。

しかし、「社会」の歴史性を指摘することはそう難しいことではない。たいていの社会学者はその指摘に驚かないであろう。そもそもコント自身「実証科学」が「神学」「形而上学」の時代の後出てきたことを強く意識している。歴史の「謎」が十分答えられているかは置くとしても、それを問うことが排除されているとは言えないようにみえる。

実際バウマンは社会学の中で歴史に関する議論があることを認める。「公平を期すれば、社会学者も活気があるときは人間状態の歴史的可変性というアイデアと戯れることを認めなければならない」(TCS: 87)。しかし、皮肉な言い方が示すように、バウマンはその歴史の取り扱いには満足していない。社会学で歴史は「社会組織、したがって人間行為のうち既知のタイプの二項対立」(TCS: 87) で扱われる。ゲマインシャフト／ゲゼルシャフト、軍事社会／産業社会、属性社会／業績社会、機械的連帯／有機的連帯など、名付け方は様々でも基本的に同じ構図で歴史が描かれる。

この構図の問題は、歴史的説明を経ても、結局現行の社会が唯一の選択肢となることにあるとバウマンはみる。確かに歴史的にみれば選択肢は二つある。しかし、「今ある現実に対する唯一のオルターナティブとして実証的態度が許容する状態は、現在の状況が台頭してくることによって、実行可能なオルターナティブから削除されてしまっている」(TCS: 87)。一見選択肢は二つあるようにみえるが、そのうちの一つは過去のもので、現在のものに乗り越えられてしまっている。つまり「実証的態度」で歴史を導入しても、結局「社会」のありうる姿は、実質「現状」のものしかないということになる。過去のオルターナティブは、現状に不満があるとき観念的に想起されることはあっても、もはや実行可能なものではない。

バウマンの趣旨を補って言えば、実証的態度で歴史を導入しても、それはいわば自然の成り行きと描かれ、台頭してきた「社会」は自然史の一部として、一層「自然」なものとしてみえてくる。このような歴史の取り扱いは、「社会」の自然視を相対化するどころか、結果的に強化していることになろう。

マルクスの批判

バウマンにとって、これとは異なる歴史の取り扱いの手掛かりとなっているのがマルクスである。実際マルクスは、バウマンの中で独特の位置を占める。その歴史主義は批判の対象でもあるのだが、他方で「これまでの理論で、人間存在の自然な条件と言われているものの歴史的偶発性を明らかにした点で、マルクス主義社会学以上のものはない」(TCS: 81)。よく知られているように、マルクスは、歴史的に成立した社会関係で重要になった経済カテゴリー（資本、価格、交換、私的利益など）を「自然化」した上で成立した経済学を批判した。その批判をバウマンは参考にしていく。「マルクス主義社会学」とあるように、バウマンはマルクスを社会学者とみなしている。後でみるように、そうすることでマルクスは、バウマンの社会学批判、さらにはオルターナティブとなる批判社会学の基本的枠組みを考える上で、最も参考にすべき社会学者となる。実際ＴＣＳのマルクスの議論を検討する節のなかで「マルクス主義社会学」は自然と「批判社会学」に言い換えられている。

バウマンにとって、マルクスは「社会生活を経済学に還元」した学者ではない。「反対に、彼は経済学をその社会的内容に還元した。彼は政治経済学を社会学として、社会学を歴史として書き直した。経済的依存が他のすべての人間関係に優位するようになったのは、おそらく比類なき特殊な歴史的発展の結果でしかない」(TCS: 82)。

つまりバウマンにとって重要なのは、マルクスが「市場社会」を「社会の大勢の匿名の他者たちに個人が依存する」社会と描き出したことである。交換関係の広がりにより、生産と消費の密接なつながりはみえなくなり、その間に不透明な「公的」領域、すなわち「社会」が広がる。それに対し、生産や消費をする個人は「私的存在」となる。その個人にとって「社会」は「よそよそしい客体的な何か」であり、それに依存することが「社会的必要性」とみなされる。つまり「第二の自然」として「よそよそしく」感じられる「社会」の実質は、この歴史的に成立した特殊な社会関係の産物だということをマルクスは明らかにした。その点をバウマンは重視する。

先の歴史の二項対立は、要するに「(市場社会に特徴的な) 非人格的依存の網にとらわれた個人の自由と (市場が未発達な社会に特徴的な) あからさまな人格的依存と組み合わさった個人的選択の欠如の対立」(TCS: 87) に過ぎない。前近代社会では、社会はそのメンバーにとって透明であった。したがって、支配 (依存) を補うのに超人間的な幻想を引き合いに出す必要があった。いわばコントの言う「神学」や「形而上学」の支えがあって成り立っていた。それがなくなると、個人は一見支配から解放され自由になったようにみえる。しかし、マルクスによれば、それは個人にとって不透明な非人格的な「社会」による個人の支配を前提にしたものに他ならない。だから「個人の自由」と言っても、それは「幻想」に過ぎない。むしろ「非人格的依存のシステム」は「個人の自由の幻想によって維持される」。「個人の解放の条件は、個人をまとまりとしてみたとき、その不自由を永続化する条件と合致する」(TCS: 88)。

解放された個人一人一人は、自分を制約してくる外的現実となった「社会」の中で、各自なりに立ち回る自由を得る。みんながその成功を目指すことで、他者との関係は互いを出し抜きあう競争になる。中にはうまくいく人もいる。その幻想に皆がとらえられることで、前提となっているこの外的現実は強化される。

このとき「社会」は、「よそよそしい客体的な何か」であるが、それを現実と受け止め、そこにある制約を知れば「自由」の前提となりうるという意味で、まさに「第二の自然」と呼ぶにふさわしい。そのとき力となるのは、「実証科学」としての社会学となる。つまり「実証主義は、疎外された社会の自己意識である」（CP: 129）。

実証科学の強かさ

しかし、これだけだとすれば、実証主義的社会学にはさほど厳しい反論ではないだろう。むしろ、「現実」の認識としては、ある意味では、マルクスはコントの言うこと、あるいはコントが敷いた路線の上に展開した社会学の総体を裏打ちしたとも受け取れる。マルクスにとって「市場社会」は「自然な社会」ではなく「疎外された社会」であるとしても、それが「現実」であることを否定しているわけではない。

その「現実」を「疎外された社会」と描写するとき、マルクスはそこに許しがたい支配をみている。しかし、それが単に現実の価値評価の違いだとすれば、実証科学は問題なく受け入れることができるだろう。たとえば、（第一の）自然が「よそよそしい何か」として現れることに「許しがたい支配」を感じる人がいても自然科学は別に困らない。そのような評価が、自然の客観的理解を歪めるのであれば排除すべきであるが、さもなければ特に関心を持つべきことではない。逆に言えば、そのような評価に立っていても、現実描写が客観的になされているのなら、実証科学はそれを喜んで受け入れるはずである。実際、マルクスの資本主義分析の優れた部分を実証科学の中に取り入れることは十分可能であろう。

もちろん、マルクスが「現実」を「疎外された社会」と描写するとき、その克服の願いが込められている。しかし、過去にあったオルターナティブは現実可能性を失った。その点についてもマルクスは同意する。先の歴史的二項対立を批判する中でバウマンはマルクスの言葉を引いている。「そもそもあった充足への回帰を切望するのは、この完全な空虚さで歴史が立ち止まると信じるのと同じくらいばかげている」(TCS: 87)。つまりマルクスにとって現実へのオルターナティブは、過去ではなく未来にある。社会が個人にとって透明だった過去に個人の自由や自立はなかった。現在は不透明性の中で、見せかけの自由と自立、空虚があるだけだとすれば、各個人が自由に自立して社会をともに作り上げていることが見通しやすい社会が目指されるべきということになるだろう。

しかし、実証科学にとって問題は、その未来のオルターナティブの実現可能性であろう。現状がいかに「ばかげている」とされても、実現可能性もなく単に理想を掲げるだけなら「単なるユートピア」に過ぎず、まともに取り合う方が「ばかげている」だろう。

マルクス主義がオルターナティブを社会主義・共産主義として追及した歴史を踏まえてみると、実証科学の方に分があるようにもみえる。社会主義に限らず、現実の近代社会に不満を抱き、オルターナティブを模索した様々な試みは、失敗に終わるどころか、より惨い現実をもたらしたという見方も有力であろう。未来にもオルターナティブはないのかもしれない。歴史が終わっていること、オルターナティブな未来を描く大きな物語が終わっていることこそまさに歴史が「実証」してきたことだと言えるのではないか?

このように、社会を「第二の自然」とみなすことで成立している実証主義的社会学に対し、主観的意味、価値や利害、歴史性といった異論を繰り出して批判しても、それは跳ね返されてしまい、むしろ、実証科学の強かさが浮き彫りになってくる。その意味で、実証主義とは、社会学内部の特定の立場に限定されるものではなく、より広義の基本的スタンスであり、それに支えられて社会学は誕生し、この社会の中に地歩を築いてきたとするバウマンの主張の方がむしろ再確認できたと言えるだろう。

三　バウマンの社会学批判

批判拠点としてのユートピア

しかしそれはバウマンにとってあくまで前提作業のはずである。ＴＣＳは、「第二の自然」を歴史化すれば、批判はすんなり進むと考えているようにも読める。しかし、みてきたように話はそう単純ではない。

では手掛かりはどこにあるのか。ＴＣＳと同じ一九七六年バウマンが『社会主義』*Socialism: The Active Utopia* を刊行していることに注目しておこう。同書は、ユートピア思想が社会にどう影響を与えたのかを分析した書物であり、その重要な事例として社会主義が取り上げられている。そこで社会主義は「資本主義の対抗文化」（Bauman 1976b: 47）と規定される。したがって、同書は、当時まだ残存していた政治的運動としての社会主義に何か期待を寄せる党派的な書物ではない。実際一般に七〇年代後半時点ですでに、現存した社会主義体制や運動には大きな疑問が生じていたし、同書の中でもソビエトの失敗が分析されている。むしろ、副題が示すように、バウマンがユートピアの積極的意義を評価していることの方が重要である。

ユートピアという言葉は一般に二つの意味で使われる。非現実的な空想という意味でもあれば、望ましい未来に対する希望という意味でもあり得る。非現実的とみれば、ユートピアは現実の要素ではない。しかし、それが現実にアクティブに働きかける希望であるとすれば、現実の要素である。より正確に言えば、ユートピアは、現実の内部で、それを方向付ける積極的力を持つものとも、そのような力を持たない虚しいものともみなされうる。

すでにみたように、実証科学からみれば、ユートピアは「単なる空想」に過ぎない。むしろそのようなものを積極的に排除し「現実を直視」していることに自負を抱いていると言えるだろう。「今ここのこの現実に照らしてチェックできるような情報だけが妥当で価値ある知識と認めること」(TCS: 36) が重要である。「この現実によって、非現実的でありそうもないファンタジーとみなされるオルターナティブについて、社会学は即座に、ユートピア的で科学には興味ないことと宣言する」(TCS: 36)。しかし、バウマンは「ここに一つの致命的決定がなされている」(TCS: 36) とみる。

確かに、実証科学は現実を客観的に描写することに価値を置く。そのテクネのスタンス自体を完全に否定することは難しい。「事実」を「あるべきものでも、妨げられなければあったかもしれないものでもなく、実際にあるがままのもの」とみなし、その「事実」を「偏りなく研究すること」が実証科学の立場である。しかし、「そのように組織された実証科学が獲得する知識だけが妥当なものとなる」(TCS: 71) とき、すなわち、そのスタンスが「独占的知識の地位」を求めるとき、それは「実証帝国主義」(TCS: 74) となってしまう。

ユートピアの積極的側面を重視するバウマンからすれば、実証科学のこの態度は、狭量な「現実主義」に映るであろう。少なくとも、実証科学が至上の前提として置く「現実」が、過度に平板化された形でしかとらえられていないのではないかと問う余地が生まれる。

しかし他方で、ユートピア的な立場を積極的にとることには危うさが伴う。その立場が「現実主義的」に「今ここのこの現実」にその基盤を求めることは難しい。少なくともそこに確固たる基盤のあるユートピアは語義矛盾である。であれば、仮にユートピアの積極的意味の方から、「現実主義」の狭量さを批判できるとしても、それが「単なる空想」である可能性は依然として残る。

みてきたように、実証科学は批判に打たれ強い。その中で、その根本的前提である「現実」理解に何らかの問題があるのではないかという、ユートピア的立場からの批判には手掛かりがあるかもしれない。その立場には危うさが伴うとはいえ、その可能性を探ってみる価値はあるのではないか。

では、その手掛かりからどう進めばいいのか？　一つの方策は、人間的な現実を構成する際、いわばその素材となる人間の性質、人間的自然について考察を深めてみることであろう。ＣＰにおける文化の議論は、バウマンがそのような哲学的人間学を提示していると読むことができる。

バウマンの哲学的人間学

「人間という種の顕著な特性」は「人間が唯一『文化を持つ動物』である」(CP: 135) ということにある。有名な、マルクスのミツバチやビーバーと人間の比較やマズローの欲求段階論を引き合いに出した後、バウマンは次のように述べる。

> 人間性とは、「である」を「べき」に従属させ、決定論の領域を超越し単なる存在のレベルを超えようとする、知られる限り唯一のプロジェクトである。……文化は人間存在の固有性と同義である。それは、必要からの自由、創造する自由へ大胆に突き進もうとすることである。それは、サンタヤナに倣って言えば、常に未来へ鋭利なナイフを向けることである。(CP: 135-136)

人間は他の動物とは異なり、自然の決定から自由に、いまだ存在しないものを創造する。その自由を、まさにその自然から授けられたのが人間である。その人間的自然に固有の性質をバウマンは文化と呼んでいる。ＴＣＳでは、同じことを次のように言っている。

批判社会学に受容可能な唯一の人間学（普遍的な人間の特性を知ろうとする試み）は、レオ・コフラーの言葉を借りれば、「人間の可変性という不変の基盤」の科学である。批判社会学の基盤となる基準は、人類に、超越的であれ自然的であれ、恒常的な性質がすでに授けられてしまっているという可能性をアプリオリに拒否する。批判社会学が受け入れる用意のある人類の唯一の属性は、それが絶えず新たな形式へ更新しながら人類になるというメカニズムである。「ドイツ・イデオロギー」でマルクスは、新しい欲求の生産を最初の歴史的行為と定義した。（TCS: 89）

つまり人間は、自然に固定された欲求＝必要に規定されるだけでなく、それを絶えず作り変えることができる存在である。

この「人間学」それ自体の当否を論じることがここでの課題ではない。むしろ重要なのは、バウマンのこの人間学を確認した上で、そこから実証科学に対してどういう批判が展開されていくのか、である。

「文化的スタンス」からの実証科学批判

バウマンは実証科学に対し次のように言う。

しかし問題は次の点にある。人間事象に関して、この方法論によって枠づけられた認知的地平が妥当なトピックの全体を包摂するという信念は、人間的世界が永遠にその「自然な」性格を維持するという前提によってのみ支持しうる。それは社会がずっと疎外されたままだということを前提するのと同じことである。人間生活の論理がその前提の上にあるときだけ、「べき」に対する「である」の至高性が一層もっともらしいものとなる。そのとき、現実の批判的拒否である文化は、十分依拠しうる自律的な知の一種とはみなされず、せいぜいのところ、実証研究の多くの対象の一つとみなされる。（CP: 138）

「『である』を『べき』に従属させる」人間学とは反対に、実証科学は「『べき』に対する『である』の至高性」を主張している。争点は、現実をみる出発点をどこに置くのかである。バウマンは、すでに出来上がった現実を出発点に置くのは間違っていると考える。それはヘーゲルに倣って言えば人間の現実を「生き生きとした衝動があとに残していった死骸」（CP: 138）とみることだからである。

そうなれば文化は全く別物となってしまう。社会を「第二の自然」とみなしてそれを解明しようとする「実証科学」にとって文化は、「人間行動の予期可能で、ルーチン化され、制度化された側面だけ」（CP: 134）でみられがちである。確かに文化の「創造性」は認められる場合もある。「第二の自然」は「第一の自然」とは異なり人間の活動に起源をもつのだから。しかし、人間の創造性は現在の「第二の自然」を生み出した過去に発揮されたものとみなされる。「人間の選択の自由は回顧的にのみしかるべく認知される」（CP: 126）。現在に「創造性」があるとすれば、ベーコン的な自然観と対応したものにすぎない。

現実の権威に従属しなければ目的は達成できない。しかし従属すれば、それを支配できる。つまりその規則を使って、自分にとって最善のものをもたらすことができる。……文化は硬直化したタフな現実への適応である。現実は適応したときだけ使い物になる。……創造性とは結局のところ、狡猾な人間が無愛想な環境を自分の利益に合わせるために示すご都合主義、ずるがしこさ、抜け目なさのことである。(CP: 134)

実証主義において文化の「創造性」は、過去になされた活動であるか、その結果である現在にいかにうまく適応するかにおいてだけ発揮されることになる。このような文化の取り扱いは、文化を「未来志向の挑戦」であるとみる「文化的スタンス」(CP: 138) からみれば、ほとんど侮辱的なものとなる。そうしないためには、「文化的スタンス」からスタートすべきであるとバウマンは考える。

つまり、バウマンは、現実が疎外状況「である」から批判「すべき」と言っているのではない。人間本来のある「べき」姿である文化的創造性からみたとき、現実がそれを妨げているから、現実は疎外状況「である」と判断されるのだ。現実の方から文化をみるから人間本来の文化的創造性が侮蔑される。人間本来の文化的創造性の方からみるから現実は疎外されたものと規定される、ということになる。

すでにみたように、現実の「である」から出発すれば、それを「疎外状況」と描写しても、それを批判すべきものとみるか受け入れるべきものとみるかは、その現実に対し外在的な価値判断の問題になってしまうか、「疎外」克服の実現可能性の程度問題とならざるを得ない。

「文化的スタンス」による現実のとらえ返し

しかし、「文化的スタンス」をとるということはそもそも「である」を出発点にすることを拒否するということである。それは「である」を出発点とする立場からみれば、現実外在的・非現実的な批判にみえるはずである。しかし「である」

を「べき」に従わせる「文化的スタンス」[2]は、バウマンによれば、人間的自然の本性であり、人間がその現実を生み出す基礎能力に関する前提である。いわば現実を作り出すその根底にある現実、現実を歴史の中に生み出していく母胎となる人間的現実に、「文化的スタンス」は足場を置いている。その意味で、この「文化的スタンス」は自らを「現実主義」より深い意味で現実的であると主張する立場である。そこでは、現実は自然視されるのではなく、歴史的に実現してきて、この後も可変的でありうる現実の現在における実現形態に過ぎないとみなされることになる。

確かにバウマンのこうした立場は現実を乗り越えていこうとする点で、現実に対する超越的なスタンスである。しかしその超越性はまさに人間的自然に根差し、現実に内在するものでもある。ここでもバウマンの趣旨を補って言えば、当然、自然史の見方も変わるだろう。人間の歴史は自然史の成りゆきの中に囲い込まれるのではなく、むしろ自然史の方が人間の登場により、開かれた歴史と捉え返されることになる。

この「文化的スタンス」に立つとき、今ある現実を基準に、そのスタンスのユートピア性が問題にされるのではなく、反対にこのスタンスを基準に現実が測られる。問われる側が逆転することがポイントである。「だから文化は疎外の生粋の敵である。文化は、分別、平静、『現実』の権威を自称するものを絶えず問いただす」(CP: 139)。

それゆえ、文化の役割を社会学的探究の多くのカテゴリーの一つ、むしろ客体の一つとみなす代わりに、社会学は文化的スタンスを借りることによって、広大な認知的スペースを開き、そこを探るべきであるというのが我々の主張である。文化的スタンスの前提に立つことは、実証科学のプロジェクトを下支えする態度の否定である必要はないが、この態度が正当なものと画定している問いや方法論的ツールの範囲を超えていくことを意味する。文化的スタンスは、知識と現実の対応として真理を科学的に探究することを問題とするというより、実証科学の狭量な態度を黙諾することを拒否する。現実は、知覚できる「経験的」なものだけであり、すでに完成したものとして、過去を取り扱うやり方で到達しうるものとされるが、文化的スタンスは、その現実だけが、妥当な知識の基準として呼び出されるのを拒否する。むしろ、未来の、過去に還元できないという独特の性質を取り入れ、現実の多様性を認める。実証科学が現実的なものを探求するように、文化的スタンスも一群の宇宙を探究するが、そこには、仮にまだありそうもない世界だとしても、可能なもの、潜在的なもの、望ましいもの、切望されるものも含まれる。（CP: 139）

文化的スタンスは、少なくとも単に現実をその外部の視点から断罪するのではない。現実主義に対し、前提となる現実とは何か、そこに何が含まれるのかを争点とする。文化的スタンスからみるとき、実証主義が現実を過度に切り縮め、その一面しかみていないことがはっきり浮き彫りになる。文化的スタンスからみる現実には、経験主義的に確証されていることだけでなく、まだ実現していない未来が含まれている。だから未来がすでに現在に内在しているとみなければ現実は十分現実的ではない。現実をこうみるならば、ユートピアは「単なる空想」ではなく、現実で作用するアクティブな要素として十分な位置を与えられることになるだろう。

四　批判社会学へ向けて

批判社会学の真理基準

ここまではよいとしよう。実証科学を否定しないまでも、その前提にある平板な現実観に代わって、より厚みのある現実観を提示するのに成功したとしよう。しかし、別の側の問題は残されたままである。つまり、ユートピアが「現実主義」の狭量さを批判するところまではよいとしても、それを「単なる空想」と区別する基準はまだ曖昧なままである。現実に「まだありそうもない世界」を含むとすれば、それは何でもありの口実になりかねない。

「第二の自然」として現状の社会を「客観的現実」として置くことで、実証科学は、真理基準を明確にすることができていた。しかし、今やその基準の基盤たる「現実」がとらえ直される以上、自らを「単なる空想」ではないとする別の基準が必要となる。つまり社会学批判により、いったん社会学を降りたとしても、別の真理基準を立てる作業が要請される。それはオルターナティブな社会学を模索するに等しい。だから、バウマンの「社会学批判」は同時に「批判社会学に向けて」の作業でなければならなかった。結局、問題は、批判社会学は何を真理基準とすればよいのか、となる。

この問題に対してもバウマンがまず参照するのはマルクスである。

どのような意味で、批判社会学は科学的地位を主張できるのか？　唯一の妥当な知識は真の知識であることに同意しつつ、過去の経験や現行の日常ルーチンが真理の基準にならないとすれば、何が批判社会学の基準となるのか？　「真理プロセス」の概念がこの決定的な問いに対する批判社会学の回答である。歴史プロセスとしての真理という本質的なアイデアは、マルクスの次の発言にある。「人間の思考が客観的真理に到達できるかという問いは、理論の問いではなく実践の問いである。実践の中で人間は真理……を証明しなければならない。……。」（TCS: 90）

しかし、この直後にバウマンが指摘するのは、実践の中で真理を確認しようとするのは実証科学も同じだということである。「結局、最もオーソドックスな実証主義的な意味の科学的な探求が、仮説に対する一連の実践的テストでないとすれば、いったい何だというのか？」（TCS: 91）。もちろんそこには、「実践理解」の大きな違いがある。ＴＣＳでは、実証科学の実践テストにどのような問題があるかを指摘した上で、ハバーマスに即してオルターナティブを提示していくのだが、「歴史プロセスとしての真理」については詳しく論じていない。幸い、ＨＳＳにおいて、真理を歴史的プロセスとみるマルクスの見方が論じられているので、それを先にみておこう。

歴史プロセスとしての真理

客観的知識を「そこにある」「客観的現実」の反映とみなす素朴な考えに対し、カントは、主観の構成的役割を強調した。主観は現実を歪める要素ではなく、主観の構成作用があってはじめて客観的認識は可能になる。しかし、主観は客観に対置され、非歴史的に、認識の超越論的条件として考察される。主観と客観は知識によってその都度媒介されるに過ぎない。ヘーゲルはこの主観と客観の関係を歴史化した。主観と客観の対立は、精神が自己意識に至る歴史プロセスの一契機であり、ついには絶対知の中に真理として止揚される。マルクスは、ヘーゲルの歴史プロセスとしての真理観を受け継ぎつつも、それが観念論に転倒してしまっていると批判した。以上のような概略を踏まえて、バウマンはヘーゲルの発想を「マルクスが社会学の言語へ翻訳した」（HSS: 49）と位置付ける。

それはつまり、ヘーゲルが精神の歴史と描いたことを、社会的現実の歴史とマルクスがとらえ返そうとしたということである。意識が疎外されているのは、精神の歴史の中で、それが主観と客観に分裂するからでもないし、それが止揚されるのも精神の中ではない。疎外されているのは社会的現実であり、その止揚は社会的現実の歴史的実践の作業である。歴史的現実がその真理に到達していないのに、観念が一人だけ先に社会の真理に到達することなどあり得ない。また批判すると言っても観念を批判するだけでは圧倒的に不十分であり、その批判は社会的現実の批判にまで届かねばならない。この主張にこそマルクスの真髄があるとバウマンはみる。

マルクスにとって現行の歴史的現実は「市場社会」として「疎外された」状態にある。それはすでにみた文化・人間観からみて「非真理」である。したがって、マルクスの「社会学」は、このような「非真理」としての歴史的現実として「市場社会」が成立した経緯を踏まえつつ、それを超えて真理に到達しようとする歴史的実践のプロセスに関わっている。

マルクス自身が、それを革命に託し、しかもその担い手として労働者階級を指名したことの問題点についてはすでに多くの議論と批判があることを踏まえつつも（HSS: 67-68）、バウマンにとって重要なのは、社会についての真理が、人間の文化的本質の歴史的実現として、社会的実践の中で考えられたことであろう。それが批判社会学の基準となる「歴史プロセスとしての真理」の基本イメージとなる。

同時にバウマンは興味深いことを指摘している。

> マルクスによれば、歴史は見かけと本質の区別を全滅させ、社会関係とその行為をその真に人間的な本質において明らかにするだろう。それゆえ、歴史はそれを、非常に素朴で常識的な認知道具を使うことで真に客観的に理解できるようになるだろう。複雑に洗練された社会科学の存在がまさに歴史がこの段階に到達していない証拠である。（HSS: 49）。

つまり社会科学がその仕事を果たしたとき、社会科学の存在自体が不要になる。そのために社会科学は働くのだということになる。「その段階に到達するまで、社会科学がその課題の達成により近づくためにできる唯一のことは、『時代の闘争と願いの自己明確化』を支援することである」(HSS: 50)。

実証科学の真理と疎外

「歴史プロセスとしての真理」を踏まえると、「実証科学」における仮説の実践的検証と実践概念が大きく異なることは明白である。実証科学において問題となるのは、何よりも「科学者の実践」(TCS: 91)である。仮説を検証したり反証したりして真理を確認するのは科学者の独占事項である。したがって、「そのような実践は、テストを行う人とテストされる対象との間に変更できない明確な地位の区分があることに特徴づけられる」(TCS: 91)。科学的真理検証の専門的手続きの「純粋性」を保持することこそ、科学的真理に到達する条件である。科学者による手続きが対象の影響を受け汚染してしまったり、科学者が対象に影響を与え、その「あるがままの状態」を損ねてはまずい。検討対象の自然状態を保持するために自然科学者たちも努力をしているが、社会科学者は、対象が人間であるだけに、より注意が必要になる。被験者を相手からは見えないガラス越しに観察する社会心理学や「誘導質問」を禁忌とする意識調査などをバウマンは象徴的な例として挙げている(TCS: 92)。

このような手続きは実証科学が「真理」を達成する条件であると同時に、社会的現実をあるがままとして受け入れることを意味する。つまりそれは「疎外された社会」という現実を「第二の自然」とみなす具体的手続きでもあるのだ。

しかも、それだけではない。バウマンは「社会科学の場合、研究対象が、理解し、意味をつかみ、知る能力を備えた意識ある人間であっても、人間は、手続きの純粋性のために、自然科学の対象のようにそうした能力は持たない対象の地位に意図的に置かれる」（TCS: 91）と言っている。これはやや言い過ぎである。確かに、ある種の統計では、当事者の関知せぬところで行動の記録が取られ、それに基づいて社会が分析されることはあるだろう。だが、たとえば世論調査一つとっても、対象が意識ある主体だと考えていなければ全く不可能である。しかし先の文化の議論を踏まえてバウマンの意図を汲めば、人間本来の文化的側面が一面的にしかとらえられていないということが問題である。人間は意識や文化を持つことは認められる。しかし、それはあくまで分析の客体である限りにおいてである。つまり、社会を構成するたいていの人々はあくまで科学的分析の素材であって、その主体になることはない。社会に関する真理に携わるのは第一義的には、専門科学者だけということになる。

とすれば、実証科学のこの手続きは、「疎外された社会」を単に自然視しているだけではない。社会をめぐる真理について社会を鋭く主体と客体に分離し、自らが構成する社会の「真理」について、その当事者を疎外された状態に置くことで成立していると言えよう。

マルクス主義の反省

しかし、これは狭い意味での「実証主義」の問題でもなければ、バウマンが言う広い意味での実証科学を基盤にした社会学だけの問題ではない。それに対抗する真理観を提示したとされるマルクス自身あるいは、マルクス主義にも関わる問題であるはずである。

なぜなら、マルクス主義における「歴史的主体」の問題に関してもこのことがずっと付きまとってきたからである。マルクス自身、プロレタリアートが歴史に最終的な真理をもたらす革命を起こす主体だと考えた。そこにはまるで歴史の終点に至る経路まで見通せているかのような歴史主義的形而上学が入り込んでいることはよく指摘される。当のプロレタリアートは、その実際の意識とは関係なく、社会の歴史プロセスに真理をもたらす「普遍的階級」として理論家によって「客観的」に指定される。そこには、「真理」を知る知識人とそれを実行する「歴史的主体」の役割をあてがわれた「客体」との区分が前提とされている。ここにマルクス主義をめぐる混乱の内在的要因があったと言えるだろう。労働者がその「真」の役割にいつどう目覚めるのか、あるいは裏切るのかについて、当の労働者自体はほとんど参加できない中で、議論がなされていった。

だから、実証科学の真理観に対抗するには、単に「歴史プロセス」としての真理観を対置すればよいわけではない。実証主義的社会学を批判しようとしてきた様々な試みも、同様の問題を抱えていることをバウマンは指摘する。「我々がこれまで見てきた筆者の誰一人として受け入れようとしない犠牲がある。社会科学者が独自の特権的視点を持ち、真偽の判断は自分たちだけで十分だとすることは犠牲にされていない」(TCS: 102)。

批判社会学の真理基準として、バウマンはハバーマスを参照していくが、それはまさに「おそらくハバーマスだけが」この犠牲を受け入れる一歩を踏み出したとみなしたからである。ＴＣＳの中で、マルクス主義の問題点が積極的に論じられているわけではないが、その中で次の一節は見逃すべきではあるまい。

　最後のしかし決定的な一歩はユルゲン・ハバーマスによって踏み出された。社会的知識と社会的現実の関係についてのマルクス主義的見解を最近再解釈する中で、おそらくハバーマスだけがその一歩を踏み出した。マルクス主義のグラムシ的伝統を近代社会科学の用語と接合することで、ハバーマスは、慣れ親しみのない言葉に包まれた提案に白けていた受け手にメッセージを届ける可能性が高い。(TCS: 102)

バウマンの批判社会学は、単にマルクス主義を精緻化した上で、実証科学を批判するという話ではない。それは、マルクス主義の反省でもあったという点を押さえておく必要があるだろう。

真正化プロセス

ハバーマスのアイデアは、実証科学の仮説検証 verification プロセスだけでなく、社会科学にはもう一つ仮説真正化 authentication プロセスがあるとすることである（Habermas 1963=1999; 1968=1981）。批判社会学はその両者と関わる。真正化プロセスを考える上で重要なのが「歪められたコミュニケーション」である。「歪められたコミュニケーションは対話のパートナーの間に不平等状況を構成する」（TCS: 103）。そのような状況が制度化されたとき支配が生じる。「歪められたコミュニケーション」の構造が歴史の中で制度化された状況は、概ね「疎外された社会」と対応しているとみてよいだろう。

そのような状況に対し、まず生じる利害関心は、そのような構造が成立した歴史の解明である。このレベルは、通常の実証科学のプロセスと同じような手続きで行われる。様々な要因がどのように関わり合いながらそのような構造が出来上がったのかを合理的に再構成して、事実と突き合わせて仮説が立てられ検証される（TCS: 103-104）。その作業は、その検討対象となった人々の生活プロセスから切り離された科学者集団が取り仕切る。しかしそこにとどまらないことこそ重要である。その仮説は、その人々の生活実践の中で実際に受け入れられるかというテストに積極的にさらされる必要がある。これが真正化テストである。

社会科学において真理の検証をその対象から切り離し、専門科学者の集団の中だけで行うのは一種の疎外であった。もし「歪められたコミュニケーション」の歴史的構造の解明が専門家の検証作業にとどまるなら、それ自体が「歪められたコミュニケーション」であろう。「もし社会科学者が意味の真実性を判断する権利を占拠し、その上で、自らの決定を科学的権威が支持する判定として提示するなら、単に歪められたコミュニケーションのもう一つの例にすぎない」(HSS: 294)。

これは、検討対象にされた人々が科学者のようになって、その命題の真偽を検証するという意味ではない。検証プロセスはあくまで訓練された科学者集団の仕事である。真正化プロセスで問題になるのは、科学者から仮説を提示される対象となる人々が、科学者との対話の中でそれが自分にとってしっくりくるものだとその内容を受け止めていくかどうかといったことである。

これをバウマンはハバーマスの示した精神分析の例に沿って説明している(TCS: 104)。医師は患者の状況に対し仮説を提示する。それを受けた対話の中で、患者は自己欺瞞に気付き、自分の本来の気持ちと向き合えるようになる。それが真のものかどうかは、それを患者が行為の中で受け止め、セラピーとして効果があるかどうかで判断される。

ポイントは、真正化プロセスの仮説が、すでにある情報でテストされるのではなく、「プロセスの中で真理になる」(TCS: 105)点である。「仮説そのものが、それが真理になる条件を作り出す上でアクティブな効力を持つ」(TCS: 107)。科学者とその「対象」との地位の非対称性は、その対話のプロセスの中で対等な関係へと変容していく。仮説は単に言説のレベルで検証される命題ではなく、実践の中でその変容を促すのに構成的な役割を果たす。

そのために「批判理論は理論家のデスクを離れて民衆の省察が為されている開放水域へ漕ぎ出なければならない」(TCS: 107)。この点にこそ、科学者の特権性を手放す決定的な一歩をバウマンはみている。

常識の抵抗

同時に、重要なのは、これは実証科学の全否定ではないし（仮説の構築・検証においてはその専門能力が不可欠とされている）、民衆の「生きられた経験」やそこから生じる「知恵」のようなものを称揚するものではないということである。それは、疎外の構図を維持したまま、科学者の特権性を裏返すに過ぎないだろう。むしろ「常識的経験の中に希望の保証はほとんどない」（TCS: 74）とバウマンはみる。だから民衆の省察の領域へ漕ぎだすべきと言った後、次のように言う。「それは積極的に関わることで、歴史的経験の常識的評価を定式化し直し、過去の経験の『完結性』を突破する想像力を手助けしようとするためである」（TCS: 107）。

ＴＣＳでバウマンが繰り返し強調するのは、「疎外された社会」が「第二の自然」として現れるのは、そのような現実がないのに、実証主義者がでっち上げているといった話ではないということである。それは、むしろ社会のメンバーたちの日常的なルーチンで作り上げられているものに他ならない。そしてそのルーチンを生きる中で、その経験をメンバーは常識として理解する。「社会」が「よそよそしい客体的な何か」であるのは、その「ルーチンと常識の盟約」（TCS: 92）によって日々確証されている自明性である。

実証科学としての社会学は、その現実を前提にして成立しているのであって、その疎外された現実をそのままに実証主義批判をしても虚しいというのが、バウマンがマルクスから学んだ立場である。社会学批判は社会的現実の批判に向かわなければ、ガス抜きに過ぎず、むしろその現実を追認・補強するに過ぎない[3]。

だからこそ、批判社会学は検証プロセスにとどまらず真正化プロセスへと画期的な一歩を踏み出す。しかし、このことは同時に、その対話の首尾が、相手である「民衆」の対応にも依存することを意味する。

精神分析がうまくいく条件の一つは患者がいったんは自らを「患者」だと受け入れることにある。しかし、社会で常識的に生活している人に、あなたは「疎外された社会」を生きている、「コミュニケーションは歪められている」と言っても（つまり、「あなたはそのような『疎外』や『歪み』の症状をもって生きている患者だ」と言っても）、そう素直には受け入れられないだろう。

批判社会学の立場からみれば、それほど常識の力は強い。「患者であるかもしれない人が、セラピストなしで、もっと一般的に言えば、セラピストの役割を果たす外的なエージェントなしで、つまり、そのような人たちが患者の状況に常識的に押し付けられた解釈とは違う別の解釈を提供するために周囲にいない状況で、自分だけの力で新しい解釈にたどり着く可能性はほとんどない」（TCS: 107）。

それでもと言うかそれだからこそ、批判社会学は、「制度化された言説の枠組みを超えて……自らが描き出す行為者と相互作用を開始」（TCS: 106）しようとする。だが、「常識は、人間の運命の中にある不安や恐るべき不確実性を慰撫し、しっかりと閉じ込めている。常識に保護された現実に対する闘争において、解放理性はその不安や不確実性を呼び起こすことになるという点で、ハンディを負った立場からスタートする」（TCS: 76）。

真正化プロセスの画期性は、社会学者が、社会に関する真理に対する特権性を手放し、真理を社会の歴史的プロセスの中で実現されるべきものとみなすことにある。そして社会学がそのプロセスに構成的に関わっていることを認め、それに積極的にコミットしていこうとする。これは明らかにリフレクシヴ（反省的）なプロジェクトと言える。

しかし、その画期性は通常の真理概念に慣らされた目からみれば、ハンディを負ったどころか、相当心許ないものにみえる。

対話の不確実性

制度的枠内で専門家同士が検証するだけでなく、「対象」である「民衆」を対話の相手として真理探究作業の中に巻き込もうとすることは、同時に多くの不確実性を招き入れることでもある。少し考えるだけでもいくつもの困難が思い当たる。

第一に、すでに触れたように、そもそも「相手」がそのような「対話」に応じてくれるかどうかがわからない。第二に、仮に「対話」が開始されても、それが首尾よく進むとは限らない。事の性質上、「長期にわたる交渉」(TCS: 107)になる可能性が高いが、それを維持するのは容易ではない。第三に、精神分析のような一対一の対話ではなく、ここで想定されているのは、社会レベルに存在する対話である。それには「組織化された行為が必要」(TCS: 105)だとバウマンも指摘しているが、その組織化は容易な作業ではないだろう。

第四に、「相手」となる「民衆」も一枚岩ではない。仮に同じような状況を生きていても、それについて多様な解釈をしながら生きていることを認めることこそ、文化の重要性を認めることであろう。常識的世界に多様な現実が存在することをシュッツやエスノメソドロジーが明らかにするに至ったことをバウマンは適切に評価している。しかし、だとすればこの「対話」も多様な形でなされなければならない。第五に、常識的世界の内部にいる「民衆」に外部から提示される解釈はほかにも多様に存在する。その中から批判社会学との対話やその解釈が積極的に選ばれる保証はない。それは「競合する多数の解釈の中の一つに過ぎない」(HSS: 215)。第六に、その上、批判社会学だからと言って、常に統一的解釈を提示するわけではない。むしろ「社会科学者のコミュニティ内部には不和や分裂」(HSS: 233)があるのが普通である。

第七に、「相手」は常識の中に安住して、提示された仮説をまともに理解しないかもしれないが、それは批判社会学の提示する仮説が的確でないからかもしれない。しかし、「真正化プロセス」は、それを「相手」のせいにする余地を含んでしまう。精神分析で医者が患者と対話を試みてもうまくいかずに、患者を「不治の病」（TCS: 111）だとしてしまうことは、（その可能性があるとしても）安易にすれば医師の技量不足の正当化になってしまうのと同様の問題がある。

このように、批判社会学が「真正化プロセス」において漕ぎ出す水域には、いわば多数の難所がある。それはいつ難破してもおかしくない心許ないプロジェクトにみえる。むしろ、難破せずにオルターナティブな真理に達するのは不可能のようにすらみえる。しかし、「歪められたコミュニケーション」を批判する当の社会学が「歪められたコミュニケーション」になってしまうことを問題にするこのプロジェクトは、「歪められたコミュニケーション」へ向けられた批判を反省的に自己適用することを意味するのだから、徹底的な批判の中に身を置かざるを得ないことは論理的な必然である。

ユートピアとしての真理

しかし、その心許なさゆえに、このプロジェクトを不毛な試みとみるとすれば、それは真理をナイーブに「確実な知識」を保証する基準のようなものと前提するからだろう。自然科学における真理すら、通常思われているほど絶対的なものではないことを、バウマンはポパーを引き合いに出しながら論じている（cf. Popper 1972=2004）。自然科学においても、真理を積極的に確定することはできない。「できるのはせいぜい理論が偽であることを決定することである」。「科学の進歩の核心にあるのは、理論が偽であると明らかにし、偽の理論を取り除いていく終わりなき努力である」（HSS: 237）。つまり、検証プロセスが確定できるのは、その命題が偽であるということである。科学は、偽である理論や命題を明確に排除できる「批判的方法」を整備するから意義がある。真理は積極的に肯定される何かというより、真理でないものを明確に否定する基準として働く。つまり真理は批判の基準としてこそ意味を持つ。

真理をこのようにみるとき、バウマンは実証科学と批判社会学は大きな違いはないとする[4]。コミュニケーションの超越論的条件に関するハバーマスの考察を踏まえれば（cf. Habermas 1973=1979）、「二つのタイプの言説の主題が違うとしても、その合理性の条件はそうではない。どちらの場合も、言説がその命題を受容させるだけの合理的根拠を示せなければ、その結果は無効として拒否されなければならない」（HSS: 241-242）。「真正化プロセス」も「検証プロセス」同様、真理を積極的には確定しがたい。むしろそのプロセスの中で批判にさらされ続ける。しかし、まさにそのことが、真理を前提にしているからこそ可能になっている。つまり暗に「歪められていないコミュニケーション」を真理として前提にしているからこそ、「歪められたコミュニケーション」は批判可能になる。

したがって、批判社会学として「真正化プロセス」に踏み出し、真理を社会全体のコミュニケーションの中で考えることで多くの批判にさらされることは、即座に「不毛な試み」とみなすべきではない。むしろ「真正化プロセス」とは、そのような批判を呼び込み議論を巻き起こすことを目指しているとみるべきであろう。

批判社会学のプロジェクトは、社会を高みから論じていた言説を社会一般でなされているコミュニケーションの中に引きずりこむことで、対象と対話しながら、自らも批判にさらされる。そのことは、高みにいる前提からすれば、たいへん心許ない試みにみえるだろう。だがまさにここにこそ、このプロジェクトの真価があるとみることもできよう。

そもそも「文化的スタンス」はすでにある現実の中に基盤を持たない、未来の不確実性に開かれていることにこそ基礎を置いていた。そのスタンスに基づく試みが確実な基盤のもとになされるはずがない。また、「歴史プロセス」としての真理がそう簡単に達成されるはずがない。

ポパーに即してバウマンが言うように、真理はそもそも確固たるものではない。しかし、それでも「真理のアイデアは決定的な役割を果たす……このアイデアが広まっていなければ科学はありえないとすらいえる。しかし、このアイデアが具体的に存在するのは絶えざる圧力としてである。いわば、尽きることない引力を持ったユートピア的地平としてである」（HSS: 238）。つまり実証科学においても真理はユートピアなのだ。

明らかなように、これは真理までもが非現実的な「単なる妄想」のようなものになり、「何でもあり」が保証されたということではない。その反対である。この真理があるからこそ「単なる妄想」も批判されうることが保証されるのだ。「文化的スタンス」による現実観の転換により、すでに確固としてある現実を真理基準にして「単なる妄想」を批判することはできなくなっていた。しかし、真理観の転換によって、確固たる現実／単なる妄想という区別を前提にして前者をポジティブな真理の基準とする構図そのものがとらえ返される。その結果、「確固たる現実」と「単なる妄想」をあらかじめ線引きする明確な基準はなくなる。「現実」には「確固たる現実」にみえるものと「単なる妄想」にみえるものが混在することになる。だが、そうみることが可能になるのも、「ユートピア的な地平」[5]としての真理を前提として、両者がともに、未来に開かれた歴史プロセスの中に置き直されるからである。そのプロセスの中では、「何でもあり」どころか、批判基準としての真理の「絶えざる圧力」にさらされる。「真正化プロセス」に即して言えば、その批判を逃れようとすること自体、「歪められたコミュニケーション」の証になってしまうのである。

五　社会学的解釈学の展開

ハバーマス・バウマン・ミルズ

以上、一九七〇年代のバウマンの議論が、その後大いに展開されるバウマン社会学の基本的スタンスを準備していたことを確認してきた。その中でハバーマスの影響は大きい。しかし、後の展開をみれば明らかなように、バウマンはハバーマスの単純な追随者ではない。それどころか、ある時点からハバーマスとは明確に別の道を歩む6。バウマンは、社会科学者による社会に関する真理の独占やその特権的立場に対する批判にハバーマスの「決定的な一歩」をみた。しかし、「対象」の位置に置かれた社会の人々との「対話」の中で社会の真理を実現するプロセスを重視することを提起したハバーマス自身が、実際に専門家言説の外に漕ぎ出したと言えるかは議論の余地があろう。

それに対し、バウマンは後期になるにつれ、社会学の専門知見を踏まえつつも、一般公衆に向けた大量の著作をあらわす。その顕著な特徴が専門用語の不在とメタファーの多用であった。そのことは、一般の人に「不慣れな言葉で包まれた」メッセージは届かないというハバーマスの問題提起を、バウマンこそが積極的に引き受けていったことの現れだと解釈できるだろう。様々な理論をエッセーの中で折衷しているだけにみえる彼の文章の背景には、みてきたような既存の社会学に対する批判的な理論的考察がある。それを踏まえてみれば、彼のスタイルは、社会学の反省を認識論にとどめない実践的な反省の試みとみることができるだろう。

このような試みの先行者としてC・ライト・ミルズを想起することができる（cf. Mills 1959=2017）。彼の「社会学的想像力」のアイデアは、多くの社会学者に言及されるが、その実践者、あるいはミルズの後継者と言える存在は案外思いつかない。その中で、バウマンは有力な候補であろう。逆に言えば、本章でみた一九七〇年代のバウマンによる社会学の批判的考察は、「社会学的想像力」について、バウマン流にその思想的・理論的基盤を展開したものと理解することもできよう。

社会学的解釈学

バウマンは自らの社会学的スタンスについて、時折「社会学的解釈学」と呼ぶことがある。しかし、その内容についてあまり詳しくは語っていない[7]。比較的最近のインタビューでは、「よかれあしかれ、私は、ミルズによって『履歴』と『歴史』を結び付けるものと表明された社会学の課題を『社会学的解釈学』の実践の中で考えようとしてきました。社会学的解釈学とは、人間の行いを状況的（『客観的』）課題と人間的（『主観的』）生活戦略との絶え間ない相互作用・相互交換として読み解くことです。マルクスは『人々は歴史を作る。ただし自分の選んだ条件下ではないが』と述べていますが、それには、その条件が人々の歴史形成の予期せぬ沈殿物あるいは副産物である、という補足がついています。社会学的解釈学は、マルクスのこの言葉への一種の加筆です」（Bauman 2014: 34=2016: 53; 訳文は筆者による）。ただ、ミルズやマルクスの有名な言葉を引き合いに出し、社会的行為を客観性と主観性の相互作用とみるべきというのは、多くの社会学者にとってクリシェを聞かされている気分になるだろう。しかし、この引用からも、バウマンの言う「社会学的解釈学」がいわゆる「解釈学的社会学」の延長にあると言うより、むしろミルズ、マルクスに連なるものであることはわかる。考えてみれば、解釈学を扱うＨＳＳでマルクスを取り上げること自体、異例なことであろう。そこでバウマンは、マルクスの思想を「解釈学から転化した社会学」（HSS: 58）と規定している。

もし「疎外のない社会」、「歪みのないコミュニケーション」からなる社会がユートピアだとしても、現行の社会が「日常ルーチンと常識の盟約」の中で完全にスムースに進行しているという現実至上主義もまた極端であろう。だとすれば、現実の中には多くの違和感、生きづらさが、十分に社会的表現を与えられないで潜在していると想定できる。だからマルクスは「時代の闘争や願いの自己明確化」を支援するために社会学はあるとしたのだろう。

その前提は、社会の中にすでに、単に現実への技術的適応に還元できない違和感があり、その意味を理解したいという欲求があるということである。バウマンは「理解への要求は、人間的窮状の意味が不透明で、苦しみの理由が不可解であるとき経験される絶望感から生じる」（HSS: 193）とする[8]。バウマンにとって社会学はこの要求に応えることである。つまり、社会学に素材を提供するために社会があるのではなく、人々が社会の中で経験することの意味を理解したいと望むから、それを支援するために社会学はあるのだ。

こうみるとき、バウマンの「社会学的解釈学」は、第一に人々の経験に不透明な社会の歴史的変貌を実際に解釈してみせることであり、第二に、それを「公衆」に届く言葉に包んで提示することで、彼（女）らの自己解釈を支援する実践でもある、と言えるだろう。

その後の展開

したがって、社会学的解釈学は、まずその時代の支配構造を歴史的に明らかにしなければならない。すでにみたように、バウマンが大いに参考にしたマルクスは、思想や常識を単に観念の上で批判するだけでは不十分どころか、結果的に、思想や常識を歪めさせている社会的現実の批判をおろそかにしかねないとした。だからマルクスは思想や常識を「額面通り」（HSS: 65）受け取ることを拒否するのだが、それに全く価値がないわけではない。それはまさに、歪んだ現実を解釈する上で「重要な手掛かり」（HSS: 64）となるのだ。これを踏まえて、その後のバウマンの展開に若干触れておこう。

後期バウマンの議論の展開の出発点となった一九八七年『立法者と解釈者』についてバウマンは「西洋知識人のメタナラティブの継起的傾向を理解するために社会学的解釈学を適用する試み」(Bauman1987: 6=1995: x; 訳文は一部改変)と自ら述べている。そこで、ポストモダン思想の台頭は「額面通り」受け取られず、社会の支配構造の転換を知る「重要な手掛かり」とされる。つまり、近代知識人が近代国家と同時に台頭してきたとすれば、ポストモダン思想[9]は近代国家の弱体化に伴う知識人の地位の変化に対する応答であったとバウマンは解釈する。

知識人の言説の変容は「額面通り」受け取られず、社会構造の変化、すなわち近代市場社会のグローバル化や消費社会化に伴う政治や思想の構造の変化を示すものと「社会学的」に解釈される。それを踏まえて、新たに現れつつある「現代的」社会状況とそれに応答する人々の生活戦略をさらに「社会学的」に読み解いていくことが、その後のバウマンの議論の基本構図となっていく。それが結実していったのが『リキッド・モダニティ』関連の多くの論考と位置づけられるだろう。

その詳細を論じることはできないが、次の点は指摘しておきたい。社会のリキッド化とは、それまでソリッドに安定していた様々な社会制度が液状化し、従来の解釈枠組も不安定化するということである。その不確実な状況を人々はなんとか自力で解釈し各自なりに対処することを迫られる。このような社会の歴史的変化によって、社会にある課題は各個人の私的な問題とみなされがちとなり、社会全体が共有する公的な問題ととらえにくくなる。とすれば、リキッド・モダニティとはまさに社会学的解釈学が強く要請される時代だということになる。しかし、現代の歴史をそう描いているのは当の社会学的解釈学である。ここに一種の解釈学的循環を指摘することができるだろう。

しかし、おそらくバウマンにとってそれは悪循環ではない。歴史を超越した「客観的真理」の認識を目指すのではなく、歴史が実践的に真理を実現するのを支援しようとする社会学的解釈学にとっては、むしろこの循環は利用すべきものとなるだろう。この時代を「リキッド・モダニティ」の諸相として（当事者に届く言葉で）解釈すること自体が、人々に「主観的経験と客観的苦痛の失われた結びつき」（Bauman 2000: 211）を取り戻す解釈資源を提供することに他ならない。その結びつきが回復され、社会学的解釈学のサービスを歴史が不要とすることをバウマンは喜んで受け入れるであろう。

そうみるとき、特に『リキッド・モダニティ』以降のバウマンの大ブレークは、一九七〇年代「文化的スタンス」を軸に育まれてきた社会学観＝社会学的解釈学の成果としても評価できる。彼の向かった「批判社会学」はあらかじめ現実に明確な基盤を持たない。しかし、社会の歴史的現実に対する批判的仮説を提示し、自らそれを社会の開放水域へと委ねることで、初めて「真正化プロセス」は作動しうる。そのようなものとして提示された彼の考察がその当の社会で広く読まれられたことは[10]（他にも様々な要因があるにせよ）、現代を生きる人々に自らの経験を読み解く解釈資源を届けるという社会学の使命を、掲げるだけでなく実際に果たしてみせたと言えるのではないか。それは単なる偶然の産物ではなく、社会学の在り方についての理論的検討を踏まえて一つの社会学的スタンスがしっかり準備されていたことの帰結であったとみなし得るものであろう。

注

1　注3、注8、注9も参照。

2　これは、後期バウマンがポストモダンの議論の中に道徳性を導入する視点と呼応しているとみることができるだろう。その際、バウマンはレヴィナスを参照しながら「存在論の前に倫理が来る」（Bauman 1993: 71, 強調は原文）と述べている。

3　バウマンが解釈学的社会学の一つの到達点とみなされるシュッツやエスノメソドロジーを厳しく批判するのも、このことと関わっている。確かに、それらは一見客観的にみえる社会やその常識が、それを構成するメンバーの主観的意味のやり取りによって創造的に構成されていることを鮮やかに示すことで、社会を過度に「客観的現実」とみなす社会学を批判している。しかし、「実存主義的にインスパイアされたシュッツ的なシステムは、社会学の批判に特化したものであり、その対象の批判ではない」（TCS: 64）。現実が、アプリオリにそこにあるのではなく、主観的プロセスの物象化を経て達成されたものだとしても、その現実が「第二の自然」として成立していることは前提とされたままである。だから、認識論的にナイーブな社会学を認識論的に批判しても、「疎外された社会」が「第二の自然」であることはむしろ「潔白を証明される」（TCS第二章「社会学の批判」の最終節のタイトルは、'Second nature' vindicated である）。「個人の主観的世界が『客観的』社会の横暴な圧制に従属するのは、コントの哲学やデュルケームの方法論的原則のせいではない。その専制は、コントやデュルケームを公的にさらし者にして烙印を押せばすぐに滅びるようなものではない」（CP: 132）。

4　この点について、TCSとHSSではやや言葉遣いやニュアンスが異なる。「真正化プロセス」と「コミュニケーションの超越論的条件」が鍵となるが、TCSでは後者に触れず前者のみが論じられ、HSSでは反対に前者に触れず後者が前面に出てくる。しかし、ともにハバーマスをベースにして趣旨は一貫しているので、ここでは煩雑を避け、両者をひとまとまりのものとして論じる。

5　だからバウマンはハバーマスのいわゆる「理想的発話状況」に関する議論が「非現実的」であるという批判は、ポイントがずれているとしている（HSS: 243）。

6　たとえば、一九九二年刊行のインタビューでは、「しかし、私はハバーマスが好きではない。……はい、もはや」と述べ、ハバーマスが「ユートピア的地平」としての真理の議論から、「単純に実証主義的な、パーソンズの言い直しになったとき、彼のプロジェクトへの精神的親近感を失った」（Bauman 1992: 217）と明言している。

7　二〇一四年刊行のインタビューの中でもバウマンは、「あなたは自分の方法論を、時々ちらっと、社会学的解釈学と呼ぶことがあります」（Bauman 2014: 50）と説明を求められている。それに対するバウマンの返答はそっけなく、本文中に示すようなクリシェ的なものか、「せいぜいヒューリスティックな指針にすぎない」（Bauman 2014: 34）というものである。これは、彼の分析概念の構築に対する興味の薄さとも対応しているだろう。おそらく、バウマンにとって、それはやってみせるものなのだ。ただし、そのスタイルは本章でみてきたような深い思想的・理論的考察の産物と言えるだろう。

8　これは、シュッツやエスノメソドロジーを批判する文脈で発せられた言葉である。解釈学的社会学が人間の主観的意味を扱う際、「ラディカルな道徳的中立性」が採用される。彼らは「生そのものではなく、生の『テクノロジー』を描写するだけ、意味それ自体ではなく、意味生産の『テクノロジー』を描写するだけ」（HSS: 189）である。人々の主観的意味は確かに扱われるが、それは「いかに」主観的世界がメンバーによって達成されるか、その条件を描写する素材にすぎず、人々がそこに込めた意味それ自体に彼らは関心を払わない、ということだろう。確かに、それが彼らの強みを引き出しているとしても、それは「あまりに高すぎる犠牲を払って得られている」(HSS: 192) とバウマンはみる。

9　ポストモダン思想が、相対主義を称揚する傾向にあるのはよく指摘されることだが、バウマンにとって、それはすでに解釈学的社会学がハイデッガー、シュッツ、エスノメソドロジーへと展開していく系譜で一九七〇年代に検討済みの問題であったということもできる。その系譜が意味解釈をメンバーの合意に還元してしまい相対主義に開き直ることになることにバウマンはすでに批判的だった (HSS: 191, CP: 133)。しかし、ポストモダンの到来により、「社会学者は解釈者として自分が解釈する経験の『真理』獲得にもはや関わらない。だから、『エスノメソドロジー的無関心』の原則が、衝撃を与える異端的立場から、新たな正統派になるのももっともである」(Bauman 1992: 106)。つまり、狭義の「実証主義」的社会学の批判であった解釈学的社会学は、ポストモダン時代の正統派社会学となる。この社会学をバウマンは「ポストモダンな社会学 postmodern sociology」と呼び、「ポストモダンの社会学 sociology of postmodernity」と区別する。前者はポストモダン社会の歴史性に関心があるわけではなく、「ミメーシスを通してポストモダン条件に応答」(Bauman 1992: 41) しているに過ぎない。だから、ポストモダンな社会学が新たな正統派になることは、むしろその社会条件を知る手掛かりとみなすべきとなる (「ポストモダンな社会学の分析を通してポストモダン条件への有効な洞察が得られるだろう」(Bauman 1992: 41))。バウマンにとって重要なのは「ポストモダンな社会学ではなくポストモダンの社会学である」。それは「『ポスト・ヴィトゲンシュタイン』『ポスト・ガダマー』社会学ではなく、『ポスト完全雇用』社会学あるいは『消費社会』の社会学」である (Bauman 1992: 111)。ここで「ポストモダンの社会学」と言われているものが、やがて「リキッド・モダニティ」論へ結実していくことになるのは言うまでもない。

10　二〇一四年時点で彼の著作は三十五ヶ国語に翻訳されているという (Bauman 2014: 68)。

引用参考文献

Bauman, Zygmunt, 1973, *Culture as Praxis*, Routledge.
Bauman, Zygmunt, 1976a, *Towards a Critical Sociology: An Essay on Commonsense and Emancipation*, Routledge.
Bauman, Zygmunt, 1976b, *Socialism: The Active Utopia*, Allen and Unwin.
Bauman, Zygmunt, 1978, *Hermeneutics and Social Science*, Columbia University Press.
Bauman, Zygmunt, 1987=1995, *Legislators and Interpreters: On Modernity, Post-modernity and Intellectuals*, Polity Press (=1995, 向山恭一・萩原能久・木村光太郎・奈良和重訳『立法者と解釈者――モダニティ・ポストモダニティ・知識人』昭和堂).

Bauman, Zygmunt, 1992, *Intimations of Postmodernity*, Routledge.

Bauman, Zygmunt, 1993, *Postmodern Ethics*, Blackwell.

Bauman, Zygmunt, 2000=2001, *Liquid Modernity*, Polity Press（=2001, 森田典正訳『リキッド・モダニティ――液状化する社会』大月書店）.

Bauman, Zygmunt, 2014=2016, *What Use is Sociology: Conversation with Michael-Hviid Jacobsen and Keith Tester*, Polity Press（=2016, 伊藤茂訳『社会学の使い方』青土社）.

Beck, Ulrich, Anthony Giddens, and Lash, Scott 1994=1997, *Reflexive Modernization: Politics, Tradition and Aesthetics in the Modern Social Order*, Polity Press（=1997, 松尾精文・小幡正敏・叶堂 隆三訳『再帰的近代化――近現代における政治、伝統、美的原理』而立書房）.

Giddens, Anthony, 1976=1987, *New Rules of Sociological Method: A Positive Critique of Interpretative Sociologies*, Hutchinson（=1987, 松尾精文・藤井達也・小幡正敏訳『社会学の新しい方法基準―理解社会学の共感的批判』而立書房）.

Habermas, Jürgen, 1963=1999, *Theorie und Praxis. Sozialphilosophische Studien*, Luchterhand（=1999, 細谷貞雄訳『理論と実践――社会哲学論集』未来社）.

Habermas, Jürgen, 1968, *Erkenntnis und Interesse.* Suhrkamp（=1981, 奥山次良・八木橋貢・渡辺祐邦訳『認識と関心』未來社）.

Habermas, Jürgen, 1973, *Legitimationsprobleme im Spätkapitalismus*, Suhrkamp（=1979, 細谷貞雄訳『晩期資本主義における正統化の諸問題』岩波書店）.

Mills, C. Wright, 1959, *The Sociological Imagination*, Oxford University Press（=2017, 伊奈正人・中村好孝訳『社会学的想像力』ちくま学芸文庫）.

Popper, Karl, 1972, *Objective Knowledge: An Evolutionary Approach*, Clarendon Press（=2004, 森博訳『客観的知識――進化論的アプローチ』木鐸社）.

6　N・ルーマンの知識社会学

――道徳化する現代政治と反省性をめぐって

高橋　徹

一　はじめに

社会学の方法論やパースペクティヴに組み込まれる反省性（reflexivity）について考えるとき、知識社会学が提起した視点は間違いなく振り返るべき主要な遺産の一つとなるだろう。K・マンハイムの古典的な定式化によるなら、知識の社会的条件への被拘束性に光をあてることが知識社会学の基本的な視点であるが、同時に重要なことは、マンハイムがそのような視点を人間の知識一般に普遍的に適用することを主張した点である。つまり、誰であれその思考とそれを規定する社会的条件の関係を考える知識社会学の視点から逃れることはできないということである。

もっとも知識社会学のそのような反省性を単なるスローガンに終わらせないためには、対象を知識社会学的に研究してそれに反省性を導入する一方で、研究それ自体への反省性の回路をも開いておくような理論的、方法論的な装置が必要になる。本章の目的は、そのような問題意識のもとで、知識社会学の枠組みを実質的に吸収しつつ独自の社会理論を構築したN・ルーマンの社会学について考え、そこから現代における知識社会学のアクチュアリティについて問うことである。そのための作業をいくつかの手順を踏んで進めてゆくことにしたい。第一にマンハイムとR・K・マートンの議論から古典的な知識社会学の構図とアメリカ社会における知識社会学受容の背景を振り返るとともに、ルーマンにおける知識社会学の枠組みを概観し、本章における分析の視点を設定する（第二節）。つづいて、その枠組みをふまえて近年の社会状況、とりわけ「ポピュリズム」と呼ばれる政治現象を対象としたケーススタディを行う。これによって、現代政治の症候的現象に対するルーマン社会学の応用例を示すとともに、そこから得られた理論的、方法論的な課題を明らかにする（第三節）。最後に、「ポピュリズム」についてのケーススタディをふまえて現代社会の問題状況を診断するとともに、知識社会学の視点からその問題状況に取り組むことの意義について述べることにしたい（第四節）。

二　知識社会学とルーマン社会学

知識社会学と反省性――K・マンハイムとR・K・マートン

知識社会学の基本的な対象は、知識とそれを規定する社会的条件、そしてこれらの相互関係である。とはいえ、実際にこの視点を研究対象に適用するには、「知識」と「社会的条件」にあたるものを具体的に特定できるようにもう一段の概念的な整備を進めることが必要になる。マンハイムの場合、人間が対象を認識し、評価する際に働く視座構造（Aspektstruktur）を問題にする。視座構造は、使用される概念やその反対概念、さらには特定の概念の欠如や支配的な思考モデル等によって規定される（Mannheim 1931: 662-663=1973: 162）。特定の概念や思考モデルがどのように使用され、どのような意味をもつのかは、それを規定する社会的条件によって左右されるというのが彼の知識社会学の視点である。たとえば、ある思考モデルの当該社会内部での運命を規定する社会的条件としてマンハイムが挙げているのが、階級、世代、職業集団といった社会的諸集団であり、またこれらの社会的諸集団の間にみられる競争関係である。知識社会学は、これらの集合的な主体によって展開される思考の潮流を問題にし、そこにみられる思考の社会的条件に対する被拘束性を明らかにしようとする。

知識の社会的条件への被拘束性は、一面では観察者の視座構造がその観察者が属する社会集団（社会的諸階層）によって規定されるという形をとる。しかし、マンハイムは知識の社会的な被拘束性を階級や世代のような社会集団への被拘束性に単純に帰することはできないと考えた。その代わりに、社会集団（社会的諸階層）と精神的諸潮流とを媒介する精神的諸層というものを考えたのである。精神的諸層とは、ある社会的（とりわけ経済的）条件のもとで、ある思考様式の担い手となっている人びとの集団のことであるが、ある社会集団（たとえば、階級）からどのような人びとがこれに参入し、あるいは参入しないのかを問うことで、ある歴史的―社会的条件のもとで互いに競い合う精神的潮流が織りなす力学をより複合的に捉えることができることになる。マンハイムは、ある精神的潮流を称揚したり、批判したりする際にその「スローガン的」なインパクトを犠牲にしたとしても、知識社会学はその精神的潮流を「ブルジョア的思考」、「プロレタリア的思考」といった形で特定の社会集団―階層に単純に帰属してしまうことを避けるべきだと主張する（Mannheim 1931: 676=1973: 198）。

こうしたマンハイムの知識社会学構想は、実際の歴史的―社会的な研究対象についての研究を遂行することによってはじめて具体化される。マンハイム自身が残したもっとも体系的なケーススタディは、一九世紀ドイツにおける保守主義的思考様式についての研究であった。彼は知識社会学の方法論的著作の随所で自身のこの研究を引き合いに出しながら知識社会学の構想について語っているが、同時に経験的な知識社会学の研究の遂行にあたっては、芸術史のような他の研究分野の方法や成果からも学ばなければならないとも述べている（Mannheim 1931: 676=1973: 198-199）。筆者の理解では、マンハイムが特にそのように考えていたのは、ある時代状況における思考様式の統一性を学問的に再構成し、その担い手を特定する手法についてであった。彼はそのための研究上の手続きを、「意味的な帰属化」と「事実的な帰属化」という二つの側面にわけている。前者は、個別の思想的諸断片からそれらが属する思想体系の全体像を再構成する手続きである。後者はそのようにして再構成された思想体系が、その担い手（たとえば、「保守主義者」）においてどのような形で事実として具体化されたかを明らかにする手続きである。こうして二つの帰属の手続きによって研究対象となっている思考様式を再構成し、その具体的な担い手を明らかにするわけだが、そこからが知識社会学の本領発揮となる。マンハイムは、ある思考様式の形態や変化を、精神的な担い手集団（精神的諸層）やその担い手集団を構成する諸個人が属する社会階層に関連づけるとともに、これらを包摂する歴史的な場《ラウム》の構造に関連づけて捉えようとする（Mannheim 1931: 677=1969: 249）。彼はこの最後の研究上の手続きを「社会学的帰属化」と呼んでいる。

文化的所産としての知識とそれを規定する社会的、文化的な諸条件の関係を考えるという一般的な水準での知識社会学についてのマートンの理解は、マンハイムのそれと大きく変わるところがない。しかしながら、マートンは、ヨーロッパ流の知識社会学とアメリカ流の世論・マスコミュニケーション研究がコミュニケーションと社会構造の相互関係を研究する点で同一の流れに属するとしながらも、両者の性格の違いについても縷々述べている。たとえば、知識社会学が専門的な知的所産をもたらす知的エリートを対象とするのに対して、アメリカ流の世論・マスコミュニケーション研究では知識の受け手となる一般大衆を対象とすること、また前者が社会の長期的な大状況の推移を問題としながらもその根拠が薄弱であるのに対して、後者は経験的データの取得と分析には精密な方法論を発展させているものの眼前の具体的な状況に視野が狭められていることを指摘している。これらの相違を指摘する一方で、ヨーロッパ流の視野の広さとアメリカ流の精密さをどのように統合するかをマートンが考えようとしたこともまた周知の通りである。

筆者にとって興味深いのは、なぜそのように性格の異なる知識社会学がアメリカ社会に受け入れられはじめたのか、という点についてのマートンの考察である。渡米したヨーロッパの社会学者がアメリカ社会学の土壌に知識社会学を移植した、という説明には彼は満足しない。彼はむしろ、アメリカ社会自体の変容が、知識社会学の受容をもたらしているのではないかと考えている。つまり、アメリカ社会内部の分断とそれによる葛藤の高まりである。「職業的な偶像破壊者、訓練された暴露家、イデオロギーの分析家と、彼らそれぞれの思想体系とが勢いを得るのは、多数の人々が共通の価値からすでに疎外されてしまっている社会、別々の見方や考え方が相互の不信と結びついている社会においてである」(Merton 1957: 458-459=1961: 418)。マートンは社会的葛藤の増大とともに、その社会において保持されてきた信念や主張の相対化が進展することを指摘する。一定の価値観や意見を自明のものとして共有している者同士においては、それらを正当化する必要もなければ、それらの担い手となっている人びとの属性について詳しく分析する必要もない。しかし、価値観や意見を異にする(ばかりでなく幾分か敵対的な感情を交えて観察している)相手に対しては、「なぜ彼らはあのように考えるのか」という疑問が生じ、相手がそのように考える心理的、経済的、社会的な背景を探ろうという動機づけが生じる。いわば他者の思想を「イデオロギー」として対象化し、分析する動機づけが社会の内部で醸成されるわけである。「『あいつの腹の中はどうなんだろう』というような通俗的表現で相互の不信が表明される社会、……広告と宣伝がかえって所説を額面通り受けとることに激しい反撥を生みだしている社会、自己の経済的、政治的地位改善のてだてとしての似而非《エセ》ゲマインシャフト的行動が……麗々しく掲げられる社会、……外部から幻滅を味わされぬよう、それを防禦《ぼうぎょ》するには、他人の動機と能力を前もって割引いておいて彼らの誠実さに関する期待を低下させ、不断に幻滅を味っておけばよいような社会、こういう社会においてこそ、系統だったイデオロギー分析とそれから派生した知識社会学が、社会的根拠のある意義と力を得るのである」（Merton 1957: 459=1961: 419）。いわば知識社会学の知識社会学とでもいえそうなこのマートンの考察に、知識社会学を受け入れはじめたアメリカ社会についての彼の認識が現れている。筆者がそこから読み取りたいのは、知識社会学がイデオロギー分析の一手法としてアメリカの社会学に導入されたということではない。むしろ、知識社会学がそのような社会的分断そのものを反省の対象とするような社会学的挑戦の手立てとなりうるのではないかという点である[1]。

ある意味では、他者の思想の「イデオロギー」化によって行われる相互批判もまた、相互に反省性を突きつける点で社会に反省性を導入していると考えることはできる。しかし、他者の思想の「イデオロギー」化が他者の思想に対する不寛容を伴う場合、いいかえればもっぱら否定のための対象化を意味する場合には、少なくとも知識社会学はそのような不寛容な反省性に与することはない。マンハイムが主張したように知識社会学の反省性は、他者のみならず自己をも対象としうるような普遍性をもつものだからである。大状況に関わる議論になるためか、抑制的にではあるが、マートンはヨーロッパにおける知識社会学の出現の背景に多くの人びとを包摂し、その活躍の場を与える統合的な社会制度の不在という社会的危機があったのではないかと問うている（Merton 1957: 455=1961: 414）。人びとが社会に対する疎外感と互いに対する不信感をおぼえ、それが攻撃的、感情的な他者の否定となって社会に亀裂を作り出す。形は違っても、ヨーロッパに生まれ、アメリカに渡った知識社会学に知的な存在理由が生じたのは、そうした社会的危機によるものではなかったか。マンハイムとマートンの議論を振り返ることでそのように考えたのは、もちろん、いま我々が生きている現代社会について、彼らの議論からヒントを得るためである。詳細は後段の議論にゆずるが、いまあらためて知識社会学について考えることの意味もそこから引き出されてくるはずである。

ルーマンの知識社会学

現代社会学において、知識とそれを規定する社会的条件の関係を考えるという知識社会学の枠組みを、理論研究およびケーススタディの両面を交えながら展開した社会学者の一人がN・ルーマンである。ルーマンの知識社会学研究は、彼が構築した近代社会理論と不可分の関係にあるといってよい。ルーマンが自らの知識社会学研究において問題にした「知識」は、彼がゼマンティク（Semantik）と呼ぶ思想・観念・概念・行動様式等である。ゼマンティクは、当該社会において歴史的に形成され、コミュニケーションにおける首肯性（もっともらしさ、説得力）をもつ意味的資源である。ルーマンは、あるゼマンティクが当該社会において受容され、意味的な資源として保持されやすくなる社会的な条件、いいかえれば意味的資源の選択的保持の社会的条件を当該社会の分化構造との親和性にみた。彼の知識社会学的な研究においてもっとも重要な社会分化の構造は、近代社会のメルクマールである機能分化（funktionale Differenzierung）である。彼の枠組みにおいて「知識」にあたるゼマンティクと「社会的条件」にあたる機能分化との関係は、もっぱら後者が前者を規定するという一方向的なものではない。確かに一方では、機能分化に親和的な観念や思想が近代化の過程で選択され、保持されてきたことを（たとえば、人間存在のあり方を描くゼマンティクの分析において）彼は示しているが、同時に彼は——かつてM・ヴェーバーが社会的行為の軌道を決定する「転轍手」となった理念について追究したように——あるゼマンティクが機能分化の成立を下支えする意味的な素材となりえたことについても（たとえば、近代的な愛の関係の成立過程において「情熱」概念が果たした役割に）注意を傾けている[2]。

その意味において、ルーマンの知識社会学は「知識」と「社会的条件」の相互規定に関心を寄せていることになるが、それによって知識社会学的分析がもたらす様相性はより複合的なものになる。たとえば、ある社会において思想aが首肯性を獲得したのは社会的条件xが存在したからだという説明が成り立ったとしても、もし存在していたのが社会的条件yであったなら、首肯性を獲得したのは別の思想bであったかもしれない。このとき、いわば独立変数をなしているのは社会的条件xないしyの方であるが、これと逆の思考実験をすることもできる。つまり、思想aがその社会において広く受容されていなければ、社会的条件xは成立していなかったかもしれないと考えてみることもできるわけである。むろん、観察された現実をそのような意味での「別様なる諸可能性」に開いてゆく作業は、比較研究のような具体的な研究上の手続きによってこそ説得的な形で実行することができる。それはまた、知識社会学的な反省性を、我々が生きる現代社会の現実に対して導入することにも繋がるだろう。

先に述べたように、ルーマンの知識社会学的研究にとって、機能分化という社会構造は考察の基本的な準拠点となる。ルーマンの機能分化論では、近現代社会を、社会全般に対して一定の働きを提供する自律的なサブ領域（機能領域）に分化した社会とみなす。機能領域の代表例は、政治、経済、法、科学、芸術、マスメディア等である。次節で行う議論の準備としてここでは政治とマスメディアに絞って説明をしておくことにしよう。

ルーマンは、それぞれの機能領域がその環境に提供する働きを二つに区分している（Luhmann 1993: 156=2003: 167）。一つは、機能（Funktion）である。これは機能システムが社会全般に対して提供する働きである。たとえば、政治の場合、集合的に拘束力をもつ決定の可能性を提供することである（Luhmann 2000: 84=2013: 100）。議会制民主主義においては、選挙における有権者の支持を争いながら議会における多数派を形成し、それに基づいて法案や予算案の議決を行えるような条件を作り出すことである（もちろんそれは、実際に政治的な決定が産出され、政治が種々の社会的問題の解決に資することに繋がる）。マスメディアの場合、その機能は、人びとに周知されていると想定できる共通のリアリティを提供

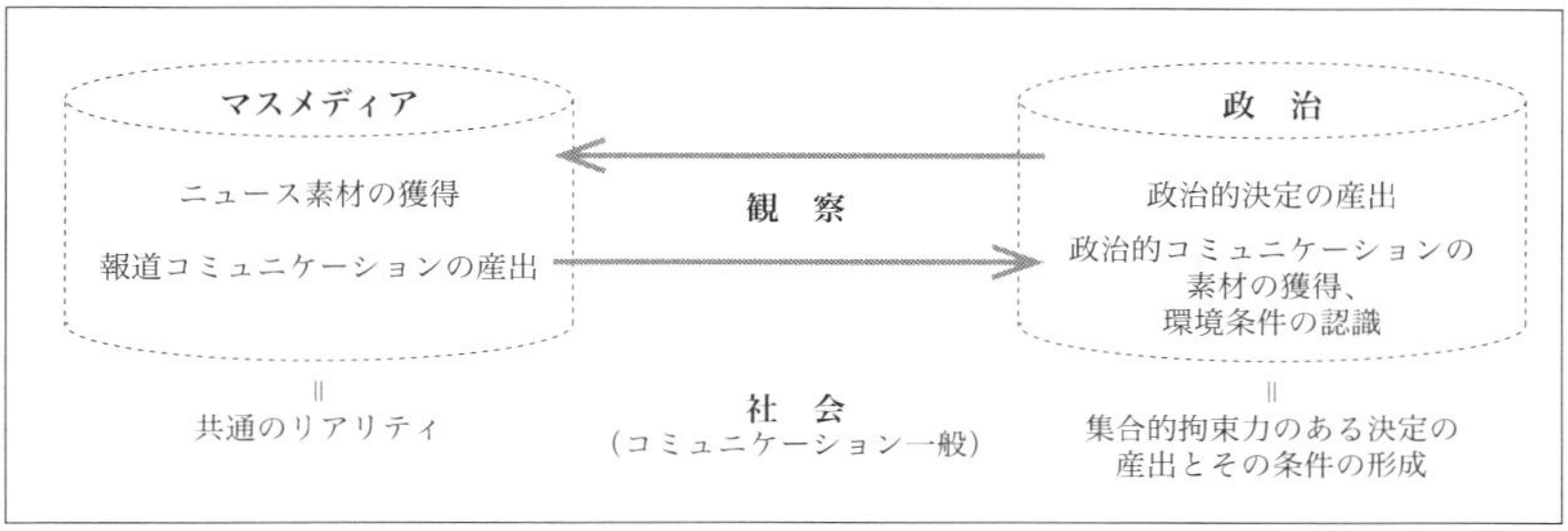

図１　マスメディアと政治の相互作用

することである（Luhmann 1996: 120-121=2005: 100）。それによって我々は、相手がそのことについて知っているであろうことを想定しながら会話のできるトピックを手に入れることができるのである。

「機能」とは異なり、それぞれの機能システムが社会内の他の社会システム（とりわけ、他の機能システム）に対して提供する働きをルーマンは遂行（Leistung）と呼んでいる。遂行は、機能システムが社会全般に対する働き（機能）を提供することに随伴して現れる。たとえば、政治はその営みを構成する政治的コミュニケーションを産出することによって（たとえば、国会で予算案が議決されたり、総理大臣が衆議院の解散を決定したりすることによって）、マスメディアに対して政治ニュースの素材を提供している。これに対してマスメディアは、取材した政治的コミュニケーションを報道によって周知することで、新たな政治的コミュニケーションの素材や前提条件を作り出す。たとえば、二〇〇五年のいわゆる「郵政選挙」において、マスメディアによって「抵抗勢力」として報じられた政治家は、自らがそのようなラベルを貼られた政治家として社会に広く周知されていることを前提として政治行動をせざるをえなくなる。また、郵政民営化関連法案に反対した自民党議員に対する対立候補について「刺客」という表現が周知されると、政治家は有権者が広くこの表現を知っていることを前提として、その後の発言をするようになる。このような政治とマスメディアの関係をまとめたのが、**図1**である。

たとえば、マスメディアは政治を観察することで政治ニュースの素材を獲得する。他方で政治はマスメディアの報道を観察することで、政治的コミュニケーションの素材を獲得したり、自分たちのことをマスメディアや有権者がどのように観察しているかを認識することができる。こうして観察者であるそれぞれのシステムの内部に、観察対象となったシステムの働き（遂行）が生じるのである。

このように機能的に分化した社会構造のもとで行われる政治は、政治とメディアがそれぞれの営みを自律的に展開することを通して成立する相互作用のもとで行われる[3]。したがって、知識社会学的な視点から現代政治を織りなす思想、観念、行動様式等を問題にするなら、政治とメディアが形成するこのような相互作用は、それらを規定する社会的条件ということになる。二〇〇五年頃の日本の政治報道を飾った「抵抗勢力」「刺客」といった言葉やアメリカの大統領選挙においてときに交わされる格調高い政治思想・政策論とはかけ離れた言葉は、きわめて大衆社会的な政治情勢を形作る言葉である。これらの言葉の流布が、政治とマスメディアの相互作用によって生じていることは明らかである。他方で、そうした政治の現実が現代社会のより大きな社会的条件に規定されているならば、現実の政治のあり方から現代社会がその深層において直面している問題状況を垣間みることもできるはずである。つまり、個々の政治情勢のあり方を問うだけでなく、かつてマンハイムが試みたように同時代の問題状況についての社会学的診断を引き出すことにも繋がるはずである。そこで次節では、ルーマンの知識社会学的枠組みをふまえながら「ポピュリズム」と呼ばれる現代政治の症候的現象について考察することで、現代社会の問題状況に迫るための手がかりを追究することにしたい[4]。

三　現代政治の知識社会学

「ポピュリズム」の問題

東西両陣営による冷戦の終結後の一九九五年にルーマンは、もはや政治的に意味のある政党はただ一つの形態しかありえなくなったと述べている（Luhmann 1995: 580）。つまり、体制選択をめぐるイデオロギー闘争が収束するとともに、政党間の対立軸はもっぱら経済へと移行し、経済政策の成否が政治にとって唯一最大の争点となったということである。こうして国民による政治の評価が、あるいは与野党間の攻防が、与党の（とりわけ経済）政策のパフォーマンスのいかんにもとづいて行われるようになり、また無党派層の動き次第で政治的な「風」を起こせるようになると、与党の経済失政や移民問題・環境問題などの政治的イシューをマスメディアを介してアピールすることで政治的モメンタムを獲得するのが容易になる。現状の政治経済体制を変えることなく、「もっとうまくやってみせる」と主張する選択肢があるなら、有権者も「一度やらせてみよう」という判断がしやすくなるわけである。諸外国においても、一九八〇年代以降、いわゆる既成政党離れと新政党の勢力拡大が指摘されている。代表的なのが、ドイツにおける緑の党の台頭、フランスにおける国民戦線の勢力拡大であり、またさらに一九九二年のアメリカ大統領選挙において吹き荒れたロス・ペロー旋風である。

イデオロギー的な対立図式のくびきが解けた後、既成政党の退潮を背景とし、経済情勢とも密接に絡みながらメディアを介した「風」の政治が展開されるという政治の構図は、現在も持続している。そうしたなか、しばしば批判的に「ポピュリズム」と呼ばれる政治手法が、日本でも現代政治を特徴づけるキーワードの一つとして定着している。そこでは、政治家が同僚の議員たちや党の支持母体、潜在的な支持母体たる各種利益団体、さらには官僚を説得して政治を動かすのではなく、むしろ自らがオーディエンスとみなす一般国民に向けて自らの所見を広く訴え、国民の支持を追い風にして政治的意志を貫徹しようとする。特に二〇〇一年の小泉政権成立以降、この種の政治手法は大衆迎合のポピュリズムとして批判的に言及されることも少なくない。

またよく知られているように、この問題は日本政治に限定された問題ではない。Y・メニーとY・シュレルは、ポピュリズムという概念は、「カリスマ的指導者によって統治された第三世界を記述するために用いられるのではなく、ますます頻繁に西ヨーロッパの状況に適用されるようになっている」と指摘している（Mény and Surel 2002: 2）。D・アルベルタッツィとD・マクドネルもまた、「一九九〇年代初頭以来、西ヨーロッパでは、フランス、スイス、デンマークのような国々でポピュリズム運動がこれまでになく躍進しており、イタリア、オーストリア、オランダのような国々では初めて国政に進出している」ことに注意を促している（Albertazzi and McDonnell 2008: 2）。

管見によれば、ポピュリズムの政治学的な研究では、しばしばそのイデオロギー的内容の分析に焦点がおかれている。確かに知識社会学の観点からみても、ポピュリズムの思想的核心が明らかにされたならば、それを対象として（たとえば、支持者の世代・階層等との関連を分析して）オーソドックスに経験的な知識社会学的分析を試みることもできそうである。ところが、決して短くないポピュリズム研究史の蓄積があるにもかかわらず、ポピュリズムの思想的核心を特定する努力はしばしば困難に直面している。たとえば、G・イオネスクとE・ゲルナーは、次のように書いている。「ポピュリズムの重要性については、疑う余地はない。しかし、それがいったい何であるかについてはっきりさせることのできる者はいない。ドクトリンとしてであれ、あるいは運動としてであれ、ポピュリズムは変幻自在で捉えどころがないのである」（Ionescu and Gellner eds. 1969: 1）。E・ラクラウも同様に、「ポピュリズムは捉えどころがなく、何度も反復して現れる概念である」と指摘している（Laclau 1977: 143）。P・タッガートは、過去のポピュリズム研究を概観して、ポピュリズムを定義するという聖杯探索の旅は、その対象の捉えどころのなさに逢着していると述べている（Taggart 2002: 66）。

とはいえ、多くの研究者がポピュリズムの定式化や類型化を試みている。たとえば、タッガートは現代ポピュリズムの特徴を列挙する形で対応している（Taggart 2000: 2-4）（①制度化された代議制政治への敵意、②自分たちこそが人びとの意思を代表しているのだとの主張、③核となるイデオロギーや価値観が欠けていること、④何かしらの社会的な危機に対する政治的リアクションとして現れること、⑤状況が変化するとすぐさまその政治的命脈が尽きて、運動が収束すること、⑥カメレオンのようにそのつどの社会—政治的環境に適応する色彩をまとって現れること）。タッガートのようにポピュリズムの特徴を列挙したり、ポピュリズムの諸類型を示す研究者の試みがある[5]一方で、ポピュリズムのイデオロギー的核心を特定しようとする試みも引き続き行われている。たとえば、C・ムッデとC・ロヴィラ・カルトヴァッサーは、ポピュリズムをできるだけ簡潔に定義する「最小定義（minimal definition）」のアプローチを採用して、次のように定式化している。すなわち、ポピュリズムとは、「核心的思想の乏しいイデオロギー（thin-centred ideology）である。このイデオロギーは、社会は究極的には二つの同質で、互いに対立する集団に分割されていると考えている。つまり、『無垢な人びと』と『腐敗したエリート』である。そして、政治とはこれらの〔前者の〕人びとの一般意志の表出たるべしと主張するのである」（Mudde and Rovira Kaltwasser eds. 2012: 8）。彼らの定式化によれば、道徳的に善である人びとと、道徳的に悪である他の集団を対置し、政治は善き人びととの意思を体現すべきであるというイデオロギーがポピュリズムである、ということになる。要するに、①道徳的区別の使用と②善良なる人びとの代理人であるとの主張が、ポピュリズムを特徴づけていることになる。

「核心的思想の乏しいイデオロギー（thin-centred ideology）」という表現は、もともとはM・フリーデンがナショナリズム研究の文脈で、ナショナリズムの思想的特徴を記述するために使用したものである(Freeden 1998: 750-751)。この表現は、筆者の理解では、政治的な目的のために恣意的に選ばれたいくつかのイデオロギーのパッチワーク的思想を指している。ムッデとロヴィラ・カルトヴァッサーによれば、ポピュリズムの思想を構成する核心的キーワードをなしているのは、「人びと(the people)」、「エリート(the elite)」、そして「一般意志(the general will)」であり、ポピュリズムの対義語はエリート主義(elitism)および多元主義(pluralism)である(Mudde and Rovira Kaltwasser eds. 2012: 9)。このような思考図式に立脚するポピュリストの眼に映るのは、純粋で罪のない「人びと」と腐敗した「エリート」の道徳的な対立構図である。

同様にポピュリズムの道徳性を捉えた定式化を、アルベルタッツィとマクドネルも示している。彼らによれば、ポピュリズムとは「道徳に適っている同質的な人びとを、主権者たる〔それらの〕人びとからその権利や価値、富、アイデンティティ、声を結託して奪おうとする一群のエリートや危険な『よそ者』に対置するイデオロギー」である(Albertazzi and McDonnel eds. 2008: 3)。このようにイデオロギー分析の手法でポピュリズムに迫った研究者たちが示しているのは、ポピュリズムは政治思想の一種というよりは、そのつど注目を集めている問題状況に応じて政治的対立の構図を作り出す観察図式と呼ぶべきものだという点である。このとき、ポピュリストは自らその代理人をもって任ずる「人びと(the people)」の意思を代表するものであることに政治的な正統性をみいだすだけでなく、「人びと」の権利や利益に害をなす者たちを糾弾することで自らを道徳的に正当化しようとしている。後にあらためてふれるが、このように複数の研究者グループが、現代ポピュリズムのイデオロギー分析において道徳性の政治利用に着目している点は、本章の議論にとって重要な示唆を含んでいる。

スキーマの知識社会学

前項で説明したように現代ポピュリズムに関するイデオロギー分析は、ポピュリズムの思想的中核がほとんど空虚であることを明らかにしている。それでは我々はこのように空虚な対象をどのように扱えばよいのだろうか。そこでさらに分析の補助線を引くために、イデオロギー分析とは異なるアプローチでポピュリズムに取り組んでいる先行研究にも目を向けることにしよう。

J・ヤーハースとS・ワルグラーヴは、ポピュリズムを「政治的アクター（political actors）」が「人びと（the people）」に言及することによって提示する一種の「政治的コミュニケーションのスタイル（political communication style）」とみなすことを提案している（Jagers and Walgrave 2007: 322）。ちなみにここでいう政治的アクターは、政治家だけではなく、社会・政治運動のリーダー、利益団体の代表、ジャーナリストを含んでいる。つまり、ポピュリズムは政治家だけの専売特許ではないということである。同様に、B・モフィットとS・トーメイもポピュリズムを一種の政治スタイルと定義することを提案している。彼らによれば、ポピュリズムとは「政治的諸関係を作り出すために用いられるパフォーマンスのレパートリー」に属する政治スタイルの一つである（Moffitt and Tormey 2014: 387）。これらの定義の特徴は、ポピュリズムにおいて主張されるイデオロギー的内容にではなく、「ポピュリズム」として観察される政治的パフォーマンスの特質に焦点をあてている点にある。こうした観点から、モフィットとトーメイは政治スタイルとしてのポピュリズムを構成する三つの要素を指摘している。まず①「人びと（the people）」に訴えかけること、さらに②危機（crisis）、崩壊（breakdown）、脅威（threat）についての人びとの認識から政治的モメンタムを獲得しようとすること、そして③従来「適切」とされてきた政治的行為の作法を無視し、従来型の政治における「アウトサイダー」であると自己呈示することである（Moffitt and Tormey 2014: 391-394）。

モフィットとトーメイの指摘で興味深いのは、政治的パフォーマンスのスタイルとしてのポピュリズムが「人びと」に対して持ちうる主張の首肯性が「危機」状況に依拠しているという点である。ポピュリズムが「危機」を訴えながら登場することは、先に示したタッガートによるポピュリズムの六つの特質においても指摘されていた点である。ルーマンは、「危機」という言葉のコミュニケーション上の効果に着目して、これを一種のスキーマ（schema）と捉えている。スキーマというのは認知心理学に由来する用語であるが、彼の定義によれば「あるものをあるものとして記述する」働きをするのがスキーマである。たとえば、ある飲み物を「ワイン」と記述したり、ある状況を「危機」と記述することである（Luhmann 1997: 110-111=2009: 113, 2000: 299-300=2013: 367）。スキーマとしての「危機」がある状況の記述に用いられると、その状況について切迫した印象が喚起され、受け手はとにかく「何かがなされなければならない」と感じる。この作用は、「危機」を訴える者にとっては、現状や政敵を批判して政治的モメンタムを獲得する有効な方途となる。それだけでなく、「危機」が人びとによって深刻に受け止められるほど、「危機」を訴える者は、自らの考えに反対したり、抵抗したりする者たちを道徳的に批判することができる。つまり、人びとに害をなす状況、勢力を取り除く行動を妨げることで、さらなる害をもたらす一種の公敵として自ら政敵を非難することができるのである。

スキーマ論の考え方を、政治とメディアに関連する研究で体系的に応用したのはアメリカのマスコミュニケーション研究である。たとえばそこでは、マスメディアを通して流れてくる大量の情報を人びとはどのように処理しているのかといった問題設定が行われている。このテーマについての研究で知られるＤ・Ａ・グレーバーは、先行研究をふまえながらスキーマを次のように説明している。「スキーマは、状況や個人についての組織化された知識からなる認知的な構造である」（Graber 1984: 23）。スキーマは過去に行った情報処理の経験によって形成されるもので、これを用いることで人びとは新たに取得した情報の意味を理解するわけである。スキーマの主要な機能は、次の四つの点で人びとの情報処理を補助することである。①どの情報に注意を向けてこれを処理し、記憶の対象とするかを決定する、②新たに取得した情報をなじみのものの見方に合致するように処理すること、③不足する情報を補い、直接的に与えられている情報から情報処理を進められるようにすること、④物事についての蓋然的なシナリオを提供することで情報処理やそれに基づく行動の決定の補助となること(Graber 1984: 23)。スキーマ論の先駆者の一人である心理学者のF・バートレットは、人類学者のF・ボアズが英訳した北米先住民の民話をイギリス人被験者がどのように記憶し、これを語るのかについて分析している。バートレットは、所定の民話を被験者に読ませ、その後、数度にわたってその民話の内容について被験者に語ってもらった。その結果、被験者によって加えられた改変にいくつかの特徴的な傾向がみられたことを指摘している。なかでも興味深いのは、一度できあがった記憶の輪郭は持続する傾向があること、また頻繁に記憶を再生させた場合、その内容が急速にステレオタイプ化し、変化しなくなるという指摘である。また連続的な記憶の再生を行った場合、記憶内容についての合理化（与えられた材料について満足できるような説明ができるように被験者が改変を施すこと）の作用が強く働いたという指摘である（Bartlett 1932=1983: 75-111）。

ルーマンの枠組みでは、スキーマの役割は、時々刻々と変化する状況のもとで個々人の意識過程における意味処理と社会的なコミュニケーションにおける意味処理を結びつけるところにある（Luhmann 1997: 111=2009: 114）。つまり、それによって高度に複雑な現代社会の条件下においてコミュニケーションの可能性の条件を作り出すことにある（Luhmann 1997: 1107 =2009: 1434）。このルーマン流の捉え方をグレーバーの問題設定に引きつけていいかえるなら、スキーマの役割は、マスメディアによって大量の情報が流され、社会や政治についての記述が次々と提供されるなかで、人びとがこれを認知過程において処理し、コミュニケーションに参加することを可能ならしめる条件を提供することにあるといえるだろう。ルーマンは、あるものを他のものと結びつけるスキーマの働きが、それによって構成されている主張の首肯性の獲得に関与していると述べる。「首肯性が獲得されるのは、今日の認知心理学で言う、周知のスキーマやスクリプトを使用することによってである。そこにおいて生じるのは、何かを何かとして記述することであり、また因果帰属である。後者では特定の結果が特定の原因へと関係づけられ、それによって道徳的判断、行為の要請、評価が誘発されることになる」(Luhmann 1997: 547=2009: 621-622)。たとえば、状況を「危機」として記述し、その原因を「既存の政治勢力」の失政と無能に帰属し、「危機」を乗り越える「改革」を要請するとともに、その「改革」に批判的な勢力を「悪」として道徳的に記述する際に作用している認知的な図式を指してルーマンはスキーマと呼んでいるわけである。しかし、スキーマ概念を持ち出すだけでそれを用いた主張が帯びる首肯性を説明することはできない。「この概念だけではまだ、特定の歴史的状況の中でいかにして首肯性が獲得され、場合によっては作り変えられるのかを説明することにはならない。今日はマスメディアの時代であり、この問題を引き受けているのもマスメディアである」(Luhmann 1997: 547 =2009: 622)。

知識社会学の観点からすると、ここで重要なのはスキーマの働きを受けた思想や観念、あるいは政治的パフォーマンスに首肯性や共感をもたらすような社会的条件である。先にグレーバーが示したスキーマの四つの機能についてふれたが、彼女の場合、それらはあくまで人間の認知過程におけるスキーマの働きについて述べたものである。社会―集合的な水準でこれに相当するのは、マスメディアの働きである。すなわち、人びとが集合的に何に注意を向け、何を記憶すべきで、またそれをどのように理解すべきかを示唆する働きである。このような働きは、確かに人びとの注意をある対象に引きつけ、人びとがあらかじめもっている記憶やステレオタイプと結びつけることで、その対象に関する記述に首肯性を付与する補助となりうる。

次項ではこのようなマスメディアの働きもふまえつつ、さらにポピュリズムについてのケーススタディを経由することで、ポピュリズムについての知識社会学的考察をもう一歩深めることにしたい。

小泉政権とポピュリズム

大嶽秀夫は、小泉政権時代の政治をポピュリズムと捉え、これを「改革ポピュリズム」と名づけている（大嶽 2006）。大嶽は、それを善／悪―図式のような道徳的、二元論的レトリックを用いた劇場型民主主義として描いている。総理大臣に就任した小泉は、二〇〇一年五月に国会で「私の内閣に反対する勢力、これはすべて抵抗勢力であります」と述べている。もちろんこの構図において、彼自身は「善なる」改革者であり、彼に反対するのは「悪しき」抵抗勢力だということになる。小泉によって提示されたこのような政治的構図は、テレビを中心とするマスメディアによって周知されていった。

よく知られているように、二〇〇一年四月の自民党総裁選に立候補した小泉には強固な党内基盤があったわけではなかった。しかし、「自民党をぶっこわす」と叫ぶ小泉は総裁選の予備選で一般の党員・党友から熱烈な支持を受け、これを国会議員も無視することができなかったのである（Park 2001: 458; Boucek 2012: 200）。強力な党内基盤を有する元総理の橋本龍太郎に対する小泉の勝利は、驚きをもって迎えられた。小泉は自民党内の主流派ではなかったし、「党内でも『変わり者』として知られていた」からである。それだけでなく、小泉は一般の国民にとっても普通の政治家とは違う存在だったのである（Bowen 2003: 44）。しかし、彼自身は「私は変人と言われているが、変革の人だ」（二〇〇一年三月二〇日、千葉県知事選候補者の個人演説会での発言）[6]と述べているように、自らを改革者とみなしている。通常、自党の党首となるべく選挙戦を繰り広げている候補なら、「ぶっこわす」のは自党ではなく、ライバル政党であってもおかしくはない。しかし、彼はライバル政党には目もくれず（従来の）自民党を政治闘争の対象に選んだのである。

こうした小泉の政治的パフォーマンスの興味深い点は、彼が通常の政治的構図（「与党」対「野党」）を退けて――哲学者のG・ギュンターの言葉を借りれば、これを「棄却」（Günther 1962）して――「小泉」対「古い自民党」、あるいは「改革者」対「抵抗勢力」という政治的構図に置き換えた点である。これによって当時の政治状況は、与野党の政党間対決から自民党内部の党内抗争へと組み替えられてしまった。しかし、一見すると奇特な小泉の政治的パフォーマンスには、その奇特さにもかかわらず一定の政治的合理性を認めることができる。当時の日本は、バブル崩壊後の長期にわたる不景気を克服できず、長期政権を敷いていた自民党への信頼は地に落ちていた。それを象徴するのが、森政権末期のわずか七％（NHK政治意識月例調査）という政権支持率[7]である。通常、こうした状況は政権与党を批判する野党に有利に働く。しかし、小泉はこの状況を自民党への追い風にしてしまったのである。窮地に陥った与党のリーダーであった彼は、野党ではなく、自身の政策に対して非協力的な自党の議員を主敵とすることで、政治的な構図を組み替えたのである。その結果、小泉と小泉が率いる自民党は、「改革者」の党として政局に勝利するチャンスを得たのである。形式的には、彼は自民党を否定すると同時に肯定するきわめてパラドクシカルな政治的パフォーマンスを展開した。彼は、改革者／抵抗勢力という区別を導入することで、自民党を「改革者が主導する新しい自民党」と「抵抗勢力が象徴する古い自民党」に分けることでこのパラドックスを不可視化したのである。

小泉政権の誕生は、国民から異例の高支持率（八七％）で迎えられた。就任早々の国会論戦で「密室の談合」[8]と野党から批判された森内閣の成立過程に国民は不信感をもっていたであろうし、「神の国」発言で批判を浴びた森総理自身の失態も国民の失望を呼んだであろう。だがむしろ、ここで注目したいのは政治ニュースをにぎわした話題ではなく、バブル崩壊後、約一〇年にわたってつづき、国民を苦しめていた日本経済の低迷である。バブル経済による株価高騰で日経平均株価が最高値の三万八九一五円八七銭をつけた一九八九年一二月の完全失業率は二・一％であった。

しかし、小泉首相が誕生した二〇〇一年四月末の日経平均株価は一万三九三四円三二銭と約三分の一にまで下落しており、同月の完全失業率は四・八%と約二・三倍になっていた[9]。この間、企業倒産件数も激増しており、一九八九年の七二三四件に対して二〇〇一年は一万九四四一件と約二・七倍になっている（総務省統計局 2012）。自民党の政党支持率は、一九八九年が四四・二%であったのに対して小泉が首相に就任する直前の二〇〇一年三月は二一・三%であった[10]。読売新聞は、森政権末期の二〇〇一年三月三日付の社説で次のように書いている。「日本経済は、物価下落と景気後退が同時進行するデフレスパイラルの発生を憂慮すべき局面にある。景気回復の見通しも不透明だ。平均株価はバブル崩壊後の最安値を更新し続けている。失業率も過去最悪の水準にある。こうした状況のもとで、今、政治の最重要課題が、危機を回避し、経済新生の道筋をつけるための政策の迅速、果断な遂行であることは論をまたない。……ところが、その政治が機能不全の状態にある。与党内で噴出する森首相退陣論や内閣支持率の急落などで、政権運営は行き詰まりの様相を深めている」。経済の「危機」と政治の「機能不全」、これが森政権末期に示されていた現状認識であった。バブル崩壊後の一〇年に及ぶ経済の低迷は国民生活に重くのしかかり、状況を改善できない政治への不信感が深まるなか、政治と経済の再生をもたらす「改革者」の登場を人びとは待ち望んでいたといえる。

経済と政治のこうした問題状況、またそれが「危機」として記述されることによって誘発される切迫感が、状況を「危機」として記述し、その原因を「既存の政治勢力」（古い自民党）に帰属し、「危機」を乗り越える「改革」（郵政改革）を要請するとともに、その「改革」に批判的な勢力を「悪」（抵抗勢力）として道徳的に記述する政治的パフォーマンスに首肯性と被共感性をもたらしたのだといえる。構築された社会的現実としてみたとき、その状況は本章2節で説明したように政治的コミュニケーションとマスメディアによる政治報道の相互作用のサイクルによって作り出されたものである。「郵政選挙」の際に盛んに用いられた「刺客」という言葉を例にとれば、新聞の政治報道に「刺客」

の表現が頻繁に現れるようになったのは、郵政民営化関連法案の参議院での否決から二日後の二〇〇五年八月一〇日頃である（上野 2006）。同日付の朝日新聞夕刊は自民党亀井派の亀井静香会長の「造反するところに刺客を放って相打ちにして、民主党を当選させていいのか」というコメントを報じている。八月一八日付の毎日新聞朝刊によれば、綿貫民輔元衆院議長は、郵政民営化関連法案に反対した議員とともに結党した国民新党の結党記者会見で「刺客と称してこの前まで仲良かった自民党の同志を刺し殺すという意味の対抗馬をどんどん立てることを座視するには忍びないという気持ちで立ち上がった」と述べている。マスメディアで始まったこの言葉の使用が、政治家サイドにも波及し、その言葉を使った政治家の発言が再びニュースの素材として報道されるというサイクルが生じている。

政治とマスメディアの間にそのような相互作用のサイクルがあること自体は、機能的に分化した社会の構造的な条件である。問題は、そのようなサイクルが、ある一方向に向かって特定の言説の首肯性や政治的パフォーマンスへの共感を強める方向に向かうのはどのような場合かという点である。それには、通常の構造的条件に加えて付加的な条件が必要になる。我々のケースの場合、小泉政権成立の背景にあった長期にわたる経済不況と政治の混乱がそれにあたるだろう。それゆえ、分析の対象とそれを規定する社会的条件の関係を考える知識社会学にとって、研究対象となる社会現象とそれを規定する社会内部の構造的条件や問題状況を視野に入れられる社会理論的な枠組みは重要な意味をもつ。他方で、現代のメディア環境において交わされるコミュニケーションに現れる思想や観念、あるいは行動様式を知識社会学的分析の対象とするならば、それに見合った概念装置が必要になってくる。ルーマンが独自の理論枠組みのもとで、スキーマ概念を自らの議論に組み込んだこともそのことを示唆している。

四　道徳化の知識社会学に向けて

前節の分析では、ポピュリズムについての先行研究をふまえて、現代ポピュリズムの基本的特徴の一つとして道徳的図式の使用が指摘されていることを明らかにした。現代ポピュリズムにおける道徳的図式の使用は、どのような意味をもっているのだろうか。前節で行ったケーススタディでは人びとの生活を困窮させ、将来への不安をもたらす経済・政治の問題状況に対する危機感と、それを背景とした改革に対する強い社会的要請が「改革者」の道徳的正当性の源泉となったことを指摘した。そこで考えなければならないのは、なぜそのような改革への社会的要請が「改革者」の政策に対する合理的支持ではなく、道徳的正当化の源泉へと転化していったのかという点である。

我々はすでに小泉政権が幕を閉じた後、さらに一〇年の月日を日本社会がどのように辿ってきたかを振り返ることができる地点にいる。郵政民営化が本当に「失われた一〇年」といわれる長期の経済低迷からの脱出の起爆剤となりうるのかについては当時から疑問があったことはおくとしても、結局のところ我々は「失われた二〇年」という表現がもっともらしく使われる経済社会情勢のなかにいる。二〇一二年に成立した安倍政権によって推進されたいわゆる「アベノミクス」にしても、依然として年来のデフレからの脱却を成し遂げたとはいえない状況にある。国家財政の赤字とともに続く、この慢性化した経済停滞を解決する有効な施策というのがそもそもあるのか、あるいは、そのような施策を立案できる能力が為政者にあるのか、こうした根本的な不安感ないし不信感が人びとの意識の根底にあったとしても不思議ではない。だとすれば、有権者は事態を打破するとされる政策（郵政民営化）を合理的な理由で支持したのではなく、自ら改革者をもって任じる個人（小泉）の突破力に期待し、その行く手を妨げる者に不快感を抱いたのだとしても、やはり不思議ではない。

道徳という要素は、機能的に分化した社会のなかでも例外的な地位を有している。なぜなら、機能的に分化した社会にあって、社会全体をカバーしうるコミュニケーションの様式は、唯一道徳的コミュニケーションだけだからである。ルーマンの定式化によれば、道徳的コミュニケーションは、人びとがある行為をどのように評価するか、つまり、尊敬に値し、敬意を表すべき行為とみるか、あるいは軽蔑すべき、責められてしかるべき行為とみなすかという視点から行われる。道徳的コミュニケーションでは、尊敬に値する行動は社会一般において「善い」とみなされる行動であり、軽蔑されるべき行動は「悪い」とみなされる行動である（Luhmann 1984: 215-6=1993: 246, 1997: 783=2009: 453）。その善／悪の図式は、様々な対象に適用される。たとえば、公共の場での「マナーを守る」=「善い」行動、「マナーを守らない」=「悪い行動」、あるいは「環境にやさしい」=「善い」行動、「資源を浪費する」=「悪い」行動といったようにである。ただ、ここで重要なのは、それらの例のように一般的な社会的行為に「善」「悪」の値を振り分けることでなく、むしろ道徳が様々な専門的諸領域のコミュニケーションにも介入することができるという点である。たとえば、政治家や経営者、科学者、芸術家が、自らの専門領域での成果に対する専門的評価とは別に、道義的、道徳的観点からの評価や批判を受けることがある。裁判においても、法的責任とは別に、いわゆる道義的責任が論議されることがある。いわゆる「永田町の論理」と象徴的に表現される政治力学の論理、あるいは、「経済の論理」、「象牙の塔」といったように個別領域に特有の論理や個別領域の閉鎖性を相対化し、批判する一般社会の視点や感覚を代表するのが道徳である。その基準となるのは、マナーのような社会規範や環境保護といった価値意識のように一般社会で広く受容されている価値基準である。筆者の考えでは、一般社会の「常識」に訴えたコミュニケーションもまた同様に道徳的コミュニケーションの一種である。たとえば、政治家が官僚を批判する際に、「民間では考えられない」として多数の一般国民の「常識」に訴えかけることがある。つまり、国民の「常識」に照らして官僚のやっていることは「非常識」

であるといった形で批判するわけである。「庶民感情」や「国民感情」を引き合いに出すことでも、同様のコミュニケーションが展開できるだろう。いずれにせよ共通するのは、社会の部分領域に対して一般社会の声を引き合いに出すことで相対化し、批判することで、当該領域において優位な立場に立つことができるという点である。

こうした形で展開される道徳的なコミュニケーションが政治に持ち込まれるとき、軸となっているのは政策それ自体の効果や適切性を問題とする合理性ではなく、世間的な基準に基づく善悪である。そしてしばしば、そうした善悪の評価は、肯定的／否定的な感情（エモーション）を伴ってコミュニケートされ、受け手もまたそうした感情を刺激される。そのような道徳的コミュニケーションに、日常的に深くコミットしている機能領域といえるのが、マスメディアである。しばしばみられるのが、テレビ番組などで行われる犯罪の容疑者への道徳的非難、非常識な行為を行った著名人などへの苦言、庶民感覚から乖離した政治家への揶揄といったものである。これには、マスメディアに特有の理由もある。第一に（とりわけ公人や著名人の）非道徳的な行為もまた、マスメディアにとってはニュース価値のある出来事だからである。第二に（専門誌や業界紙のようなものを除けば）マスメディアは、広く一般の人びとをオーディエンスとしており、専門用語ではなく一般の人びとにわかる言葉で語らなければならないからである。それゆえ、ある政治勢力が政治的モメンタムを獲得するためにマスメディアと結びつくとき、その勢力の政治的コミュニケーションが道徳性を纏うようになるのは必然的であるともいえる。

こうしてみると道徳は、部分の論理を相対化して批判することで、その領域に反省性を導入し、誤りを正すことができる。だがその一方で、重要な問題が残される。つまり、道徳そのものはいかにして反省の対象となりうるのかという点である。たとえば、こう問うてみてもよい。すなわち、「政策の問題を道徳的に論じることは道徳的にみて『善い』のか」と。通常、道徳的コミュニケーションはこのような反省性に開かれていない。なぜなら、道徳的に善いものを「善い」とみなし、悪いものを「悪い」とみなすことは「善い」ことだということは自明のことだとみなされるからである。

ここで一つのケースにふれておきたい。政治改革に揺れた一九九三年頃の状況である。当時は、海部政権・宮沢政権から続く政治改革論議が、一九九三年八月に成立した細川政権に引き継がれ、小選挙区比例代表並立制を導入する公職選挙法改正案などからなる政治改革関連四法案の成立（一九九四年一月）によって一定の到達点に達しようとしていた時期である。朝日新聞は一九九三年一一月二七日付の朝刊の記事[11]で、改革案への反対派が「守旧派」とレッテルを貼られ、「反対派＝悪」という図式が流布されるなかで、次第に発言しづらい立場に追い込まれていった状況を報じている。記事によれば、「守旧派」という言葉は一九九二年一一月頃から永田町で広まり、これを最初に使ったのは自民党・竹下派（当時）の小沢一郎であったという。朝日新聞は、永田町内のジャーゴンであったこの表現が政治報道で使われるまでの経緯を次のようにまとめている。「小沢氏が自らを『改革派』と称し、対抗グループを『守旧派』としたこの発言は、自民党内部の反発を招いた。もともと『守旧派』という言葉は、自民党内の権力抗争の中で使われた。それが次第に、宮沢政権から細川政権へと続いた政治改革報道でも使われるようになった」。当時、自民党の非主流派であったいわゆるＹＫＫ（山崎拓、小泉純一郎、加藤紘一）も政治報道において「守旧派」扱いを受けている。たとえば、山崎拓は次のように述べている。「マスコミが（われわれに）守旧派のレッテルを張ることで、政治改革の流れを決定づけた。特にテレビに出ると、守旧派の代表としてしゃべらされたうえに、『あなたのいっていることは、間違っている』という展開になることが多かった」。善悪図式が先行する政治報道に苦しめられていたのは、自民党内の反対派ばかりではない。「内容の吟味をしないまま、政治改革法案に反対するのは悪いやつだというメッセージが伝わって行ったように思う」（秋葉忠利・社会党）、「最近になって『本当に必要なのは金権腐敗防止』といった記事が目につくようになったが、〔一九九三年〕八、九月ごろの報道には、選挙制度改革に反対するのは守旧派だと決めてかかるようなところがあった」（正森成二・共産党）。

これらの証言は、当時の「政治改革」をめぐるマスメディアのコミュニケーションが、改革を具体化する法案の有効性を吟味する視点よりも、「改革それ自体」の「善」性によって強力に編成されていたことを示している。先の朝日新聞の記事には、それを反省的に自戒する論調が含まれている。また毎日新聞の中村啓三論説委員は、同紙のコラム（一九九三年一一月二五日）[12]で「攻められっぱなしの〝守旧派〟もだらしないが、マスコミもじくじたるものがある。政界の言葉の戦争に巻き込まれ『守旧派』『改革派』の言葉を安易に使ったことが何度かあったからだ」、「言葉には常に正邪、善悪のイメージが付きまとう。……過度の言葉の戦争は、議論を空洞化させ、議会制度そのものを危うくさせる」と書いている。道徳化した当時のマスメディアのコミュニケーションにかろうじて反省性をもたらしたのは、結局のところマスメディア自体の自省であったといえるが、その意味では社会の部分領域における専門的な反省性が、道徳的コミュニケーションに対する一つの防波堤だということになる。

一九九〇年代前半に起きた政策論議の道徳化は、小泉政権が成立した二〇〇〇年代にあらためて生じた。この反復をどのように捉えたらよいだろうか。我々はルーマンの議論のなかに、この問題に関するヒントをみいだすことができる。ルーマンは、社会全体に影響が及ぶ解決すべき問題が生じているにもかかわらず、「当該の機能システムの内部において、どのように問題を解決できるのかがわからなくなっている場合。そこにおいてこそ道徳が結晶化してくる」のだと述べる。つまり、今日、道徳は社会が直面する問題を解決できないまま立ち往生していることを示す「警告機能」を担っているというのである（Luhmann 1997: 404=2009: 462）。たとえば、長期にわたる終わりのない経済の低迷、何度政権が変わってもそれに対して有効な施策を打ち出すことのできない政治、このように当該の問題に関わる専門的な機能領域がその問題を解決できない場合、そこに道徳的コミュニケーションが現れるというのである。当然、そこに現れる道徳化の図式は、状況を打破すると期待される政策・主体を「善」とし、それに抵抗・反対する勢力を「悪」とするものとなるだろう。直面している問題の解決は、多くの人びとが望んでいる。「改革者」は多数の人びとの声を代表する者として登場する。こうして成立する構図は、我々が本章で論じたポピュリズムの構図である。この構図のもとで演じられる政治的パフォーマンスの舞台は、いうまでもなくマスメディアのコミュニケーションである。それが道徳と親和的であり、その言説を道徳化しやすいことは指摘した通りである。

こうしてみると、ポピュリズムは、深刻で解決が困難な諸問題（それらはしばしば「危機」として議題設定される）に直面する現代社会の慢性的な症候だといえる。道徳性を纏ったポピュリズムは、改革に対する感情的な支持を喚起し、改革を後押しする要因となりうる。しかし、改革への感情的な支持は、その強度が強ければ強いほど、改革を実現する政策手段の効果についての合理的な吟味とは相容れなくなる。N・エリアスにいわせるなら、状況に対する「反応が感情的になればなるほど、危機的な過程を現実主義的に判断し、それに対して現実主義的な処置をとる見込みはますます小さくなる」(Elias 1983=1991: 71)。つまり、道徳的正当性を帯びた言説への反省性の導入が困難になり、とりうる対処策を冷静に比較検討することができなくなってしまうのである。このような状況に対する歯止めとなりうるのは、もちろん一つには社会における言説の多様性である。それと同時に重要なのは、それぞれの機能的専門領域における反省性である。政治家として、ジャーナリストとして、あるいは科学者として、道徳化された言説によってその本分が果たしうるのか、そうした吟味をする力が残されていることが重要である。そのような力が残されていなければ、様々な領域でことあるごとに道徳的言説が突風のように吹き荒れて物事が決せられてゆくことになるだろう。近現代社会の構造的メルクマールを機能分化にみいだし、各機能領域の固有の論理と相互作用を視野に収めるルーマンの社会理論は、こうした状況を含めた現代政治の知識社会学的分析にも資するはずである。他方で、ルーマン自身がスキーマ概念に着目したように、現代のメディア・コミュニケーション環境に即した概念的補強も視野に入れておかなければならない。ケースに学び、分析枠組みを鍛えてゆくなかで、現代社会においてしばしば顕在化している道徳化の現象を分析し、「別様なる諸可能性」に開かれたコミュニケーションを産み出してゆけるなら、知識社会学は現代社会における反省性の産出に貢献できるだろう。

注

1　近年アメリカで盛んに論じられている政治的分極化（political polarization）の問題は、アメリカ社会の分断をめぐる現代的な議論として興味深いテーマである。分極化の原因や党派性の度合、あるいは分極化しているのは誰なのか（有権者なのか政治家なのか）などについて多くの分析が行われている（Hopkins and Sides eds. 2015）。また様々な角度から分極化を緩和するための提言もなされている（Persily ed. 2015）。その一方で、分極化に関するメディア報道が、人びとに分極化を実際以上に大きなものとして認識させている（false polarization）という指摘もある（Levendusky and Malhotra 2015）。こうした視点は、マスコミュニケーション研究において培養効果研究として知られてきたものである。後述するように本章の議論もまたマスメディアの働きを考察の重要な要素としていることから、本章にとっては特に興味深い視点だといえる。

2　これらの点については、高橋（2002）参照。

3　むろんこの相互作用は、やはり独自の論理で動く経済（たとえば、株式市場や為替市場）、独自の手続きで研究成果を生みだす科学のような他の諸領域による作用も受け、実際にはさらに複雑なものとなる。

4　筆者はすでに別の論考で、現代ポピュリズムについて論じている。本章の議論はそれらをもとにして書かれている（高橋 2014, Takahashi 2016）。

5　たとえば Canovan（2005）は、政治的新興勢力による「ニューポピュリズム（New Populism）」と既存の政党・政治家による「政治家のポピュリズム（Politicians' Populism）」の二つの類型を区別している。ただし、前者は Taggart（1995）が定式化したものである。

6　「自民総裁選　小泉氏、出馬に意欲　『期待にこたえる道探りたい』」（読売新聞二〇〇一年三月二〇日東京朝刊）

7　以下で言及する二〇〇一年の内閣支持率・政党支持率はＮＨＫの政治意識月例調査による（二〇一六年七月二八日取得, http://www.nhk.or.jp/bunken/yoron/political/2001.html）。

8 当時の報道として次を参照。「『森首相誕生は密室の談合』衆院代表質問で民主党が批判」(朝日新聞二〇〇〇年四月一〇日夕刊)、「各党代表質問　6月総選挙にらみ白熱　鳩山氏が『密室』批判／衆院本会議」(読売新聞二〇〇〇年四月一一日東京朝刊)

9 日経平均株価についてのデータは、日本経済新聞社のサイト「日経平均プロフィル」における株価のヒストリカルデータに基づく(二〇一六年八月二日取得、http://indexes.nikkei.co.jp/nkave/archives/data)。完全失業率については、総務省統計局発表のデータによる(総務省統計局 2016)

10 一九八九年の政党支持率については、NHK放送文化研究所(1989a, 1989b, 1989c)参照。この年については調査が行われた三月(「’89・3くらしと政治」調査)、六月(第一五回参議院議員選挙第一次全国調査)、七月(同第二次全国調査)、九月(「参議院選挙後の国民意識」調査(’89・9くらしと政治調査))の平均値を用いた。

11 「『守旧派』レッテル　善悪色分け独り歩き」(朝日新聞一九九三年一一月二七日朝刊)

12 「［望雲観風］言葉を使った戦争」(毎日新聞一九九三年一二月二五日東京朝刊)

引用参考文献

Albertazzi, Daniele and Duncan McDonnell, eds., 2008, *Twenty-First Century Populism: The Spectre of Western European Democracy*, New York, Palgrave Macmillan.

Bartlett, Frederic C., 1932, *Remembering: A Study in Experimental and Social Psychology*, London, Cambridge University Press (= 1983, 宇津木保・辻正三訳『想起の心理学』誠信書房).

Boucek, Françoise, 2012, *Factional Politics: How Dominant Parties Implode Or Stabilize*, Basingstoke, Palgrave Macmillan.

Bowen, Roger W., 2003, *Japan's Dysfunctional Democracy: The Liberal Democratic Party and Structural Corruption*, Armonk, N.Y., M.E. Sharpe.

Canovan, Margaret., 2005, *The People*, Cambridge, Polity Press.

Elias, Norbert, 1983, *Engagement und Distanzierung. Arbeiten zur Wissenssoziologie I*, Frankfurt am Main, Suhrkamp (= 1991, 波田節夫・道籏泰三訳『参加と距離化―知識社会学的論考』法政大学出版局).

Freeden, Michael, 1998, "Is Nationalism a Distinct Ideology?," *Political Studies*, 46(4): 748-765.

Graber, Doris A, 1984, *Processing the News: How People Tame the Information Tide*, New York, Longman.

Günther, Gotthard, 1962, "Cybernetic Ontology and Transjunctional Operations," Marshall C. Yovits, George T. Jacobi and Gordon D. Goldstein, eds., *Self organizing Systems 1962*, Washington, Spartan Books, 313-392.

Hopkins, Daniel J. and John Sides eds., 2015, *Political Polarization in American Politics*, New York, Bloomsbury.

Ionescu, Ghiţa and Ernest Gellner eds., 1969, *Populism: its Meaning and National Characteristics*, London, Weidenfeld & Nicolson.

Jagers, Jan and Stefaan Walgrave, 2007, "Populism as Political Communication Style: An Empirical Study of Political Parties' Discourse in Belgium," *European Journal of Political Research*, 46(3): 319-345.

Laclau, Ernesto, 1977, *Politics and Ideology in Marxist Theory: Capitalism, Fascism, Populism*, London, NLB.

Levendusky, Matthew and Neil Malhotra, 2015, "The Media Make Us Think We Are More Polarized Than We Really Are," Daniel J. Hopkins, and John Sides eds., 2015, *Political Polarization in American Politics*, New York, Bloomsbury, 106-112.

Luhmann, Niklas, 1981, *Politische Theorie im Wohlfartsstaat*, München, Günter Olzog Verlag（= 2007, 徳安彰訳『福祉国家における政治理論』勁草書房）.

———, 1984, *Soziale Systeme: Grundriß einer allgemeinen Theorie*, Frankfurt am Main, Suhrkamp（= 1993-1995, 佐藤勉監訳『社会システム理論 上・下』恒星社厚生閣）.

———, 1993, *Das Recht der Gesellschaft*, Frankfurt am Main, Suhrkamp（= 2003, 馬場靖雄・上村隆広・江口厚仁訳『社会の法１・２』法政大学出版局）.

———, 1995, "Politik und Wirtschaft,"*Merkur: Deutsche Zeitschrift für europäisches Denken*, 49(7): 573-581.

———, 1996, *Die Realität der Massenmedien*, Opladen,Westdeutscher Verlag（= 2005, 林香里訳『マスメディアのリアリティ』木鐸社）.

———, 1997, *Die Gesellschaft der Gesellschaft*, 2bde., Frankfurt am Main, Suhrkamp（= 2009, 馬場靖雄ほか訳『社会の社会１・２』法政大学出版局）.

———, 2000, *Die Politik der Gesellschaft*, Frankfurt am Main, Suhrkamp（= 2013, 小松丈晃訳『社会の政治』法政大学出版局）.

Mannheim, Karl, 1931, "Wissenssoziologie," Alfred Vierkandt hrsg., *Handwöterbuch der Soziologie*, Stuttgart, Ferdinand Enke, 659-680（= 1973, 秋元律郎訳「知識社会学」秋元律郎・田中清助訳『マンハイム／シェーラー 知識社会学』青木書店，一五三―二〇四）.

Mannheim, Karl, 1931, "Wissenssoziologie," Alfred Vierkandt hrsg., *Handwöterbuch der Soziologie*, Stuttgart, Ferdinand Enke, 659-680（= 1969, 森博訳「知識社会学」同訳『歴史主義・保守主義』恒星社厚生閣，一九九―二五二）.

Mény, Yves and Yves Surel eds., 2002, *Democracies and the Populist Challenge*, Basingstoke, Palgrave Macmillan.

Merton, Robert. K, 1957, *Social Theory and Social Structure*, New York, Free Press（＝1961, 森東吾ほか訳『社会理論と社会構造』みすず書房）.

Moffitt, Benjamin and Simon Tormey, 2014, "Rethinking Populism: Politics, Mediatisation and Political Style," *Political Studies*, 62(2): 381-397.

Mudde, Cas and Cristóbal Rovira Kaltwasser eds., 2012, *Populism in Europe and the Americas: Threat or Corrective for Democracy?*, New York: Cambridge University Press.

ＮＨＫ放送文化研究所, 1989a,「『'89・３くらしと政治』調査　単純集計結果」『放送研究と調査』五月号、六二―六七。

ＮＨＫ放送文化研究所, 1989b,「第15回参議院議員選挙　第１次全国調査・第２次全国調査　単純集計結果」『放送研究と調査』一〇月号、五八―六五。

ＮＨＫ放送文化研究所, 1989c,「『参議院選挙後の国民意識』調査（'89・９くらしと政治調査）単純集計結果」『放送研究と調査』一二月号、六八―七三.

大嶽秀夫, 2006,『小泉純一郎ポピュリズムの研究：その戦略と手法』東洋経済新報.

Park, Cheol H., 2001, "Factional Dynamics in Japan's LDP since Political Reform. Continuity and Change," *Asian Survey*, 41(3): 428-461.

Persily, Nathaniel ed., 2015, *Solutions to Political Polarization in America*, New York, Cambridge University Press.

総務省統計局, 2012,「日本の長期統計系列　第６章　企業活動　６-17企業倒産件数及び負債金額」、（二〇一六年七月二七日取得、http://www.stat.go.jp/data/chouki/zuhyou/06-17.xls）.

総務省統計局, 2016,「労働力調査　長期時系列データ 月別結果の季節調整値及び原数値　a-１主要項目」、（二〇一六年八月二日取得、http://www.stat.go.jp/data/roudou/longtime/zuhyou/lt01-a10.xls）.

Taggart, Paul, 1995, "New Populist Parties in Western Europe, " *Western European Politics*, 18(1): 34-51.

———, 2000, *Populism*, Philadelphia, Open University Press.

Taggart, Paul, 2002, "Populism and the Pathology of Representative Politics," Yves Mény and Yves Surel eds., *Democracies and the Populist Challenge*, Basingstoke, Palgrave Macmillan, 62-80.

高橋徹, 2002,『意味の歴史社会学―ルーマンの近代ゼマンティク論』世界思想社.

高橋徹, 2014,「現代ポピュリズムの構造的条件―機能分化論の視点から―」『法学新報』一二〇（七／八）：一―二四.

Takahashi, Toru, 2016, "Populism and Moralization of Politics in the Age of Systemic Crisis: A Sociocybernetic Case Study of Japanese Politics," *The Chuo Law Review*, 122(11/12): 1-24.

上野力, 2006,「刺客　ブームを追う」『常葉国文』二九：二五―三六.

おわりに

矢澤修次郎

以上本書は、これまでの各章において、リフレクシヴィティ、再帰的＝反省社会学とは何か、それが直面した理論的、現実的文脈、それはいかに実践されるのか等の点を明らかにしてきた。各章で取り扱われた社会学者がいずれも現代社会学を代表する理論家であることからして、リフレクシヴィティ、再帰的＝反省社会学が現代社会学理論のきわめて重要なキー概念の一つであることが分かるであろう。

またリフレクシヴィティ、再帰的＝反省社会学は、認識論的再帰的＝反省社会学を発展させたばかりではなく、存在論的再帰的＝反省社会学にまで転回していった。今後この後者の社会学をより一層彫琢・展開することが急務であると思われる。

指摘するまでもないことではあるが、本書では扱うことのできなかったリフレクシヴィティ、再帰的＝反省社会学も多い。代表的なものを指摘しておくとすれば、P・エリアスの社会学、エスノメソドロジー、M・アーチャーの社会学などを即座にあげることができる。本書との関連で言えば、とりわけM・アーチャーの社会学は特に重要であろう。

彼女は、これまでに、ギデンズ、ベック、バウマン、ブルデューの理論を批判するとともに、彼女独自のリフレクシヴィティ、再帰的＝反省社会学を展開しているからである。

アーチャーは、リフレクシヴィティに関する大部、大量の著作、論文を発表し続けている。今回はその全体をカバーする時間的余裕がなかったが、彼女の理論を理解するためには、「批判的実在論」「形態生成アプローチ」「リフレクシヴィティ」の三点を理解することが必要不可欠になる。

「批判的実在論」とは、R・バスカー（Roy Bhaskar）の「超越論的実在論」を言い換えたものであり、バスカーの実在論を基盤にして社会科学、人文科学の革新を目指す人びとによって採用されている立場である。この立場に立つアーチャーは、社会学がこれまでD・ヒュームの知覚的基準を重視する経験主義的実在論に依拠して、方法論的個人主義にしろ方法論的集合主義にしろ、どちらも社会の実在性を確証し、社会と個人を明確に区別することができなかったことを批判する。またそうした経験主義的社会学は、実在の階層性を理解できないがために、社会を個人に還元してしまったり、逆に個人を社会に還元してしまったりする「合成主義」の誤りを繰り返すことになる。アーチャーはこの立場から、エージェンシー、構造、リフレクシヴィティ、精神等の実在性を把握し、それらの関係を理論化したのである。この立場からすれば、ギデンズの構造化論は、明らかに合成論の誤りをおかしていると批判される。

「形態生成アプローチ」とは、社会や文化のエラボレーションをエージェンシー、エージェント、主体が受け、それらがエラボレーションされると同時に、それらの行為、実践がそれらの諸条件との関連で、一定の時間の経過のなかで、いかなる過程を経て、いかなる形態を生成するのかをとらえようとするものである。形態生成は、きわめて複雑な過程をとることになるので、ここではそれに深く立ち入ることはできないが、この議論を使ってアーチャーは、ギデンズ、ベック、バウマン等を批判する。彼らの再帰的近代化論やリキッド・モダニティ論では、社会、文化、リフレクシヴィ等の関係が適切な形でとらえられていないために、余りにも早く短時間に構造や伝統が融解して、フローやリキディティが生成するかのようにとらえられているというのである。同じ論理は、逆向きにブルデューにも向けられている。習慣やら、ブルデューの主要概念のひとつであるハビトゥス概念はもはや有効ではないというのだ。

アーチャーは、人文科学、社会科学におけるリフレクシヴィティの起源をL・ヴィゴツキーの『思想と言語』、さらにはW・ジェームス、J・デューイ、C・S・パース、G・H・ミード、とりわけ実在論者であった後二者に求めている。彼女の言うリフレクシヴィティは、彼女自身が最も簡潔に定義づけているところに依拠すれば、「内的対話」としてのリフレクシヴィティということになるだろう。

ここから出発してアーチャーは、四つのリフレクシヴィティの様式を区別する。一つは、それが行為を導く前に他者によって確証されたり補われたりする必要のある「コミュニケーション的リフレクシヴィティ」である。二つは、内的対話が自己充足的であり、直接行為に結びついてゆく「自律的リフレクシヴィティ」である。三つは、内的会話が以前の内的対話を批判的に評価し、社会に生成した行為に対して批判的である「メタリフレクシヴィティ」である。そして四つは、内的な対話が行為の目的とされたコースに導くことができず、個人的な悩みや方向喪失が募り、結果として表出的行為を生み出してしまう「破砕されたリフレクシヴィティ」である。

以上のような支配的なリフレクシヴィティ様式は、心理的に決定されて現れるのではない。もちろん心理は一定の影響を与えるのだが、むしろ主体の社会的背景がもつ社会的、文化的特徴がどのような様式のリフレクシヴィティを生み出すのかに大きく作用する。とりわけ社会構造、文化構造が作り出す主体が生きる「文脈」の「継続性、不連続性、不適合性」などが重要な影響を与える。そこでリフレクシヴィティの様式と「形態生成アプローチ」とが密接にリンクされる。それがアーチャーの再帰的＝反省社会学に他ならない。

ここではこれ以上、彼女の社会学の内容を追いかけることはしない。今までこの社会学に対して出されている疑問や批判に触れることも禁欲しなければならない。ただし一つだけ言っておきたいことは、この社会学は単に理論としてあるだけではなく、実践され、多くは質的な調査研究をも生み出していることである。

再帰的＝反省社会学の生みの親ともいえるエスノメソドロジーに関しては、残念ながら本書では検討することができなかった。ラッシュは、エスノメソドロジーが明らかにしている情報社会におけるリフレクシヴィティは「活動ともはや分離しておらず、活動のうちに『化身化』（incarnate）している）「知が行為を反省＝反照（reflect）するのではもはやない」「経験主義的知に対して、論理的存在論的知が別個の地位をもつということはもはやない」「このような再帰性は反省の持つ隔離（distance of reflection）より「反射」（reflex）に近い」（Lash, Scott 2002=2006: 42-43）と言っている。果たしてそうなのか。エスノメソドロジーの再帰性に関する理論とその経験的研究の詳細な検討が必要になろう。

ラッシュが社会学の立場からシュッツ、フッサール、デリダ、リクール、カント、ガダマー等の哲学を批判的に検討したのとは反対に、哲学から社会学の再帰性の議論を検討・吟味することも重要なのではないか。

例えば社会学者P・ウォルシュ（Phillip Walsh）は、アーチャーの再帰性の議論の問題点を、彼女の考察が歴史的社会には余り向けられていないこと、また彼女の再帰性の考察が「行為する」（acting）と関連付けて、その狭い文脈において行われていること、の二点をあげている。要するに、アーチャーは再帰性を「熟考の活動」の文脈において考えていると言うのである。そして彼は、再帰性をより広い文脈の中で考え直すために、H・アーレントの議論を持ち出している。

アーレントは、『精神の生活』において、精神的活動を、製作、労働、行為、発話とは区別される独自の活動と考え、それは思考の一形態ではなくて、歴史的に可変的なある種の精神的活動のプロパティだと考えている。その上で彼女は、精神的活動を第一のレベルでは、思考、意志、判断の三つに区別している。この三つは、近代世界の人間パーソナリティの主要な構成要素になり、それらは思考、意志、判断することが自己に対してどのような結果をもたらすかが考慮される点で、「再帰的」である。さらにアーレントは第二のレベルにおいては、思考から知ることを、更には意志から熟考を区別する。

アーレントによれば、知ることは真理を志向するものであり、意味を志向する思考とは区別される。思考とは、いかなる結果とも結びつかず、役に立たないものである。思考が一つのプロジェクトに結び付けられた時、思考は知ることと結びつく。換言すれば、両者は、まったく異なる資質であって、それらが特定の個人に不平等な形で体現されることになる。だから、思想なき生活を送る人もあれば、小さな神々のように生活する人も出て来るのであろう。

ウォルシュは、アーレントの議論が多くの哲学者が思考そのものから出発するのとは異なり、精神生活が「世界派生的」であること、さらには両者が、人格、個人を他に還元不可能な重要なものと考えている点でアーチャーの議論と異ならないことを明らかにしている。その上で彼は、アーレントが「独居」（solirude）としての思考の可能性を重視していること、更にはアーレントが行為することに関連付けられる再帰性だけではなくて、思考することが唯一の目的であるよう思考の可能性を強調していることを明らかにしている。

このような再帰的＝反省社会学と哲学の対話は、多くのものをもたらしてくれることになるだろう。いずれにしても、残された課題は多い。できれば残された課題に早急に取り組み、新たな書物の出版を目指したい。

参考文献

Archer, M. 2017, Morphogenesis and Human Flourishing, Leiden, Springer

——. ed., 2016, Morphogenesis and the Crisis of Normativity, Leiden, Springer

——— 2012, *The Reflexive Imperative*, Cambridge, Cambridge University Press
——— ed., 2010, *Conversations About Reflexivity*, London, Routledge
——— 2007, *Making our Way Through the World*, Cambridge, Cambridge University press
——— 2003, *Structure, Agency and the Internal Conversation*, Cambridge, Cambridge University Press,.
——— 2000, *Being Human: The Problem of Agency*, Cambridge, Cambridge University Press,
——— 1995=2007, *Realist Social Theory: The Morphogenetic Approach*, Cambridge, Cambridge University Press,（=2007, 佐藤春吉訳『実在論的社会理論』青木書店）.
Lash, Scott, 2002=2006, *Critique of Information*, London, Sage Publications（=2006, 相田敏彦訳『情報批判論』ＮＴＴ出版）.
Arendt, H. 1977, *The Life of the Mind*, New York, Harcourt Brace & Company（=1994, 佐藤和夫訳『精神の生活』（上）（下）、岩波書店）.
Walsh, P. 12015, *Arendt Contra Sociology*, Burlington, Ashgate.

【ラ行】

【タ行】

【ナ行】

【ハ行】

【マ行】

人名索引

【や行】

【ら行】

【わ行】

【は行】

【ま行】

【た行】

【な行】

【さ行】

事項索引

執筆者一覧

磯　直樹（いそ　なおき）

1979 年生まれ

日本学術振興会特別研究員／ Centre européen de sociologie et de science politique 客員研究員

著作・論文

1)「パリ郊外における柔道実践―暴力と境界の問題をめぐって」『スポーツ社会学研究』21(2)63-78，2013 年 9 月.

2)「中範囲の理論」以後の社会学的認識」，平子友長・景井充・橋本直人・佐山圭司・鈴木宗徳 編『危機に対峙する思考』，梓出版社，2016 年 2 月.

3) “The Principle of Differentiation in Japanese Society and International Knowledge Transfer between Japan and Bourdieu”, in The Anthem Companion to Pierre Bourdieu, edited by Derek Robbins, Anthem Press, 2016 年 8 月.（相澤真一との共著論文）

高橋　徹（たかはし　とおる）

1970 年生まれ

中央大学法学部教授

著作・論文

1)『意味の歴史社会学―ルーマンの近代ゼマンティク論』，世界思想社，2002 年.

2)『滲透するルーマン理論―機能分化論からの展望』，文眞堂，2013 年（共著）.

3) 論文：“Political Crisis and Societal Governance :How Media Can beSocietal Media?,” Journal of Sociocybernetics, 13(2): 84-92, 2016.

ほか.

新原道信（にいはら　みちのぶ）

1959 年生まれ

中央大学文学部教授

著作・論文

1)『境界領域への旅――岬からの社会学的探求』，大月書店，2007 年 7 月，295p（単著）.

2)『“境界領域” のフィールドワーク――惑星社会の諸問題に応答するために』，中央大学出版部 , 2014 年 3 月，456p（編著）.

3)『うごきの場に居合わせる――公営団地におけるリフレクシヴな調査研究』，中央大学出版部，2016 年 3 月，571p（編著）.

長谷川啓介（はせがわ　けいすけ）

1969 年生まれ

亜細亜大学、江戸川大学　非常勤講師

著作・論文

1)「メルッチ社会理論の再構成――社会認識の「新しいパラダイム」の礎――」『社会イノベーション研究』10 巻 1 号，2015.

2) 訳書にジグムント・バウマン『リキッド・ライフ』大月書店，2008 ほか.

編著者

矢澤　修次郎（やざわ　しゅうじろう）

1942年生まれ

一橋大学、成城大学名誉教授

主要著作

Seung Kuk Kim, Peilin Li and Shujiro Yazawa eds. *A Quest for East Asian Sociology*, Seoul National University Press,　2014. Michael Kuhn and Shujiro Yazawa eds. *Theories about and Strategies against Hegemonic social sciences: beyond Social Sciences*, Stuttgart, Ibidem Verlag.『現代アメリカ知識人の思想―ニューヨーク社会学者の群像』東京大学出版会、1996年。

再帰的＝反省社会学の地平

2017年11月15日　初　版第1刷発行　〔検印省略〕

＊定価はカバーに表示してあります。

編著者 © 矢澤修次郎　発行者 下田勝司　印刷・製本／中央精版印刷株式会社

東京都文京区向丘1-20-6　郵便振替 00110-6-37828

〒113-0023　TEL 03-3818-5521（代）　FAX 03-3818-5514

発行所　株式会社 東信堂

Published by TOSHINDO PUBLISHING CO., LTD.

1-20-6, Mukougaoka, Bunkyo-ku, Tokyo, 113-0023 Japan

E-Mail：tk203444@fsinet.or.jp　http://www.toshindo-pub.com

ISBN978-4-7989-1458-9　C3036